中國學術思想 研究輯刊

二 編

林慶彰 主編

第 5 冊

非常的行旅
—— 〈逍遙遊〉在變世情境中的詮釋景觀

鄭雪花 著

花木蘭文化出版社

國家圖書館出版品預行編目資料

非常的行旅——〈逍遙遊〉在變世情境中的詮釋景觀／鄭雪花
著 — 初版 — 台北縣永和市：花木蘭文化出版社，2008〔民
97〕
目 2+200 面；19×26 公分（中國學術思想研究輯刊 二編；第 5 冊）
ISBN：978-986-6528-06-4（精裝）
1. 道家　2. 詮釋學
121.3　　　　　　　　　　　　　　　　　　　　　97016507

ISBN - 978-986-6528-06-4

中國學術思想研究輯刊
二 編 第 五 冊　　　　　　　ISBN：978-986-6528-06-4

非常的行旅——〈逍遙遊〉在變世情境中的詮釋景觀

作　　者　鄭雪花
主　　編　林慶彰
總 編 輯　杜潔祥
出　　版　花木蘭文化出版社
發 行 所　花木蘭文化出版社
發 行 人　高小娟
聯絡地址　台北縣永和市中正路五九五號七樓之三
　　　　　電話：02-2923-1455／傳真：02-2923-1452
網　　址　http://www.huamulan.tw 信箱 sut81518@ms59.hinet.net
印　　刷　普羅文化出版廣告事業
封面設計　劉開工作室
初　　版　2008 年 9 月
定　　價　二編 28 冊（精裝）新台幣 46,000 元

非常的行旅
——〈逍遙遊〉在變世情境中的詮釋景觀

鄭雪花　著

作者簡介

鄭雪花，國立成功大學中國文學博士，目前任教於國立臺東專科學校通識教育中心。研究專長和興趣是儒道思想、中國美學、中國文學理論與批評等。目前的研究成果除了發表多篇中國美學、哲學、古典詩學等會議論文及期刊論文之外，主要是在徐復觀等先行者的基礎上，開展了《莊子》研究之想像現象學以及存有論詮釋學的研究進路。近期的研究重點是以閱讀現象學的方法闡發《莊子》內七篇的詩意道說，以及《莊子》詮釋史或影響史的全面建構。

提　　要

　　本論文致力於兩個面向的工作：一是〈逍遙遊〉及其詮釋文本的「遊」意識之重建；一是具體的詮釋經驗和方式之分析。全文除「緒論」和「結論」之外，共分為五章：第一章〈「道」的裂變〉，指出〈逍遙遊〉乃跨越了當時的「天下」意識，提出了「遊於方之外」的另類哲思。第二章〈與『道』深戲〉，描述〈逍遙遊〉以「詩意道說」的召喚結構透顯「遊」之諦義。第三章〈阮籍的逍遙義〉，指出阮籍〈大人先生傳〉在莊學史上的貢獻及影響，並肯定其對於魏晉變世情境的當代性應答。第四章〈郭象的逍遙義〉，指出適性逍遙義為自然與名教的統合提供了一個新的理論視野，並使道家思維模式的自然主義達到高峰。第五章〈船山的逍遙義〉，指出《莊子通》與《莊子解》的相關詮釋中展現了鮮明的人文關懷，不僅會通莊子之道於儒學，同時也是對儒學的轉化。在前兩章裡，筆者以「語境化」及「意象分析」為方法，開展文化語境和文本特性兩個面向的闡述，對於經典的重建工作提供了較切合文化傳統及經典本身特性的研究進路；在後三章裡則通過「個案研究」及「三重向度」的研究方法，開展經典文本、歷史境域、詮釋者自我形象、詮釋方法與觀點等互文脈絡的描述分析，豁顯了思想變異創新的脈絡和機制，並從具體的詮釋經驗和方式發掘詮釋學方法論的豐富意涵。

誌　　謝

論文得以完成，首先，要感謝成大中文研究所的諸位師長：林朝成老師給予充分的自由空間和適時的引導，讓我的思路可以發揮與修正；江建俊老師的指正和點撥，提醒我強化從傳統烞煉菁華的工夫；唐亦男老師的鼓勵和寬容，使我體會到長者愛護後生的深意。其次，要感謝在論文審查過程中，顏崑陽老師、林安梧老師和楊儒賓老師的悉心教正，他們都以責備求全的金剛心提出問題和建議，同時又以提攜後進的慈悲心給予肯定和鼓勵，無論是在論文的修訂或學思的啟發上，都使我獲益匪淺。最後，要感謝提供生活照顧的家人們，以及時常透過網路、電話傳遞關懷的友朋們，讓我在溫馨深厚的愛裡得到持續前行的力量。

目

次

體例說明

一、本論文當頁注均爲補充性或說明性文字。

二、凡引用文獻均於引文後夾注出處。

三、主要研究材料所引用的版本及夾注格式如下：

    1. 《莊子》原文採用王叔岷《莊子校詮》；前二章夾注格式爲（篇數／頁碼），第三章以後，爲與詮釋文本區分，注爲（《校詮》：篇數／頁碼）。

    2. 郭象《莊子注》注文採用郭慶藩《莊子集釋》；注爲（篇數／頁碼）。

    3. 阮籍〈大人先生傳〉採用陳伯君《阮籍集校注》；注爲（出版年：頁碼）。

    4. 王夫之《莊子通》、《莊子解》採用里仁書局單行本；注爲（《通》或《解》：篇數／頁碼）。

四、引用其他文獻夾注格式如下：

    1. 古籍部分凡屬《十三經注疏》及《諸子集成》，直接注出（頁碼）或（《書名》或〈篇名〉：頁碼）；其他古籍則注爲（出版年：頁碼）或（《書名》，出版年：頁碼）。

    2. 近人論著部分，中文論著注爲（作者，出版年：頁碼）；西文譯著注爲（作者，譯者，出版年：頁碼）。

五、引用文獻的出版資料列於論文的最後，先分類後依作者姓氏筆劃（西方譯著以作者英文名第一個字母）排序，書寫格式如下：

    1. 專著部分 —— 作者：《書名》，出版地：出版者，出版年

    2. 譯著部分 —— 作者（附英文名），譯者：《書名》，出版地：出版者，出版年

3. 期刊部分 —— 作者：〈篇名〉，《期刊名稱》期別，出版時間

4. 學位論文 —— 作者：《論文名稱》，學校別系所別學位別，年度別

緒　論

　　這是一篇關於經典詮釋學的論文，筆者選擇〈逍遙遊〉這個「遊」意識的經典文本，通過對於經典及其詮釋的文本分析，探討相關的經典詮釋學問題，包括此一經典文本「風格即思想」的原創性，以及在經典與詮釋的張力之間，「遊」意識穿過語言空間而變異創新的脈絡與機制，希望在道家經典詮釋傳統的研究和建構工作上有所貢獻。

一、中國經典詮釋學的建立

　　「什麼是經典」並不是一個自明的問題，尤其在當代的學術氛圍中，面對以下幾種質疑，必須爲人文傳統經典所具有的意義進行正當性的辯護：

　　其一、經典提供了眞理嗎？相對於現代科學所提供的可驗證的知識，經典所提供的智慧的確缺乏確定性的衡量尺度，然則，確定性的知識並不能取消或解決人類對於存在方式等根本問題的追索，經典作爲思想文化傳統的儲存所，承載著、凝聚著前人精神生活的經驗，這些經驗顯示了不能用科學方法論手段加以證實的眞理，我們接近這些經驗不爲了取得確定性的知識，而爲了與它們展開對話，在理解和詮釋中尋求可能的智慧之道。

　　其二、經典是少數的共謀？在反菁英的當代思潮裡，強調經典或菁英階層的思想不能代替各個社會階層，尤其是下層民眾的思想，因此思想史不是菁英著作史，而應該是大眾精神生活史，這種主張雖然可以擴大思想史的研究視野，但是並不能取代經典或菁英的思想著作，因爲文學、藝術、宗教、哲學，乃至於科學等，其價值都不是由多數原則來決定的，而且從來沒有任

何一種深刻的思想是大眾共同協商的產物；如果當代仍需要個人的思想創造，那麼深入經典，與傳統菁英對話，就是一種重要的訓練途徑。

其三、經典具有內在的價值嗎？在某些宗教傳統或流派裡，經典作為先知的作品，提供唯一而永恆的價值規範，這樣的傳統自然肯定經典有永恆不變的內在價值；而在古代中國，當經典話語系統與政治權力結構密切結合，固然以佔有統治地位的意識形態宣稱其絕對權威，然則從來也沒有單一經典取得永恆不變的地位和價值認定。換言之，經典的形成過程有許多複雜的因素，包括政治和主流意識形態的權力操作，甚而時代形勢的變化也會影響經典的權威性和對經典的接受和詮釋，近代中國經學和傳統經典的衰落就是一個明顯的例子。然則，經典的形成並不完全是歷史的偶然，畢竟有些經典往往提出人類精神生活中某些根本性問題，給予原創性應答，而後人與之展開當代性的對話，再予以創造性詮釋，於是形成開放的、不斷傳衍、活生生的經典詮釋傳統。這些經典在歷史的長時距裡，持續地被接受而輻射其影響，其內在價值應當獲得恰當的判斷。

這是一個不容否認的事實，無論一部著作的內在價值有多高，如果沒有經過閱讀、理解、詮釋就成不了經典。對於經典及其詮釋的研究稱為經典詮釋學，中國的「經典」與「經典詮釋」有源遠流長的傳統，而「中國經典詮釋學」的研究和建構則是一個新的研究趨勢。這個研究趨勢之所以形成有其外緣內因，大致來說，外在的機緣是整個世界走向資訊化、全球化而引發的文化反思：當今的世界正在以向所未有的速度發生改變，不僅個體面對平面化、無深度化的意義危機，群體也面對著過度交流（over-communication）的威脅，「我們變得只是一群消費者，能夠消費全世界任何地點、任何一個文化所生產出來的任何東西，而失去了一切的原創性。」針對這種危機，李維斯陀 Claude Lévi-Strauss 這位人類學家強調：「差異是充滿生機的，唯有通過差異，才能有所進步。」「一個文化若要能活出真正的自我，並創生出一些東西，這個文化和它的成員必須堅信自身的原創性。」（楊德睿譯，2001：43）李維斯陀從人類學角度，指出了以文化差異的原創性對抗消費時代的同一性之必要，這並不是在全球化風潮席卷之際的空谷跫音，事實上，文明對話已經成為重要的議題：「面向二○○一，聯合國宣稱的文明對話年，不僅軸心文明間，軸心文明各傳統自身以及散佈全球各地的所有大小文明（包括原住民文明在內）都應是對話的積極參與者。……東亞、東南亞、南亞、拉丁美洲和非洲

各地都應發展出各具文化特色的現代性，則是我們所嚮往的『和而不同』的大同世界。」（杜維明，2002：39～40）「和而不同」的文化願景召喚著當今的知識份子，而回應此一召喚的首務在於回歸自各的文化傳統，深入其中原創性的經典，吸取有益的資源，以實現思想的創造和文化的再生。在這樣的背景下，「傳統」不再是挑戰「現代」權威性的反話語，而以其自身的原創性和普世價值重新贏得尊嚴。就此外在機緣來說，「中國經典詮釋學」的主要任務，乃在於「深入挖掘中華文化的思想資源，從中國經典中開發具有普世意義的價值意識，並且從東亞知識份子長達二千年的讀經解經傳統中，建設具有東亞特色的經典詮釋學。」（黃俊傑，2001：序Ⅲ）〔註1〕

　　至於內在因素的部分，學界對於中國百年來的文化斷層，以及文化傳統被西方分科分系的近代教育和學術系統所約化、異化而歧出等等現象都展開了深刻的反省。例如「中國哲學史」，中國哲學史的內容很古老，但「中國哲學史」這個學科則非常年輕，它是二十世紀在近代西方範式的影響下建立的，近代西方範式下的哲學史研究關心的是哲學理論的系統性，包括系統內部結構在邏輯上自洽的程度，以及比較不同系統之間論說的合理程度，這種方式運用於中國古典文獻的研究，往往變成對西方哲學概念望文生義的比附，以及對古典文獻尋章摘句的歸類、引申。（陳少明，2004：231）在這樣的反省下，經典詮釋學的研究試圖回歸到中國「寓思於學」的傳統。在這個傳統中，宗教、科學、哲學這些類別雖然實質上是存在的，但並不具備形式的系統，中國的學術思想傳統是環繞著幾部經典文獻而形成的，每一階段的思想發展都是與當時經典文獻的研究分不開的。（余英時，2002：140）因此，經典詮釋學並不是要拒絕哲學史的研究，而是要更新哲學史的研究視野：不把哲學理解成現成的理論或知識，而視爲對各種事物作出根本詮釋的相互競爭的思想方式。在這樣的視野裡，不同的思想方式之間存在著家族相似性的關係，而成爲邊界最不確定的「系統」，然而恰恰就在這種不確定之中，思想的飛躍創造得以實現，這正是中國古典思想傳統的特質之一。

〔註 1〕　近年來，黃俊傑、湯一介、成中英等學者在不同的位置，從不同的角度，反
　　　　覆倡議中國詮釋學的研究和建構，並提出研究計畫，編著重要研究成果，如
　　　　《中國經典詮釋傳統》（共三冊，黃俊傑、楊儒賓編，2001）、《本體與詮釋》
　　　　（成中英主編，2000～）、《經學今詮》（姜廣輝主編：2000～）、《經典與詮釋》
　　　　（劉小楓、陳少主編，2000、2003）……等等，其餘相關資料請參見本論文
　　　　「參考文獻」所列「中國詮釋學」部分。

當代學者對於中國經典詮釋傳統的研究，大體上展開了以下兩大面向的工作：第一個面向是對於「經典」與「經典詮釋」的「重建」。這種「重建」的工作又可分為兩個方向和形態，一是回到文獻研究上，針對古今語言的差異、斷裂，運用訓詁、考據或相關的文史知識，進行經典文字的表層梳理，這樣的「重建」基本上是一種「復原」歷史事實的工作；一是以現代學術的問題意識對「經典」與「經典詮釋」進行「理解和詮釋」，試圖開展出一個跨越古今差異的思考脈絡，發掘出經典的現代意義，這樣的「重建」牽涉理論方法，其間並融合了西方文化（尤其是哲學、科學、歷史學、詮釋學）的理論方法。第二個面向是關於經典詮釋的經驗和方式的研究，中國傳統的經典詮釋大略可分為三類：「文獻注疏」、「義理解述」與「歷史考證」，從這些具體的詮釋經驗和方式，尋找詮釋與原典、詮釋與詮釋的差異，捕捉詮釋者的詮釋視角、方式和效果，進而探詢經典的主題和體裁對詮釋經驗和方式的影響，以及在理解和詮釋中思想得以創造發明的機制，以透視中國思想傳統的特質，開創適用於詮釋中國經典的方法論，並且確認自家思想傳統的原創性，思考再創造的可能性。

二、〈逍遙遊〉作為「遊」意識的經典

在「中國經典詮釋學」這個剛起步的學術領域之中，目前可見的研究重點和成果比較集中於儒家經典詮釋傳統的部分，關於道家經典詮釋傳統的專著在質、量上相對地少了許多，單篇論文多集中於《老子》，〔註 2〕而選擇單一經典及其詮釋作深入探討的專著更少，目前所見的似乎只有《老子》（袁保新，1991），以及〈齊物論〉（陳少明，2004）等，總體來看，道家經典詮釋的理論、方法、實踐等方面的研究猶有待建樹。本論文選擇〈逍遙遊〉及其詮釋作為研究對象，乃基於匯入「中國經典詮釋學」這個新研究趨勢的願望。為什麼選擇〈逍遙遊〉呢？一言以蔽之，因為〈逍遙遊〉是古代中國「遊」

〔註 2〕 王弼《老子注》得到最多注目，如周光慶（2002）、周裕鍇（2003）的專書中分章論述之，又如蔡振豐〈嚴遵、河上公、王弼三家《老子》注的詮釋方法及其對道的理解〉（2001）、王曉波〈「崇本舉末」與「崇本息末」：王弼對老子哲學的詮釋〉（2001）；玄學方面的著作自湯用彤標舉「言意之辨」為玄學新方法以來，討論甚夥，近來的玄學史論著，亦多有著力，如，湯一介的《郭象》亦專章討論「郭象的哲學方法」（1999），而余敦康的《魏晉玄學史》專章討論「王弼的解釋學」（2004）。

意識的經典。

　　被公認為《莊子》一書總綱的〈逍遙遊〉，不僅與〈齊物論〉並為莊周思想的代表性著作，而且是古代中國「遊」意識的經典文本（龔鵬程，2001：37）。「遊」，古作「斿」，或寫為「游」或「遊」。「斿」和「旅」一樣，都是拉著旗子出遊，這是古代氏族遷移遊居時常見的現象。旗子代表氏族的徽號，奉氏族神以出遊，「遊，乃謂神之應有狀態之語」。「畢竟能夠暢遊者，本來就惟有神而已。神雖不顯其姿，然能隨處地、自由地冶遊。」（白川靜，1983：161、162）惟有神之遊，才能完全地自由、超越、解放；基於對這種自由的嚮往，人因此摹擬神之遊，其方法或以「降神」，或以「扮神」，或以做夢，都是擺脫日常性的自我與社會角色，在神聖空間或潛意識裡獲得非常性的體驗。然而這些都只是暫時的神遊，莊周的方法是通過精神性的轉化昇華而成為自由人，像〈逍遙遊〉裡藐姑射山的神人一般逍遙自在，具有宗教意涵的「遊」，通過哲思的轉化，成為具有人生意義的字眼，含有自由自在、不受拘束、超越固有界域等等意義。作為「遊」意識的經典，〈逍遙遊〉反映出人們心靈深處對於自由的根本性、普遍性的嚮往，再加上其無可取代的原創性——〈逍遙遊〉的原創性表現於三個方面：（1）跨越了當時文化語境的「天下」意識，提出了「遊於方之外」的另類哲思；（2）觸及人之存在的根本性問題，「遊」作為精神性的轉化昇華，體現詩意存有的自由境界；（3）創造了一種詩意道說，以意象傳移意涵，以情境體現哲思——逐輻射其影響二千餘年，成為許多知識份子精煉其世界觀和價值觀的重要支點，也在理解和詮釋之中蛻化各種新的理論形態，開展出不同的意蘊內涵。

　　筆者認為〈逍遙遊〉這個「遊」意識的經典及其詮釋的研究，在中國經典詮釋學的研究和建構工作上，至少具有以下幾方面的重要性：

　　其一、對「經典」的意義和功能有多元化的思考——〈逍遙遊〉作為經典文本不同於神聖型或宗教型經典如儒家的六經或 Bible，而比較接近「古典」（Classics）的意思。神聖型或宗教型經典「在傳統社會中，保證著世界觀、真理觀和價值觀的統一，並獲得了正統的地位」（王中江，2003：4）。〈逍遙遊〉非但不曾居於「正統」的地位，事實上，它一直以烏托邦功能對於「正統」的世界觀、真理觀和價值觀發揮其批判的作用，激化著思想的變異革新。

　　其二、對於「何謂哲學」的反思——〈逍遙遊〉是體用為一的「詭辭玄智」，既「無形式的邏輯關係，亦無概念的辨解理路」（牟宗三，1985：176），

它無疑是最能挑戰近代西方範式下的哲學史研究的「哲學」文本，到目前為止，以「哲學」之名研究〈逍遙遊〉者，對於它的「詩意道說」大都採取約化或轉譯為概念語言的態度；對於〈逍遙遊〉的經典重建工作，逼使我們反思「何謂哲學」，也逼使我們「學會傾聽」，讓詩意道說在沈默中傳遞出來。

其三、探詢理解和詮釋中的思想變異創新的機制——〈逍遙遊〉的詮釋眾聲喧嘩，蔚為花園風景，示現了同一經典在理解和詮釋之中開啓出異質性的意義世界。經典的主題開放性和文本召喚性如何影響詮釋經驗和方式，詮釋者如何在理解的視域融合的過程中有所創造發明，在〈逍遙遊〉的詮釋文本裡我們應該可以追索到可能的答案。

其四、作為思考當代性問題的重要支援系統——沈清松曾概括二十世紀的哲學視野所發生的三項根本變化：（1）自然觀的變化，從人類中心主義走向非人類中心主義，以重建人與自然關係；（2）存有論的變化，從「實體的存有論」轉向「關係的存有論」，以朝向他者與超越開放；（3）科技觀的改變，從宰制性的建構轉向參贊型的建構，以發展合乎人性的科技。（2001：2～3）針對這些當代性問題，〈逍遙遊〉及其詮釋所形成的「智慧傳統」〔註3〕都有與之對話，予以回應、調融的可能。

三、本論文的命篇與選題

本論文以「非常的行旅」為篇名，意欲以動態意象的隱喻，映射以下幾種的意義指涉：

其一、非常的行旅，以喻〈逍遙遊〉所闡述的「遊」意識。前文提到過，「遊」本具有宗教意涵，神之遊相對於世俗活動的日常性，自然是非常的行旅，而效法神遊的「逍遙遊」，作為體道的歷程與境界，也是非常性的體驗。

〔註3〕 Huston Smith 以 Wisdom Tradition 指稱世界七大宗教傳統（印度教、儒家、道家、伊斯蘭教、猶太教、原初宗教以及基督宗教），Huston Smith 所謂的「智慧傳統」，除了其宗教屬性之外，具有以下三項特徵：（1）描述存在終極的真實（2）提供人生實踐的方案（3）代表某種文化的精神面貌。（詳見休斯頓·史密士（Huston Smith），劉安雲譯：1997）Huston Smith 將儒家、道家視為「宗教」的觀點得當與否，旁涉太廣，不擬在此討論，筆者使用「智慧傳統」一詞來指稱〈逍遙遊〉及其詮釋所衍展的思想智慧，乃著重於它們涵括了存在終極的描述、人生實踐的指點，並且形構中國文化的精神底蘊，至今影響中國人的生活世界。

「逍遙」一詞《莊子》的文本裡常與「無爲」互文並舉，用以描述一種「無所事事」的漫遊，這種漫遊通過對於仁義之道的深刻反思，以「長而不宰，爲而不恃」的智慧成全一個渾全和諧的宇宙，〔註4〕「逍遙遊」並不是散漫無聊或消極頹廢的生活態度，而是「至人」浩蕩遊走天地之間的存在姿態。大樗之下、塵垢之外，相對於人文社會，前者是非常的「詩意空間」，後者是日常的「意義世界」；〔註5〕無爲逍遙，相對於仁義之道，前者展開的是流動的非常行旅，後者籌謀的是安居的日常格局。簡言之，「逍遙遊」，即超越日常的意義世界，以抵達非常的詩意空間，這個自我轉化的歷程乃是一趟在世存有的非常行旅。

　　其二、非常的行旅，以喻〈逍遙遊〉詩意道說的迴盪體驗。〈逍遙遊〉的原創性在於它實現了思想的不可能之可能，思想的極限之外固然不可思想，哲學最極致的行止也不是去思想那不可思想者，而是顯示出它在那裡！〈逍遙遊〉以詩意道說的原創模式顯示了不可思議、不可意致、不可言傳的「道」之所在，它對於體道之「遊」的闡述，不是予以理論分析，而是使用故事敘述和意象傳移，其表意方式拒絕了靜態的概念領域，而展示了動態的思想歷程。對於這樣的文本，採取「回到作品本身」的閱讀方式，投入想像的個別世界，浸潤到意象的深切感之中，以傾聽詩意道說中傳遞的宇宙消息和存在智慧，乃是一種詩意迴盪的非常體驗。

　　其三、非常的行旅，以喻阮籍、郭象、王夫之對〈逍遙遊〉的詮釋活動。錢穆說：「莊子，衰世之書，故治莊而著者，亦莫不在衰世。魏晉之阮籍向郭，晚明焦弱侯方藥地、乃及船山父子皆是。」（1993：序目七）所謂衰世，乃相對於盛世而言，盛世的時代課題是「守常」，衰世則是「達變」。筆者以「變世」取代「衰世」，強調時代社會的劇變。〈逍遙遊〉現身所在的戰國時代就

〔註 4〕根據劉笑敢的統計資料（1993：18），「逍遙」一詞未見於諸子著作，《莊子》則總共出現六次，分別是：「彷徨乎無爲其側，逍遙乎寢臥其下。」（1／37）「芒然彷徨乎塵垢之外，逍遙乎無爲之業。」（6／251）「古之至人，假道於仁，託宿於義，以遊逍遙之墟。食於苟簡之田，立於不貸之圃。逍遙，無爲也。」（14／530）「芒然彷徨塵垢之外，逍遙乎無事之業，是謂爲而不恃，長而不宰。」（19／714）「日出而作，日入而息，逍遙於天地之間而心意自得。」（28／1119）。

〔註 5〕「詩意世界」與「意義世界」兩個概念指涉的是存有所開顯的不同狀態，而不是指涉實體的概念，就實體概念來說，我們只有一個具體而堅實的「生活世界」。

是中國思想史上的一大變局，劇變的存在情境與悠遊的生命形態之間的張力，使得〈逍遙遊〉折射出思想之深、生命之深；而在魏晉時代的極限情境中，明清之際的遺民微光裡，詮釋者尤以獨特的生命境遇、堅持著對世界的深情凝視、對存在的追問與思索，歷史社會、原文世界、自我形象等交錯辯證，其理解和詮釋活動俱是思想的非常之旅。

　　至於本論文為何選擇阮籍、郭象、王夫之作為詮釋文本個案研究的對象呢？〈逍遙遊〉的詮釋文本浩如煙海，若要建構出齊備的詮釋史，實非本論文所能勝任，因此，在衡量筆者的學力、時間，還有具體的選題興趣之後，依照以下原則來揀取研究對象，首先，考慮的是時代的因素，思想的發展演變與歷史文化是密不可分的，「哲學的產生是由於不同思想的碰撞。這種碰撞引發出問題。思想來自生活，生活改變了，思想以及思想之間的碰撞也隨之改變。這些碰撞孕育出疑難的問題。一旦生活改變，而這些問題又沒有得到解答時，它們便消聲匿跡了。思想的消失常常是因為其本身缺乏生命力，而不是被駁倒。」（以撒‧柏林 Isaiah Berlin，雷敏‧亞罕拜格魯 Ramin Jahanbegloo，楊孝明譯，1994：33〜34）思想史是人們觀念與感受的歷史，因此考量歷史對於思想的影響是必要的。然則，我們盡可能小心地不陷入把思想局限於某個具體歷史環境中的謬誤，更拒絕製造單一因果邏輯的繫聯，我們關注的焦點在於加達默爾所說的「理解按其本性乃是一種效果歷史事件」（1993：393），〔註6〕正是效果歷史意識的作用使得詮釋者在理解之中形成問題視域，進行視域融合。〈逍遙遊〉作為「遊」意識的經典，觸及到人之存在的自由問題，人畢竟不是神，活生生存在的人沒有辦法選擇過著非歷史的生活，就像死亡一樣，歷史也是我們的命運，自由與命運之間存在著巨大的張力。面對堅實的實體世界，構想自由的理想國度，如何跨過有限的門檻，思想在此被迫啟動。因此，本論文設定「變世情境」作為選取研究個案的範圍，而錢穆的評語成為筆者選題主要的參考點，魏晉之阮籍向郭，晚明焦弱侯方藥地、乃及船山父子皆在考慮之列。

　　其次，選題的另一個原則是詮釋類型的區別：莊學沈寂四百年後，阮籍

────────

〔註 6〕　「效果歷史」是伽達默爾詮釋學核心概念，他解釋道：「真正的歷史對象根本
　　　　不是對象，而是自己和他者的統一體，或一種關係，在這種關係中同時存在
　　　　著歷史的實在以及歷史理解的實在。一種名副其實的詮釋學必須在理解本身
　　　　中顯示歷史的實在性。因此我就把所需要的這樣一種東西稱之為『效果歷
　　　　史』。理解按其本性乃是一種效果歷史事件。」（漢斯──格奧爾格‧伽達默
　　　　爾，洪漢鼎譯，1993：393）

是以闡述《莊子》思想的方式使莊學復活的關鍵人物，在莊學史的發展上，
以及〈逍遙遊〉經典化過程裡，其歷史意義不容忽視。阮籍的〈大人先生傳〉
以描述大人形象凸顯理想的逍遙境界，因此成爲本論文在「經典詮釋」部分
的第一個研究個案。第二個研究個案是郭象〈逍遙遊注〉，郭〈注〉的出現，
標誌著「逍遙義」在中國思想史上顯題化的關鍵時刻，而其詮釋觀點、方法
和效果則幾乎成爲《莊子》詮釋史的典範，這是一個無法繞過的重要詮釋文
本。再其次，選定的是明末王夫之的《莊子通‧逍遙遊》與《莊子解‧逍遙
遊》，王夫之的遺民意識、問題意識、方法意識都相當分明，在本論文所設定
的「變世情境」範圍中，這兩篇著作是頗爲典型的詮釋文本，加以深入探討
應該可以得到相當的研究成果。王夫之與阮籍、郭象對於「逍遙遊」的思考，
基本上都以儒、道兩家的傳統作爲主要的思想資源，並緊扣著承擔詮釋世界
之任務的自我形象和自我定位，這使得本論文在問題和觀念的分析上容易對
焦；而三者的詮釋方式恰爲三種不同的類型，三者並觀，可收比較之效：阮
籍〈大人先生傳〉以充滿個人色彩的文學寫作來闡發逍遙旨趣，其追問人在
宇宙之間存在方式的主題及其所運用的意象和隱喻，都與〈逍遙遊〉形成互
文性關係，可視爲「紹莊」之作；郭象的詮釋則屬「文獻注疏」的經典詮釋
傳統模式，在隨文注解的形式裡，運用「辨名言理」及「寄言出意」的詮釋
策略，將〈逍遙遊〉改造爲應世的「內聖外王之道」，實爲「罔莊」之作；而
王夫之的詮釋屬於「義理解述」的經典詮釋傳統模式，以知識份子承擔「天
下」存亡的文化使命感，深入經典，在詮釋、批判和重建的循環過程中，穿
透語言、文字的遮蔽，上通於道；再由道而開顯文化傳統的新生命，船山之
通解〈逍遙遊〉，可稱之爲「通莊」之作。〔註7〕

　　最後必須交代的是，筆者之所以跳過前引錢穆〈序言〉所提到的明末焦
竑和方以智，主要的是因爲他們的詮釋涉及三教離合的問題，筆者受限於自
己的學力和時間，擬待他日另設相關主題再作處理。

四、前行研究成果的回顧

　　本論文選擇「遊」意識的經典文本〈逍遙遊〉及其變世情境中的詮釋景

〔註7〕以「紹莊」、「罔莊」、「通莊」等概括判斷的用語，表出三個詮釋文本的類型
特徵，得之於江建俊老師的教正。特此注明，並申謝忱。

觀作爲研究對象，致力於以下兩個主要的工作：一是〈逍遙遊〉作爲經典文本的原創性之彰顯；二是〈逍遙遊〉詮釋文本的詮釋經驗與方式之分析。關於〈逍遙遊〉作爲經典文本的原創性，「風格即思想」的文本特性乃是筆者關注的核心焦點，因爲這樣一個「哲學」文本不但是前所未有的，而且此一文本特性影響了後人的詮釋經驗與方式。在當代的研究視野裡，〈逍遙遊〉作爲《莊子》的總論，開顯體道的境界，已是學者們的共識，而關於〈逍遙遊〉「如何」通過言說以開顯體道境界，亦開展了幾個不同角度的研究成果，以下茲將筆者構思本論文的重要參照觀點扼要加以概述：

（一）徐復觀指出莊子之道通於「藝術精神」，「莊子之所謂至人、眞人、神人，可以說都是能遊的人。能遊的人，實即藝術精神呈現了出來的人。」（1984：63）徐氏並分析「遊」的消極條爲「無用」，積極條件爲「和」，前者「既不指向實用，也無益於認識」（1984：64），後者是「一種圓滿具足，而又與宇宙相通感、相調和的狀態」（1984：69），徐氏強調和的極致是宇宙全體大生命的流行，最高的藝術精神就是天地節奏和諧的反映，在這種狀態中的超越是「即自的超越」：「即每一感覺世界中的事物自身，而看出其超越的意味」（1984：104），此一即自的超越乃通過心齋、坐忘的工夫而體現，對於心齋、坐忘的意識活動之分析，徐氏引進現象學的觀點加以比較闡發，他指出現象學求本質的方法是由歸入括弧、中止判斷的「還原」，探出純粹意識的固有存在。其方法近於莊子的忘知，其純粹意識活動之場，近於莊子的心齋之心。然則，莊子「心與物冥」的觀物方式，以虛靜爲「心」之本性，即體即用，而不只是由歸入括弧、中止判斷後的剩餘意識，「莊子忘知後是純知覺的活動……但此知覺的活動，乃是以純粹意識爲其活動之場，而此場之本身，即是物我兩忘，主客合一的，這才可以解答知覺何以能洞察物之內部，而直觀其本質，並使其向無限中飛越的問題。」（1984：79）徐氏以「藝術精神」理解莊子，固然是一種窄化的「誤讀」，但是此一「誤讀」卻精確地揭示了莊子獨特的詩意道說，及其與現象學同中有異的特徵。徐氏所抉發的研究進路對後來學者的啓發之功實不可沒。本論文採取現象學式的意象分析以進入〈逍遙遊〉的文本脈絡，即依此一進路而更求深入精密的發展。

（二）葉維廉指出道家的知識論提倡一種去卻角度、消解距離的視境，一種「離合引生」的辯證方法：「所謂『離合引生』的辯證方法在表面上看來是一種否定或斷棄的行爲；說道不可以道；說語言文字是受限不足；說我們

應該『無為』，應該『無心』『無知』『無我』；我們不應言道；道是空無一物
的。但事實上，這個看似是斷棄的行為卻是對具體的整體宇宙現象，對不受
概念左右的自由世界的肯定。如此說，所謂斷棄並不是否定，而是一種新的
方法，把抽象思維曾加諸我們身上的種種偏減縮限的形象離棄來重新擁抱原
有的具體世界。所以，不必經過抽象思維那種封閉系統所指定的『為』，一切
可以依循我們的原性完成；不必刻地用『心』，我們的胸襟完全開放、無礙，
像一個沒有圓周的中心，萬物可以重新自由穿行、活躍、馳騁。」（1980）在
這種「離合引生」的過程中，「語言之用，不是通過『我』說明性的策略，去
分解、去串連、去剖析物物關係渾然不分的自然現象，不是通過說明性的指
標，引領及控制讀者的觀、感活動，而是用來點興、逗發萬物自真世界形現
演化的狀態。」（1988：145）葉氏指出基於這樣的知識論和語言觀，莊子乃
以具有奇特性和戲謔性的寓言，攻人之未防的「異常」策略，使人飛越常理
而有所頓悟。（1988：149）葉氏的論述頗為精切，「離合引生」的辯證方法、
空白的美學、寓言的異常策略等，成為筆者把握〈逍遙遊〉文本結構中自由
詮釋空間的形成的重要參照觀點。

　　（三）吳光明指出莊子的詩意文體即其哲思，哲思包含哲學，抽象的哲
學不一定就是哲思的本質，哲思才是人類思惟中最高尚、最深奧、最廣泛的
層次。因此吳光明認為對於《莊子》的詮釋，如果以精確的概念整理成一套
首尾一貫的龐統體系，恰恰與莊子迴避「精確的哲學」之意向背道而馳，「莊
子本是要反抗這種『正確的理論』及『知識的傳達』。他要我們有『去知之知』，
處順自得。以暗示隱喻來啟發我們，使我們反身忘我，天然遊世。他的語法
不是演繹邏輯，乃是卮言、重言及寓言，他所提示的是反哲學的哲理，『不道
之道』。」（1992：50）吳氏對於文本的意義效應取決於詮釋模式有相當的自
覺，因此，他引入接受美學的讀者維度來解莊：「莊書的文體是寓言性喚起性
的。如要傳達字面上文意，著者要明明晰晰地直說其意，不可另解。在隱喻
陰示的活動中，著者卻不直說，只用沈默非言或題外妄言來喚起讀者的自創
意義。有時著者偏要說些明明是完全不合理的謬言，來激惹我們的反抗而去
自尋要義。」（1992：60）吳氏的喚起說深具啟發性，筆者對〈逍遙遊〉的解
讀亦關注於文本的召喚結構，不同的是筆者認為〈逍遙遊〉的召喚性來自「意
象」的想像意識作用。

　　（四）沈清松認為莊子的「寓言」近於「隱喻」和「象徵」，具有認知義，

開顯有關世界和人生的眞理:「前述逍遙遊的寓言提供吾人認知有關生命的一項哲理,因而顯示出隱喻亦具有認知義,而非僅有情緒義,只不過寓言不同於力求精確的邏輯經驗語言使用,因而不能用套套絡基和感性資料的檢證做爲意義判準。寓言如古德曼所言乃『現實之重塑』,但並非情之表達,卻仍能開顯有關世界和人生的眞理,莊子的寓言具有呂格爾所謂『意義的盈餘』,乃認知之提昇,而非情緒之表達,莊子寓言中蘊含了開顯的眞理觀,而非符應的眞理觀。」(1986:104)此一觀點啓發了筆者將〈逍遙遊〉的意象區別於文學意象而還原爲思想的事物,進而深掘〈逍遙遊〉詩意想像所浸潤的存有深度。

(五)陳昌明對於「重言」別有洞見,從語用角度揭示語言與權力、欲望的關係:「莊子引重前人的言說,不但不重歷史性的眞實,甚至是任意妄爲的隨心牽合,往往以『非A』的言說歸屬於『A』,如人間世裡的孔子、顏淵,儼然成了道家人物,其他如黃帝、堯、舜、許由、蘧伯玉……等人,也都與歷史的定位脫節,言說的內容成了他任意的創造,即是莊子將引重者之名,視爲一種符名、符徵來使用,而放在他的語言脈絡裡,可以說是他靈脫不泥的表達方式。……這種『名——實』的破解,同時也提醒我們,許多人使用重言——所謂『聖賢之言』的時候,也是把前人具體的語言當作一種符徵應用,其背後卻可能隱藏了許多權力與欲望的執著,表面上的語言反而成了一種追求權力欲望的策略運用。莊子用重言的方式,正是要我們將語言『顚倒』『翻開』來,看看背後是些什麼東西。莊子『重言』的運用方式,讓我們對於歷史與眞實,作品的想像/非想像、虛構/非虛構等二分法進行不斷的質疑,也讓我們對於透過語言文字所產生的所謂記載與神話的敘述,現實世界與幻設世界,進行更進一步的思索。」(1988:251~252)此一洞見影響筆者從運用歷史人物形象以「追本溯源」的寫作模式上,對顯莊子之有別於諸子之原創性。

(六)楊儒賓的〈卮言論:莊子論如何使用語言表達思想〉(1992)是對於「卮言」的精采論述,全文分三節,首先描述「如何透過語言表達思想」這個問題是如何形成的,它與莊子想用「語言」領悟言說及非言說兩層,並想在每一言說情境中呈現具體的普遍有關。接著,將進一步指出「卮言」是此問題的關鍵,它是莊子「渾圓」的原型(archetype)在言語表現上的展示。第三節則著重解釋卮言的具體風格及它與「滑稽」的關係;最後並指出莊子是極少數能提出文字表現理論而又加以體現的思想家,《莊子》一書即是卮言

的具體例證。楊氏所指出的「渾圓」原型，深具啓發性，筆者在此基礎上，更進一步以「迴旋之圓」表徵〈逍遙遊〉表意實踐相應於此在雙重性的內外辯證之動態結構。

（七）從神話學的研究視野〔註8〕來探討〈逍遙遊〉的神話思維及其迴旋結構：以宗教史學與比較宗教學爲方法，指出道家思想淵源於薩滿教，將莊子所言的道視爲「永恆回歸」之道，以「渾沌」主題爲中心，視鯤鵬之變爲創世神話，「逍遙遊」則意味著生命從天堂狀態墮落到文明之後，經由出神技術的修煉，重新回歸或體驗渾沌無面目的狀態。這種詮釋模式被廣泛地接受，〔美〕吉拉道特的《早期道家的神話與意義》（1983）尤爲運用此一詮釋模式的典型著作。然而，《莊子》是否真的如埃里亞德所說的懷有「天堂的鄉愁」（2001，vol.Ⅱ：25）呢？筆者認爲《莊子》所要開顯的「道通爲一」的境界並不屬於原始的感性體驗，而是精神的轉化超越，其運用神話作爲題材往往加以轉化爲哲學意涵，因此此一詮釋模式雖有助於我們探知《莊子》所運用的神話意象之淵源及原型，卻不是本論文意象分析的終點所在，意象原型在哲思的轉化中折射的存有深度才是。

（八）同樣從神話學切入，但是不在宗教史和比較宗教學的框架之中，而專注於文本自身，指出〈逍遙遊〉開篇鯤化鵬的變形神話才是中心的神話，《莊子》反復運用這類神話表達自我超越的中心主題，並且將關注焦點放在作爲「隱喻的藝術」之神話如何形成莊子特有的思想傳達，啓發讀者掙脫概念信仰系統的精神牢房，超越到一種「開放的心靈」狀態，從而重新獲得更加優越的認知架構。〔美〕羅伯特・艾利森《精神超越的莊子——內篇解析》（1989）即主張這樣的觀點。筆者贊同艾利森所指出的《莊子・內篇》的中心主題在精神超越而非創造世界。然而，按照艾利森的看法，莊子的思維模

〔註8〕　神話概念的引入莊學研究，可上溯至1906年王國維在〈屈子之學之精神〉一文將《莊子》聯繫於神話概念的觀點。1929年茅盾作《中國神話研究ABC》雖肯定《莊子》有保存上古口傳神話之功，但《莊子》的神話研究尚未有正式的進展和成績。1934郎擎霄《莊子學案》首開其例，試圖從《莊子》中尋覓神話傳說的線索。之後，大陸學者袁珂（1956、1988）、葉舒憲（1997）、日本學者赤塚忠（1974）、白川靜（1983a、1983b）、中缽雅量（1979）、井筒俊彥（1983）、美國學者吉拉道特（1983）、羅伯特・艾利森（1989）、台灣學者杜而未（1985）、劉光義（1986）、楊儒賓（1989）、鄭志明（1994）等人對《莊子》神話學研究挹注了努力與成果。相關研究概況參見〈莊子與神話：20世紀莊學研究新視點〉（葉舒憲，1997）。

式就是放棄概念的和分析的思維習慣，回歸到神話的和隱喻的思維傳統中，這種看法其實隱含著一些理論預設的問題：不是概念的、分析的思維方式，就一定是神話的、隱喻的思維方式嗎？神話思維等同於隱喻思維嗎？神話的或隱喻的思維方式足以概括莊周的思維方式嗎？

（九）在神話學的脈絡，還有一種特殊的觀點：王鍾陵將《莊子》視為從詩性時代向散文時代過渡的歷史進程的產物，並指出「《莊》文中多種寓言、故事、比喻的套嵌、纏繞，往往形成一個意象叢。形象與形象之間，依據或相似、或相近、或相反的種種關係，相互之間產生一種關聯、映射的作用，從而可以使其寓意得到多視點、多層次的交織。這種形象的叢聚除了使得每一篇的意義得以豐厚、多歧外，而且還具有縱向的延續性、增生性，使得《莊》書在形象的相承、變動之中產生一種意義的拓展與增殖。」（1998：269）王氏在此文中分析「大木」形象所發展的意象叢：從〈逍遙遊〉的大樗、〈人間世〉的大櫟社樹到〈山木〉的不材之木乃是同一原型，而這些無用的散木形象又產生支離其形的意象增殖，乃至增生出支離其德的比喻性概念。王氏對於大木形象的意義增衍之分析頗有值得參考的見解，掌握「意象」這個重要元素來看《莊子》意義視域的多視點、多層次的交織，以及意義的豐厚、延續與增生，亦是筆者贊同的研究視角，但是王氏以維柯及黑格爾所說詩性時代與散文時代的歷史進化觀點作為理論預設，是有待商榷的，筆者認為《莊子》的意象具有詩意意涵，詩意意象作為道說事件，並不是退轉於神話時代的原始思維，而是精神與意識深刻精緻的發展，充沛著創造力的詩意想像。

至於阮、郭、王的詮釋文本，到目前為止，針對幾個詮釋文本進行研究者，多半著重在內容義理的研究與比對，涉及詮釋經驗及方式之分析研究者尚屬少數，尤其阮籍的〈大人先生傳〉，由於體例不屬於傳統注疏形式，到目前為止，在詮釋學視野裡的研究是空白的。關於郭象〈注〉的部分，成為本論文相關論述起點的是湯一介對於郭象注《莊》方法的討論（1999：85～113）。湯氏指出郭象注《莊》使用了「寄言出意」、「辯名析理」兩種方法，其論述著重於分析論證應用的層面，對於詮釋方法的理論基礎以及操作過程的探討較少，筆者認為尚有可以發揮的餘地。最後，關於王夫之《莊子通‧逍遙遊》與《莊子解‧逍遙遊》，目前在船山學的研究成果裡，觸及詮釋學問題的僅有林安梧的《王船山人性史哲學之研究》第四章「人性史哲學的方法論」及其《人文學方法論：存有的詮釋學探源》第六章「詮釋的層級：道、意、象、

構、言」，林氏指出船山對於經典的詮釋是一種「創造的詮釋」：「所謂『創造的詮釋』顯然不是扣緊經典，讓經典自己說話，讓經典自己彰顯其自己的詮釋活動而已，它更進一步的要去經由一種『詮釋的轉化』而使經典所透顯的意義能夠『調適而上遂』的上極於道，而達到一種立基於經典，但卻又另有一番嶄新創造的境域。」（1991：75）林氏所論中肯，筆者以此為起點，深入文獻之後，發現船山的方法意識及其詮釋實踐具有相當豐富的詮釋學意涵，值得更進一步進行發掘。

五、研究方法與論文結構

　　本論文的任務主要有兩個，第一個任務是針對〈逍遙遊〉作為經典文本，突出其「遊」意識的原創性，進而彰顯其文本結構的特性。第二個任務則是針對所選定的三個詮釋文本，探討它們如何與〈逍遙遊〉的原文世界進行對話，通過理解的視域融合而提出「遊」意識的創造性詮釋。為了達成以上的任務，筆者採取以下的研究方法：

　　（一）語境化：這是一種在互文脈絡中進行敘述的理解的方法。〈逍遙遊〉的原創性思想並非憑空而來，對於「道」的理解與對於「遊」的哲思都與「傳統」的互文脈絡相關，筆者運用這個方法來探索〈逍遙遊〉與文化語境的關係以對顯其原創性。思想本來是活生生的事件，思想家置身於時代的問題情境之中，注視著「傳統」的既有邊界，籌劃出個人的思想取向和言說方式。所謂的「創造」乃是視域融合過程中的越界行動，愈是居於邊緣地帶的思想家，其視域與主流話語的邊界重疊愈少，愈能質疑、批判主流話語的符魅，愈能吸納、融鑄主流之外的精髓，進而超越舊的藩籬，抵達新的主體化位置。思想創新往往涉及兩個面向：一是主流話語的符魅消解，一是域外之思的靈光乍現。從中國文化傳統的特質來看，它是「一個連續不斷的文化敘述，而不是各種可孤立理解的學說和意識形態」，它展示為「一個具有其內在邏輯、奔騰向前、持續不斷，又總是隨機而變，不可預料的傳統」（郝大維、安樂哲，施忠連譯，1999：5）。研究這個傳統裡思想承傳與創新的過程，一種敘述的理解遠比概念的分析來得適當。

　　（二）意象分析——這是一種詩意想像的現象學描述方法。〈逍遙遊〉是一個原創性的「哲學」文本，其思想與言說相即相纏、渾然為一。作為生命

沿著無蔽之「道」前行的內在旅程,「遊」的行動既沒有固定不變的目的與路徑,「遊」的哲思又如何指涉與分析呢?〈逍遙遊〉以意象傳移意涵,以情境體現哲思,這是一種「詩意道說」──意象作爲道說的事件,讓人在詩意想像的迴盪體驗中直接契會於先於語言的存在眞理。如果我們不迴避意象在〈逍遙遊〉文本結構的核心地位和作用,那麼以意象分析的方法來接近〈逍遙遊〉的詩意意涵,便是一個困難卻必要的工作了。在此所運用的意象分析是一種閱讀現象學式的描述:回到意象本身所屬的個別想像世界中,描述意象如何形構,想像意識的意向性活動如何完成思想觀點的轉換。閱讀現象學式的意象分析,經由讀者參與的閱讀活動,將〈逍遙遊〉的意象還原爲創造性意象,描述意象本身所給出的存在感受、所觸發的詩意意涵,而不是經由理智比較、歸類分析,尋求對應的意義基模,使其意象俗例化而失去清新感與活力。筆者試圖以這種方法「重建」〈逍遙遊〉的表意實踐所展示的動態思想歷程,使其「風格即思想」的文本特性充分彰顯出來。然則,這種方法必須面對以下的質問:個別的閱讀經驗是否具有「客觀有效性」?關於這個問題,我們的回答是「學會傾聽」。筆者認爲讀者與文本存在著互爲主體性的關係,文本結構本身所具有的內在邏輯制約著閱讀活動的開展,但是文本結構畢竟不是一個死去的、固定的意義世界,〈逍遙遊〉尤其是一個充滿縫隙又多重映射的語言空間,一個永遠未完成的文本。讀者雖然不是一個空白的、透明的主體,但仍可以盡可能擱置既有的意識設定,「學會傾聽」──聽文本自身所傳遞的消息,聽語言觸發深切的感受與沈思,感受與沈思的具體化既實現著詮釋的自由又遵循著不違背文本結構內在邏輯的原則,庶乎不失所謂的「客觀有效性」。

　　(二)個案研究──這是小寫歷史的顯微描述。任何文本流傳於歷史洪流之中,其經典化的過程往往走向如是的命運:時而是文化資本,經由知識專業者規格化生產、傳遞、保存;時而是思想的競技場,被思索者挪爲己用,改頭換面,以爭取眞理權力⋯⋯在傳衍與創新的雙螺旋線性發展之中,原作者成爲沒有臉孔的人,而文本的邊界不斷重劃。〈逍遙遊〉的命運似乎更偏向於後者,尤其在變世情境之中,詮釋作爲知識份子思想競賽的實踐方式,〈逍遙遊〉往往成爲精煉觀念的重要支點。之所以如此,乃因爲其「遊」的哲思每每激盪著人對存在的根本思考,更因爲其文本結構充滿隙罅,隙罅裡有轟然作鳴的靜默,有極其豐富的停頓,有蘊涵生機的空白,〈逍遙遊〉於是展現

為「花園風景」（landscape），〔註9〕詮釋者自由地選擇遊覽的起點和終點，走一條主體化的內在旅程，在提問與應答之中，社會的願景、思想的靈光以及生命的出口一一浮現。因此，筆者選擇以個案研究的方式來處理三個詮釋文本。這種回到文本的個案研究方式有幾個優點：（1）能夠把個別文本（包含原文與詮釋）的特殊性充分予以突出；（2）能夠把思想在詮釋中的變異脈絡具體地加以勾勒；（3）能夠把詮釋活動的整體過程表述出來；（4）能夠把理解和詮釋的存有論意義彰顯出來。這樣的方式拒絕系統化約模式，拒絕靜態概念分析，拒絕因果邏輯關聯，屬於小寫歷史的顯微描述，而非大寫歷史的後設敘事。筆者以為，對於〈逍遙遊〉的詩意道說，對於以生命經歷貫注其中而各自獨立、具有創造性的詮釋文本，這樣的個案研究可以更貼近它們所展現的「生命的學問」的世界。

　　（三）三重向度——這是對於詮釋經驗的現象學分析方法。對於每一個詮釋文本的個案研究，筆者都以詮釋文本的現象學分析為主軸，從文本的語言之網鏈結相關文本，探索其中問題視域的形構，詮釋方法的操作，以及詮釋觀點的呈現。這樣的研究方法，遵循著「問題在詮釋學上優先性」的原則，首先探詢的是詮釋者對於〈逍遙遊〉的理解中問題視域的形構。〈逍遙遊〉作為經典文本，其意義邊界固然是開放的，然而，每一次邊界的重劃都不是純粹主觀任意的，詮釋者一方面「重述」原文，一方面在文本的隙罅之間附加詮釋，以實現增生意義的「自由」，這種「自由」其實與詮釋者自身的歷史性交錯辯證，理解作為效果歷史的事件，問題意識在視域融合的過程裡發揮著支配的作用。對於詮釋方法的研究，儘可能就理論基礎、操作程序及實踐效果等各層面加以分析，以發掘豐富的詮釋學方法論意涵；至於觀點的呈現，

〔註9〕　王晴佳在〈後現代主義與經典詮釋〉一文中，以一個研究猶太教經典的例子，說明「花園風景」的概念（2001：133～134）。「花園風景」指閱讀過程的開放，將整部經典展現出來，讓人們（讀者）隨意瀏覽，注重的是經典的表層。〈逍遙遊〉的詮釋者當然並不只注重「經典的表層」而已，筆者在此使用此一概念，所要強調的是由於〈逍遙遊〉的開放性，在理解與詮釋的對話結構裡，經典與詮釋者往往形成互為主體性的關係，對於這些詮釋者而言，詮釋不是一種時間上的延續，以經典內容的邏輯展開為目的，追求一種統一的、基本的理解；相對的，經典文本被轉換為一種自由開放的空間，文本的意義不是普遍的、一致的，詮釋者在這個自由開放的空間裡各取所需，〈逍遙遊〉因此展現為「花園風景」，而思想的流變創造就在其中實現，詮釋史成為思想史不可或缺的一部分。

則扣緊文本自身的思想脈絡，透過內在邏輯的聯繫予以重建。對於詮釋經驗的研究，這種多向度多層面的方法應該可以提供較完整而具體的成果。

最後，扼要說明本論文的各章大要。本論文除「緒論」和「結論」之外，共分爲五章進行論述：

第一章題爲〈「道」的裂變〉，旨在說明身爲戰國變世情境的知識份子，莊周的「遊」意識作爲一種對於人之存在的追問與應答，乃通過對於當時文化語境之深刻理解而有所超越突破。本章共分爲三節：第一節「宇宙王制與禮樂傳統」描述在西周以禮樂傳統爲核心的文化語境裡，政治權力系統接合「天命」、「道德」、「聖王」等話語，以神聖修辭凝塑了「華夏天下」的「政治——文化」共同體意識。第二節「即器存道與捨器言道」勾勒春秋戰國時代學術裂變的狀況，描繪知識份子世界觀和自我形象的改變，說明其中的關鍵在於孔子的「哲學突破」使「人」成爲思想的主題，而「天下」意識由「政治——文化」意涵轉化出存有論意涵，成爲知識份子證成自我的實踐場域。諸子繼起，以「天下有道」爲其共同的現實關懷，「言道」是思想的競技，也是話語權力的爭逐。第三節「與『道』的詮釋學遭遇」通過諸子思想文本寫作的目的和敘述方式之比較，揭示莊周超越固有的「天下」意識而朝著宇宙意識的轉向——遊於方之外，外天下、外物、外生，乃至朝徹、見獨，獨與天地精神往來——基於這樣的「方外」意識，莊周返回無所遮蔽的「道」，其「言」乃是與「道」的詮釋學遭遇，而「遊」的哲思、行動與言說乃是一場「揭蔽」的自由深戲。

第二章題爲〈與『道』深戲〉，旨在描述〈逍遙遊〉如何通過「意象」的中介，以「詩意道說」的召喚結構透顯「遊」之諦義。本章共分爲兩節：第一節「意象的流動」，順著〈逍遙遊〉的文本脈絡進行意象分析，著重分析意象的結構方式，以及將其可能的力量、意義及功效予以豁顯。〈逍遙遊〉全文依意象結構類型，可分爲兩個子意象系統：第一個子系統以「鯤／鵬」的意象起興，然後不斷進行互文改寫，串連各種參照對比的喻象，建構層遞辯證的喻義脈絡，最後導向「至人無己，神人無功，聖人無名」的論斷；第二個子系統運用對話情境及喻中有喻的方式，進行喻象意蘊的分解、伸展與轉換。此一子系統又可依主題而分爲兩部分，前半以「帝王／神人」的意象爲核心，跨越俗世以「天下」爲存有實踐場域的人爲設限，後半則以「大瓠／大樗」的意象爲核心，中止世智的判斷，破除「用」的迷思與執著，揭示「無用之

用」的玄智。第二節「詩意的迴盪」，針對〈逍遙遊〉文本世界裡的大鵬與大木兩個意象所引起的詩意迴盪現象予以描述分析，從神話學視野所開發的莊學研究，對於大鵬與大木的原型分析將作為本文的參照系統，但是，興發詩意迴盪的意象與沈睡於潛意識的某種原型（archetype）雖然有所關聯，但兩者並非因果關係（causal），興發詩意迴盪的意象並非來自過去，它有其自身的存有與動力，因此，在詩意迴盪裡，遙遠的過往或許藉由意象乍現而回響起來，但是這些回聲在當下折射出的深度，乃是存有的直接產物。而本文的探索所著重的並不是回聲的出處，而是意象觸發詩意語言，語言興發迴盪體驗的當下所折射的存有深度。

　　第三章題為〈阮籍的逍遙義〉，分析阮籍〈大人先生傳〉這個詮釋「逍遙」境界的文本。本章共分為三節：第一節「〈大人先生傳〉的批判意識」，由〈大人先生傳〉中「大人先生」對「君子」、「隱士」、「薪者」的對話，探討阮籍在魏晉變世的極限情境裡，由所屬社群與個體的緊張關係而逼顯的存在反思，此一存在反思作為基本的問題意識，使其理想世界的形構乃是一種對現實社會權力本質的反諷和抵制。第二節「〈大人先生傳〉的表意方式」，由「大人」的命題、對話的運作機制以及空間意象的隱喻等三方面，探討〈大人先生傳〉如何通過表意方式的選擇與安排，以充滿個人風格的寫作來闡發逍遙的旨趣。第三節「〈大人先生傳〉的核心觀念」，探討〈大人先生傳〉用以闡發逍遙旨趣的兩個核心觀念——「自然」與「神」，通過與相關文本的鏈結和比較，說明「自然」作為「名教」的反話語，指向原始的太初世界，而「神」作為人與「自然」的通路，則是一種極私密的內在體驗。最後，結語部分指出〈大人先生傳〉在莊學史上的貢獻及影響，並肯定其對於當代性的應答。

　　第四章為〈郭象的逍遙義〉，分析郭象〈逍遙遊注〉的詮釋文本。本章共分為三節：第一節「郭象逍遙義的問題視域」，指出郭象以個體自由的現實關懷為其問題意識，而對〈逍遙遊〉進行創造性詮釋。從相關文本的鏈結，說明郭象的問題意識出自以現象世界為存在整體界域的世界圖式，根據此一圖式郭象批判了「貴無」、「崇有」等玄學本體論話語，在當時的思想競賽裡，標誌了新的理論制高點。第二節「〈逍遙遊注〉的詮釋方法」，探究郭象詮釋方法的基本原則和操作程序。從〈逍遙遊注〉在語詞、句式、意義的增生或轉移等方面的詮釋實踐，分析「辨名言理」與「寄言出意」兩種詮釋方法的操作過程和效果。第三節「郭象逍遙義的理論形構」，鏈結文本中不斷集結的

關鍵詞如「自然」、「性」、「理」、「玄冥」等，說明郭象「適性說」和「聖人論」的理論形構——前者賦予「適性逍遙」以本體論和價值論的理據，論證個體性分自足的必然性，進而肯定個體各依其性分而實現其存在的合理性；後者是關於實踐的理論，論述跡冥圓融的聖人如何達致「適性逍遙」的理念目標。最後結語的部分指出適性逍遙義爲魏晉時期自然與名教的統合，提供了一個新的理論視野，並使道家思維模式的自然主義達到高峰。

第五章題爲〈船山的逍遙義〉，分析王夫之〈逍遙遊通〉、〈逍遙遊解〉的詮釋文本。本章共分爲三節：第一節「船山通解〈逍遙遊〉的詮釋起點」，指出船山之通解〈逍遙遊〉乃以「盡人道之極致」爲其詮釋起點，此一起點的立定，既源於船山學術使命的基本關懷，亦是一決定生命核心的此在事件。在此詮釋起點上，船山以生命體驗和〈逍遙遊〉展開關乎存在整體界域的對話，一方面進行自我形象的確認，一方面實踐學術價值的創造。第二節「船山通解〈逍遙遊〉的詮釋方法」，分別就語言層次、心理層次和存在層次的「詮釋循環」，闡析船山方法意識與詮釋實踐在詮釋學方法論上的豐富意涵，並彰顯其創造性思想在詮釋、批判、重建的循環過程中，匯入傳統之流，成爲一股伏潛的能量。第三節「船山逍遙義的核心觀念」，探討船山逍遙義的兩個核心觀念「天均」與「凝神」，指出其創造性詮釋的終點在於開顯和合動幾的生活世界，在此一終點上，是一個開放的、無盡的存在場域，生命如何完成逍遙之遊，在於人如何守護、承擔、參與生活世界這個人類唯一的存在家園。最後結語指出船山逍遙義展現了鮮明的人文關懷，這樣的詮釋不僅會通莊子之道於儒學，同時也是對儒學的轉化。

本論文致力於在〈逍遙遊〉及其詮釋文本的「遊」意識之「重建」工作上，對於各個文本所折射的存在追問及其應答力求有相應的理解，在經典與詮釋文本之間思想變異的脈絡和機制之探索工作上，深入而具體地掘發中國經典詮釋學的方法論意涵。本論文所走的或許只是一小段旅程，但是希望爲道家經典詮釋傳統的研究與建構，開啓一條可以抵達豐饒之地的進路。

第一章 「道」的裂變

前 言

「遊」，古作「斿」，或寫為「游」或「遊」。「斿」和「旅」一樣，都是拉著旗子出遊，這是古代氏族遷移遊居時常見的現象。旗子代表氏族的徽號，奉氏族神以出遊，「遊，乃謂神之應有狀態之語」。「畢竟能夠暢遊者，本來就惟有神而已。神雖不顯其姿，然能隨處地、自由地冶遊。」（白川靜，1983：161、162）惟有神之遊，才能完全地自由、超越、解放；人非神，但是對於神遊卻有著深刻的嚮往和追尋，人因此摹擬神之遊，其方法或以「降神」，或以「扮神」，或以做夢，都是擺脫日常性的自我與社會角色，在神聖空間或潛意識裡獲得非常性的體驗。然而這些都只是暫時的神遊，莊周的方法是通過精神性的轉化昇華而成為自由人，「乘天地之正，而御六氣之辯，以遊無窮者，彼且惡乎待哉！故曰：至人無己，神人無功，聖人無名。」（1／17），具有宗教意涵的「遊」，通過哲思的轉化，成為具有人生意義的字眼，含有自由自在、不受拘束、超越固有界域等等意義。莊周的「遊」乃是沿著無蔽的「道」，浩蕩遊走江河日月的「遊」，開展的是一個浩瀚的精神宇宙，超出禮樂傳統的文化語境，越過「士志於道」的現實關懷，逸出「天下」意識的範圍……

〈逍遙遊〉作為「遊」意識的思想經典，呈顯了無可取代的原創性：（1）跨越了當時文化語境的「天下」意識，提出了「遊於方之外」的另類哲思；（2）觸及人之存在的根本性問題，開顯了詩意存有的自由境界；（3）創造了一種詩意道說，以意象傳移意涵，以情境體現哲思。〈逍遙遊〉的原創性思想並非憑空

—21—

而來，其對於「道」的理解與關於「遊」的哲思都與其「文化語境」（culture context）有著交錯辯證的關係。〔註 1〕思想本來是活生生的事件，思想家置身於時代的問題境域之中，注視著既有的意義邊界，籌劃出個人的思想取向和言說方式。所謂的「創造」乃是視域融合過程中的越界行動，愈是居於邊緣地帶的思想家，其視域與主流話語的邊界重疊愈少，愈能質疑、批判主流話語的符魅，愈能吸納、融鑄主流之外的精髓，進而超越舊的藩籬，抵達新的主體化位置。思想創新往往涉及兩個面向：一是主流話語的符魅消解，一是域外之思的靈光乍現。在戰國的變世情境裡，作為首批出現於中國歷史上的「知識份子」之一，莊周即是一位從邊緣地帶散發思想靈光的思想家，他與傳統的文化語境，以及同時代的諸子百家，形成如何的「互文性」關係，〔註 2〕即是這一章所要探索的主題。

關於這個主題，《莊子・天下》提供了重要的線索：〔註 3〕

〔註 1〕 所謂「文化語境」指的是各種文化符號所以形成與運作的文化環境之形態，它提供了思想意向或行動方式合理化的前提。文化語境本身即是一個大文本，與其中的許許多多個別文本形成「互文性」關係，文化語境既支配了個別文本，也被個別文本所構成。在文本的表意籌劃中，作為先在結構的文化語境標示出「核心——邊陲」的區位，核心，是湧流著公共意向的大海，邊陲，是迴盪著私人體驗的長空；文本的表意實踐乃是一個消融邊陲，形成新的「核心——邊陲」區位的過程。在文化語境之中，〈逍遙遊〉是文本（text）而非作品（work），文本與作品的區分在於「作品是已經書寫完成的事物，是界域完整、首尾確定、公認有一定『作』者的成『品』；文本則由語言之網組成，鏈結到其他相關言述（discourse），在基本定義上就是未完成的、沒有單一作者的、永遠在進行著的書寫過程。」（鄭明萱，1997：54）因此，〈逍遙遊〉的存在必然是「互文性」（intertextuality）的，文本的完成結構與其他文本所形成的先在結構存在著對應、錯位的張力，表意實踐乃是一種在克服其他文本的決定性中，不斷用闡釋來完成自我的過程；在這個視角裡，歷史與社會也是先在結構的一部分，它們同樣是文本性（texuality），「是作者和讀者把自我植入其中而加以重寫的產物，文本在這裡產生了一種標誌作用。從這個意義上說，互文性與其是對文本與它先前某一特定文本之間的關係的命名，不如說是文本參與不斷變換的文化空間的一種標示。」（羅婷，2002：119）

〔註 2〕 在此筆者所援用的概念來自克里斯多娃的互文性概念。互文性的理論意涵強調「文本會利用交互指涉的方式，將前人的文本加以模仿、降格、諷刺和改寫，利用文本交織且互為引用、互文書寫，提出新的文本、書寫策略與世界觀」（廖炳惠，2003：143）。筆者認為「互文性」雖然是一個西方後結構主義思潮中產生的理論語彙，但是它所提供的問題視域向著所有的文本開放。

〔註 3〕 關於《莊子・天下》一篇的寫成年代及作者，向來爭訟不已，在年代方面，主要有先秦說和漢代說兩派（劉笑敢，1993：34～57），在作者方面，主要有莊周自作、反對此說兩派。（黃錦鋐，1984：32～41）筆者傾向接受池田知久

天下之治方術者多矣，皆以其有爲不可加矣。古之所謂道術者，果
惡乎在？曰：「無乎不在。」曰：「神何由降？明何由出？」「聖有所
生，王有所成，皆原於一。」……古之人其備乎？配神明，醇天地，
育萬物，和天下，澤及百姓。明於本教，繫於末度，六通四辟，小
大精粗，其運無乎不在。其明而在數度者，舊法世傳之史尚多有之。
其在於詩書禮樂者，鄒魯之士，搢紳先生多能明之。詩以道志，書
以道事，禮以道行，樂以道和，易以道陰陽，春秋以道名分。其數
散於天下而設於中國者，百家之學時或稱而道之。天下大亂，聖賢
不明，道德不一，天下多得一察焉以自好。譬如耳、目、鼻、口，
皆有所明，不能相通。猶百家眾技也，皆有所長，時有所用。雖然，
不該不備，一曲之士也。判天地之美，析萬物之理，察古人之全，
寡能備於天地之美，稱神明之容。是故內聖外王之道，闇而不明，
鬱而不發，天下之人各爲其所欲焉以自爲方。悲乎！百家往而不返，
必不合矣！後世之學者，不幸不見天地之純，古人之大體，道術將
爲天下裂。（33／1293～1298）

這段文字描述了關於「道術」的文化知識之衍變，依其所述可區分爲三個階
段：（1）其明而在數度者，舊法世傳之史尚多有之；（2）其在詩書禮樂者，
鄒魯之士、搢紳先生多能明之；（3）天下多得一察焉以自好。第一個階段相
當於官師合一的時代，第二個階段則是孔子表章六藝的時代，第三個是諸子
各言其道的時代，三個階段沒有明確的分界線，卻有著不同的知識狀況、權
力形式以及知識份子的自我認定。筆者將追索三個階段裡「道」的相關敘述，
描繪出「天下有道」從宇宙王制的「政治──文化」權力話語，轉化出知識
份子證成存在意義與價值的存有論意涵的脈絡，進而對顯出莊周「遊於方外」
的智慧形態及其言說方式的原創性。

的說法，池田知久認爲〈天下〉成立於比《韓非子・顯學》更晚的西漢初期，
其論據是把兩篇關於墨子的論述加以比較，〈顯學〉描繪墨家的分裂，是「相
里氏之墨、相夫氏之墨、鄧陵氏之墨」的三墨；而〈天下〉所描繪的則是進
展至「相里勤之弟子、五侯之徒、南方之墨者、苦獲、己齒、鄧陵子之屬」
等四墨乃至六墨。（池田知久，黃華珍譯，2001：627）池田知久進而指出〈天
下〉「成爲表裡一致的不特別對待自己的客觀化，對諸子百家否定和肯定交相
混雜的對應，可以認爲在中國古代同類文章中也是非常少見的規模宏大的中
國思想史的構想。」（613）

第一節　聖王天下與禮樂傳統

〈天下〉有云：「古之人其備乎？配神明，醇天地，育萬物，和天下，澤及百姓。」此一陳述簡約地勾勒出古人實現道術，整個世界得以充滿和諧與生機的圖像。這個具有同一性的、和諧的宇宙圖像不但出現在此，也不斷出現在傳統文獻的歷史敘述之中，而「古之人」乃以三皇五帝堯舜禹湯文武之名，形成一個熠熠生輝的聖王系譜。然而，從各種遺址文物的考古研究顯示，在周代之前「中原」地區可能是多元性部落型態，各個區域性文化隨著部落之間的征戰，緩慢而局部地交流，這些從統一的時空軸面所構作的歷史敘述並不是實錄〔註 4〕，而是古代中國「聖王之治」的話語實踐——通過神聖修辭和儀式操作以匯聚權力，進而摶凝「華夏意識」〔註 5〕以組構共同體。

〔註 4〕　目前所見的代表性傳統文獻，如《禮記·禮運》、《老子》第八十章、《黃帝內經素問·移精變氣論》、《韓非子·五蠹》、《鶡冠子》第十三篇等等，除了《韓非子》之外，都把遠古時代描述爲一個恬靜淳樸的世界。現代西方人類學理論則指出遠古時代是野蠻狀態，「人類再沒有比民主的原始人更加受到舊傳統與習俗的嚴重束縛的了，任何社會再也沒有比在那種狀態下前進得更加艱難和緩慢的了，舊的觀念以爲原始人是人類最自由的人，這恰恰同事實相反，那時，他確實是一個奴隸，雖然不隸屬於某一個看得見的奴隸主，但卻隸屬於他的過去，隸屬於他已經死去的祖先們的陰魂。」（弗雷澤，徐育新等譯，1987：73）上述兩種觀點顯然存在著巨大的鴻溝，而兩者都無法「再現」遠古世界：前者以「返本溯源」的敘述方式形構其理想世界，各自表述的歷史文本是「發明事實」而非「發現事實」。至於後者則在「進化」的框架裡，以擬古爲方法，對現存「未開化民族」進行調查，以調查資料構擬原始社會。筆者對這種言說存著以下的質疑：所有人類的文明歷程可以用同一條進化軸來定位、描述及評斷嗎？以西方爲中心的文明進化模式作爲普遍而絕對性判準的正當性何在？世界的確變動不居，然而什麼樣的變化叫做進化？「文明／野蠻」難道不是西方文化霸權操弄的話語嗎？我們必須承認：利用歷史敘述的碎片拼湊不出歷史事實的全貌。在此，我們看見橫亙在傳統文獻與現代理論之間的鴻溝，這條鴻溝提醒我們注意：陳述總是有其立場。

〔註 5〕　「華夏意識」在此指的是認同華夏禮樂文化而產生的我群意識。「華夏」一詞典籍有載，《尚書·周書·武成》云：「華夏蠻貊，罔不率俾，恭天成命。」（160）《左傳》襄公二十六年有「楚失華夏」（636）《左傳》定公十年孔《疏》：「中國有禮儀之大，故稱夏；有華服之美，謂之華。」（976）概括地說，「夏」原是地名，進而爲部名、國名、族名，居於「中國」而稱「諸夏」，是古代氏族因彼此競爭而產生文化交流與族群融合的結果。「華」的本義爭議較多，或說是地名，或說與「夏」字音近互假，或說本義爲花，引申爲文采、文明，周人本其「尚文」之風尚乃於「夏」之前冠「華」。在周代以後，「華夏」一詞大體用以從人文和歷史意義上標誌出中原地區民族及其文化與其他民族及其文化的差異。

　　「聖王之治」相當於張灝用以討論樞軸時代各文明古國的「宇宙王制」（cosmological kingship），所謂「宇宙王制」有兩大特徵：其一、地上的王權是根植於神靈的世界，王制是人世與宇宙秩序銜結的樞紐，在這種體制下，政治領袖也是宗教領袖，是人王也是法王；其二、政教合一。（張灝，2000.4：7）古代中國的「宇宙王制」出現何時，尚未能確定，但從目前的甲骨卜辭、鐘鼎銘文等資料來看，殷王應該就是宇宙王制中的人王兼法王。殷人眼中的「帝」是至高無上的天神，支配宇宙的律動和各種自然現象，其他神祇和王室祖先都臣屬於祂，只有君王祖先才能向帝祈禱，而君王可以和祖先溝通，自稱「余一人」〔註6〕的殷王乃是上通神靈世界的管道，而且，由於認定宇宙結構與人間秩序具有同構性，所以就如中央之帝領有四方之神一般，殷王居於中國而領有四方的藩屬。〔註7〕同時擁有宗教和世俗權力的殷王，也擁有用以象徵天地的器物與解釋宇宙知識的權威，因此以殷王為中心的王室貴族壟斷了知識和技術，形成政教合一的體制。

　　儘管如此，中國在夏商時代，顯然是一個多元的小世界，其中每一個地方文化，都代表古代一個族群。當時以「大邑商」自居的殷商王國實際上應該是一個取得優勢地位的大部族。「大邑商」大約僅為王畿之內的人所認同，王畿之外未必形成共同意識。在殷商文化的基礎上，結束多元文化集團的相

〔註6〕甲骨文金文中都有「余一人」的說法，但卜辭中盤庚、小辛、小乙以至武丁時期都只稱「一人」，祖庚祖甲始稱「余一人」，其後武乙、文丁又稱「一人」，至帝乙、帝辛乃定稱「余一人」。在《尚書》的〈湯誓〉、〈湯誥〉、〈盤庚〉也出現過好幾次「予一人」，然而「予」字是周代習用的假借字，湯與盤庚在卜辭裡只稱「一人」，因此可以推測這些篇章乃寫定於後世。雖然如此，但「余（予）一人」的自稱表達了王權的神聖性和絕對性，殆無疑義。

〔註7〕根據目前可見的文化遺址、遺存及青銅金文等資料，學者推論：投射在遠古中國人深層意識的宇宙圖像是以中央為核心，眾星拱北辰，四方環北辰，天地相通，陰陽變化，四季流轉，神人共處的。這個宇宙圖像「是中國古代思想的一個原初起點，換句話說，是古代中國人推理和聯想中不證自明的基礎和依據。它通過一系列的隱喻，在思維中由此推彼，人們會產生在空間關係上中央統轄四方、時間順序上中央早於四方、價值等級上中央優於四方的想法：天穹運轉，天道左旋的現象會使人們生出一種天地中央螺旋芽生成的觀念；極點不動，天如穹蓋的感覺會使人們形成一種天地均有中央和四方的觀念；而當這種觀念與神話相遇，就會在人間的意識與儀式中形成中央之帝與四方之神的整齊神譜；當這種觀念延伸到社會領域，則成為使中央帝王領導四方藩屬的政治結構的神聖性或合理性依據。」（葛兆光，2001：vol. I，19）。由宇宙圖像推衍到社會結構，這是殷、周「宇宙王制」的特徵之一。

互競爭，創設不斷延續擴張的文化共同體，乃有周一代。〔註8〕

此一文化共同體的創設，首要的關鍵是對殷商宗教文化的轉化，這牽涉到政權正當化的基礎根源以及行為合理化的終極依據。誠如徐復觀所指出，在「憂患意識」的覺照之下，周人在四個面向上轉化了殷商的宗教文化：其一、政權的根源及行為的最後依據，訴之於最高神的天命，但人格神的天命有其合理的活動範圍，使其對於人僅居於監察的地位，而監察的準據，乃是人們行為的合理與不合理。其二、通過文王以把握天命的轉化。文王超過了中介人的作用，成為上帝的代理人。一般宗教中之教主，其精神是向著上天的，而文王的精神，則完全眷顧於現世，在現世中解決現世的問題。其三、殷人先王先公先妣皆在天上管領人間之事，自應無所不祭，此完全為宗教上之意義。周初對祖宗之祭祀，已由宗教之意義，轉化為道德之意義。其四、周初認為上帝不是為了事奉自己而選擇政治領導人，乃是為了人民而選擇可以為人民作主的人。天、天命、民，三者並稱，隨處可見。因此產生強烈的愛民觀念，而將刑殺之權，離開統治者的意志，以歸於客觀標準，因而首見提出道德節目中的「義」的觀念。（徐復觀，1984：24～30）

天命觀念的轉變或由殷商長期的宗教摸索中發展出來〔註9〕，而在其安置

〔註8〕 對於殷周關係，或主張兩者分屬不同的文化系統（如傅斯年、郭沫若等等），或主張殷周係出同一文化系統，而各具地方特徵，周滅商後，繼承了殷商文化加以發展（如張光直、徐復觀、葛兆光等等）。筆者認為許倬雲《西周史》一書強調「文化融合」的觀點最為中肯：「周人在先周的階段，可能在山西汾水一帶，承襲了當地的光社文化，以及若干草原文化，公劉的兒子慶節遷陝北涇水流域，太王避戎狄的壓力，又遷移到渭水流域的岐下，在這一個階段，先周文化又與隴右的羌人文化融合。同時，優勢的商文化在每一階段都對周人有相當的影響。岐下先周文化也自然與土著的陝西龍山有文化交融的過程，而商文化的強烈影響在岐下時代更為顯著。但是周人對商文化仍是有選擇的接受。銅器的鑄作，由模仿商器而逐漸發展周器的特色；陶器的製作則逐步脫離了地方色彩，與商器因交流而融合為同一傳統。」（1984：69～70）

〔註9〕 許多學者都認為「天命靡常，惟德是依」的天命觀雖然在周初成為時代的主流思想，但是或許也有其漫長的演進軌跡，如傅斯年認為其思想發端或在商代的知識人，這些守冊守典的人多識多聞又不負實際政治責任，不對任何朝代族姓有其惡欲，遂有突破官家思想約束的可能（傅斯年，1952：Vol.III，99）；董作賓則提出殷商祭祀形式有新舊派兩大系統的說法（1965：103～118），許倬雲沿續此說，認為天命思想的突破是植根於商代長期在宗教觀上的摸索，而在周人克商後，周人的文化菁英和殷遺多士合流，為新時代提供新的神道觀念（1984：105～106）；近年大陸學者則隨著新材料的發現和對老材料深入研究，指出新、舊兩派說不可信，而殷禮的變化乃是商代國家機器完善的一

定型爲文化象徵系統的過程中，話語實踐充分發揮了模塑的功能。茲以《詩經》和《尙書》的幾段敘述爲例：

> 維天之命，於穆不已，於乎丕顯，文王之德之純。(〈周頌・清廟之
> 什・維天之命〉：708)

> 文王在上，於昭于天，周雖舊邦，其命維新。……假哉天命，有商孫
> 子，商之孫子，其麗不億，上帝既命，侯于周服。侯于周服，天命靡
> 常，殷士膚敏，祼將于京，厥作祼將，常服黼冔，王之藎臣，無念爾
> 祖。無念爾祖，聿修厥德。永言配命，自求多福。……上天之載，無
> 聲無臭，儀刑文王，萬邦作孚。(〈大雅・文王之什・文王〉：533～537)

> 天生烝民，有物有則，民之秉彝，好是懿德。(〈大雅・蕩之什・烝
> 民〉：674)

> 天聰明，自我民聰明；天明畏，自我民明畏。(〈虞書・皋陶謨〉：63)

> 王歸自克夏，至于亳，誕告萬方。王曰：「嗟爾萬方有衆，明聽予一
> 人誥！惟皇上帝，降衷于下民。若有恆性，克綏厥猷惟后，夏王滅
> 德作威，以敷虐于爾萬方百姓，爾萬方百姓罹其凶害，弗忍荼毒。
> 並告無辜于上下神祇。天道福善禍淫，降災于夏，以彰厥罪；肆台
> 小子，將天命明威，不敢赦，敢用玄牡，敢昭告于上天神后，請罪
> 有夏。」(〈商書・湯誥〉：112)

我們可以看到「天」、「天命」、「人民」、「道」、「德」、「王」等語彙被組構起來，形成一個以「天命靡常」、「惟德是依」爲軸心，以「天——天命——民」的縱軸，以「道——德——王」爲橫軸的理念座標，把「天」對象化爲一超越於現實世界的終極存在，作爲權力和價值的根源，但並不直接掌管人間秩序，而是透過「天命」的授權，揀選代理人作爲人民的管理者和守護者；此代理人不是特定的選民，而是「敬德保民」的聖王，所謂「德」則是人力可致，民心所歸。「天命」原是人格神的意志，周人運用此一神聖修辭，接合了道德範式，「天（道）」遂轉化出作爲萬物法則的形上義，原始信仰的神聖魅惑相對地減弱。在這樣的座標上鋪展典型人物所主演的歷史故事，以歷劫救難的情節來凝結共同情感並編織倫理教訓，於是「文王」不只是族群奮鬥史裡的「卡理斯瑪」〔註10〕，更在「殷革夏命」、「周革殷命」的「革命

個趨勢：宗教的力量不斷削弱，王權穩步加強（吳銳，2002）。

〔註10〕卡理斯瑪（charisma）一詞所指的是具有一種不平凡稟賦的人，無論這種資質

傳統」裡，被模塑爲普世聖王的形象。

傳統是經過編織的，人物是經過模塑的，通過政教官師合一體系所發揮的文化資源再生機制，這些歷史敘述一再被複製、修飾、詮釋、保存、傳散，歷史想像乃積澱爲歷史記憶，傳統和典型人物由此獲致天經地義的合理性和權威性。天命相承的三代聖王系譜，以及由「天命——道德」範式所決定的歷史規律，構成了抽象的大河時間，包納消融了沈積在文化落差中對於歷史和社會的非同步觀感。統一的時空軸乃是文化共同體得以形成的基本條件，文化共同體的成員擁有共同的歷史記憶、共同的族群情感、共同的文化心理，而所有的「共同」都由統一的時空軸定位出來。而正如大河時間一樣，文化空間的建構也有權力的脈絡：寓涵政治和文化意義的「中國」與「天下」的空間象徵明確化，宗族組織、封建體制、禮樂文化等交疊重合，建構出一個凝聚華夏意識的文化共同體。

「中國」在古代中國是一個多義性的語詞〔註11〕，原本是地理空間方位的概念，用以指稱相對於東、西、南、北四方的中土地區或中原地區，後來逐漸被賦予政治和文化的意涵。在殷周人的宇宙圖像之中，眾星拱北辰，四方環中國，人間世界與宇宙天地同構，「中國」被視爲最接近「天中」之地，是溝通人神的神聖空間，也是統御四方的權力中心。是以，「武王既克大邑商，則廷告于天曰：余其宅茲中或（國）。」（《何尊》銘文，《文物》，1976 第一期）武王克商之後，在商人神廟舉行祭祀，宣告即將遷都中國，不僅懷柔商人，同時也聲明自己是合法的統治者。當時人們相信天命只降於居住「中國」的王者，因此「華夏蠻陌，罔不率俾，恭成天命」（《尚書·周書·武成》：160）。此後周人居於「中國」而稱「諸夏」，不僅強調繼承正統的地位，也從人文和歷史意義上標誌出中原地區民族及其文化（我群）與其他四方民族及其文化

是實際眞有的、自稱具備的、或是人們假設認定的。因此，「卡理斯瑪支配」所指的是一種對人的支配（不管支配的性質主要是外在的還是內在的），被支配者是基於對某一特定個人之非凡稟賦的信仰，因而服從。……這種支配的正當性是奠基於人們對非凡稟賦的信仰與歸依，因爲此種稟賦遠非常人所能具有的，並且原先還被認爲是超自然的。以此，卡理斯瑪支配的正當性乃根源於對巫術力量、神啓與英雄崇拜的信仰。」（Max Weber，簡惠美譯，1989：92～93）

〔註11〕 在先秦古籍中，「中國」一詞的含義，約有五端：（一）京師之義；（二）國境以內之義；（三）諸夏領域之義；（四）中等之國之義；（五）中央之國之義。（王爾敏，1995：448）

（他群）的差異。「中國」一詞在指稱一定範疇的政治領域時，乃反映了明顯的價值取向，強化了西周王權的核心地位，以及華夏文化的優越價值。周人宇宙王制的宇宙圖像即以「中國」爲主軸，將至高無上的天命王權以及優越的華夏文化向四方輻射，形成「普天之下，莫非王土；率土之濱，莫非王臣」（《詩經·小雅·北山》：444）〔註12〕的「華夏天下」。

「華夏天下」的宇宙圖像不僅反映在《詩》、《書》等公共論述的話語實踐裡，更具體布置在封建制度的設計與運作上。關於這一點，王國維曾提出著名的論斷：「欲觀周之所以定天下，必自其制度始矣，周人制度之大異於商者，一曰立子之嫡之制，由是而生宗法及喪服之制，並由是而有封建子弟之制，君天子臣諸侯之制；二曰廟數之制；三曰同姓不婚之制，此數者，皆周之所以綱紀天下，其旨則在納上下於道德，而合天子諸侯卿大夫庶民以成一道德之團體。」（1959：vol.Ⅱ，453～454）此一論斷並不完全可信，周人族制不是任何人的發明，也並非專爲分封而設計，以祖宗崇拜的親緣認同來凝聚族群，在古代中國的氏族社會裡是自然而然的，而系譜關係的確立關乎族群組織內部的權力序位，宗法乃因應宗族內部階層分化的實際需要而發展——依明確的系譜關係以區別大宗、小宗，身份一旦確認，親疏立見分明，相應的權利義務隨之階序化。然而，周人封建確實以宗法血緣聯結王室與封國的紐帶關係，試圖將宗族結構和政治結構疊合爲一體。「封建諸侯，以蕃屏周」，作爲周初建國工作之一的封建，本來目的在擴展軍事和政治勢力，使王權得以普及而長久，〔註13〕其方式是通過「別子爲祖，繼別爲宗」〔註14〕（相

〔註12〕 這段常被引用的文字出自以「征役」爲主題的作品，本來強調的是王的臣子如此之多，卻只有我一人朝夕勞苦。這段文字僅屬於修辭上的運用，以達到對比的美學效果，還是一種日常概念的反映？參酌各種史料來看，作爲宇宙王制的理想圖像，君臣分際以及華夏文化籠罩天下的論述樣式的確例行化地被接受了。相關論證參見蔡幸娟，2003：71～88。

〔註13〕 周初的封建制度或說成於周公之手，主張此說者所據資料爲《左傳》僖公二十四年富辰之言：「昔周公弔二叔之不咸，故封建親戚以蕃屏周。」（255）以及《荀子·儒效》：「（周公）兼制天下，立七十一國，姬姓獨居五十三人。」另說成於成康之世，所據資料爲1976年新出的史盤對於成康兩世的評價，其中文字未易全解，但是諸家意見大致都以爲說的是成王開始以法度治理周邦，而康王則厘定了各處的疆土（唐蘭，1978；裘錫圭，1978；李學勤，1978；陳世輝，1980）。同樣的意思也見於《左傳》昭公二十六年：「昔武王克殷，成王靖四方，康王息民，並建母弟以蕃屏周。」（903）

〔註14〕 《禮記·喪服·小記》云：「別子爲祖，繼別爲宗，繼禰者爲小宗。有五世而

對而言，天子是大宗，諸侯是小宗，在封國內，諸侯是大宗，受封的卿、大夫是小宗），以及「授土授民」（賜服屬的人民、分配居住的地區），重新組合各地的人群，把宗族組織擴大到各地，從各地逐步匯聚更高的權力。

封建社會就像一個不斷擴大的網絡，由中心的點，擴大成核心的面，再由核心輻射，成樹枝形的擴散，又由樹枝整合為網絡，網絡所及形成新的核心，如此逐步開展，將邊陲消融為新的核心，而又開展以觸及新的邊陲。這樣的網絡在政治面上並沒有發展到最終嚴密緊實的結構，就像許多制度一樣，在例行化的過程裡其自衍機制會溢出原有的範圍，甚至出現負面功能。諸侯作為周王室的藩屏，承擔駐防的任務，在西周盛世的確發揮了重組族群、擴展權力範圍的功能，然而諸侯同時也是封國的統治者，必須從事在地化的經營，隨著周王朝建國工作的底定，維繫王室與封國主從關係的基礎，由休戚與共的革命情感轉變為層級分化的倫理義務，封國由駐防轉變為割據，各個封國由點的戍守轉變為面的主權，原先互相支援以捍衛共主，轉變為彼此競爭以壯大自己，乃至演變為弱肉強食的局面。總之，由血族姻親為紐帶關係的封建制度，其分封網的權力散射留下了許多空隙，這些空隙成為內在的邊陲，引爆了日後列國爭霸天下的變局。

周人分封網的建立，始於武裝部隊的進駐，成於禮儀秩序的固定，到了西周中葉，隨著統治政權的穩固，封建等級化愈益森然有序，而規整的禮儀系統亦逐漸衍生。〔註15〕雖然在制度的設計上，「華夏天下」的格局是權力與文化的複合體，但是凝聚華夏意識的基礎，除了血脈親緣的因素之外，主要還是在於文化的認同，誠如邢義田所說：「天下由諸夏和蠻夷狄戎組成，中國即諸夏，為詩書禮樂之邦，在層次上居內服，在方位上是中心；蠻夷狄戎行

遷之宗，其繼高祖者也。是故祖遷於上，宗易於下。」（592）《禮記・大傳》亦曰：「有百世不遷之宗，有五世則遷之宗。」（620）這種禮家親盡的宗法理論，「大體上是很符合秦漢以後中國人的政治體制的，卻非城邦時代的現象」（杜正勝，1981：95）雖然「宗法世遷」的制度在西周未必徹底實行，但是宗法制度誠然存在，周代封國以諸姬為多是事實，西周金文每見「小子」可能是小宗對大宗的自稱，而考古發掘的西周墓葬，也反映了西周宗族制度的可能存在。（許倬雲，1984：152～159）

〔註15〕根據目前考古發掘的西周墓葬，反映出西周中期穆王以後，墓葬制度呈現系統化的等級位序。另外，根據《詩經》、三《禮》及《左傳》、《尚書》以及現存的金文資料，可見周人策命禮中大量出現特權象徵的服飾旂章，亦說明封建結構有明確的階層分化。（許倬雲，1984：159～172）

同鳥獸，在屬次上屬外服，在方位上是四裔。方位和層次可以以中國爲中心無限延伸；詩書禮樂的華夏文化也可以無限擴張。最後的理想是王者無外，合天下爲一家，進世界於大同。」（1981：454）作爲華夏文化的實踐空間，「天下」不是地理名詞，它沒有固定的地域疆界，「核心──邊陲」的位置是相對的、不斷流動的，沒有嚴密緊實的政治結構恰恰有利於文化的交流和融合，當分封網的觸角伸入各地，分封的諸侯既是華夏的代表，也與各地原有的文化接觸、交流，一方面吸取新成分，一方面反哺華夏文化，儘管免不了因文化差異而引起緊張衝突，但仍以華夏文化爲主軸不斷地交涉融合，匯流爲更爲豐沛的文化景觀。

進而言之，雖然禮樂傳統乃作爲西周宇宙王制的象徵系統而成立，但是此一文化機制除了提供宇宙王制的正當化基礎，以及維護社會秩序的穩定性之外，所衍生的文化影響更爲深遠。周人的禮樂傳統作爲秩序的象徵性表現，從反映宇宙的自然秩序轉化爲對應倫理的「差序格局」〔註16〕，倫理的親疏差序對應於禮儀的輕重等級，對血緣延續的認同與對文化延續的認同合而爲一。這樣的秩序性與認同感主要經由兩條途徑而「潛移默化」：一是經由儀式的操作，讓人把心智與情感投入神聖體驗中不思而行地接受，於是禮儀作爲一套象徵系統例行化到潛意識層，成爲習以爲常的禮俗傳統；一是通過對禮儀的詮釋，控制公共論述的主要話語，以建構共同的意義視域，形成具有支配力量的文化語境。透過儀式操作的例行化以及主要話語的應用控制，以「親親」、「尊尊」爲原則的倫理秩序深植一般人們的心中，成爲古代中國倫理傳統的磐石，而「天下一家」、「世界大同」則內化於文化菁英的深層意識之中，成爲文化理想的終極型態。因此，即使從西周後期開始統治階層爲了減少內部的競爭與衝突，增加政權的穩固性，乃一再強化禮儀的階級差序，終致犧牲其靈活適應的能力，淪爲宰制性的威權或形式化的虛文，迨諸子興起，從不同的主體位置重構其意義視域，以私人語彙激起公共意向之海的驚濤裂

〔註16〕「差序格局」的概念首先由費孝通在所著《鄉土中國》一書中討論中國農業社會時，提出「團體格局」和「差序格局」對列的詮釋框架，以比較西方社會與中國社會的差異，其論述大約可以歸結爲以下兩個重點：（1）中國人以「自己」爲中心，依關係的親疏，區分「自家人」和「外人」，而予以相對的差別待遇，不似西方社會要求普同的判斷標準；（2）所謂「自家人」和「外人」的區分，除了親緣基礎之外，隨著情境的變化，其界限也會變更。（1991）筆者在此使用這個概念，並不在費孝通的詮釋框架裡，而是指涉禮樂社會中倫理關係的階層分化現象。

岸，禮樂傳統的象徵意涵從潛意識層被召回意識層成爲反思對象，而「天下」的圖式則在流變中持續地發揮其形塑文化菁英問題意識的功能，「天下有道」與否，始終是古代中國文化菁英的「第一關注」。

第二節　即器存道與捨器言道

「天下大亂，聖賢不明，道德不一」，與同一、和諧的世界圖像對比，〈天下〉描述了一個充滿差異、失序混亂的社會狀況。那的確是一個由單元性社會向多元性社會變遷的時代，許倬雲有一段言簡意賅的陳述：「（春秋時期）宗族與政治單位雖是二而一，一而二；但是二者的分離亦已逐漸明顯。宗族本身也逐漸分裂爲氏族，氏族逐漸成爲基本的血緣——或假想性血緣——團體。個人受團體的保障與約束因此都比較減弱。易言之，個人在社會結構中逞自由意志活動的可能性與空間都增大了。證驗的跡象將在姓與氏的混合不分及社會流動性的增加觀之。在後一時期——戰國時期，我們看到了一個新的社會型態。血緣團體與政治單位已不再是合一的，社會上存在著至少兩個各自獨立的結構，因此單元性的春秋變成多元性的戰國。向政治結構挑戰的還有其他權力，例如財富的權力，這是以前沒有的。七國並立，沒有一個中央政權，因此權力結構在地緣上的分布也是多元性的。改良與變法是戰國觀念的特徵，『傳統』在戰國已喪失了固有的約束力。」（1982：2）

春秋中期以後乃至戰國時代，王室式微，公族衰落，隨著權力關係的鬆動重組，體現於物質利益、政治權力、價值取向等層面的緊張和衝突，超出封建制度的功能所能應付的範圍，原來疊合宗族組織、政治結構和禮樂教化爲一的社會型態逐漸解體，由此而形成的社會流動以及多元結構，乃是諸子之學興起與發展的結構性條件，試闡述如下：

從春秋時期開始，或因宗族繁衍，或因貴庶通婚，或因政變，或因遷移，社會階層流動大增，貴族與平民之間的界限逐漸模糊，再加上穀祿制度的興起，一方面加速了世襲貴族走向沒落，一方面相應的官僚行政體系逐漸建立。〔註17〕影響所及，上層貴族下降而下層庶民上升，士階層原本處於大夫與庶

〔註17〕據梁啓超所分析：「第一、小宗五世則遷，遷後便與平民等，故平民中含有公族血統日益增多。第二、當時貴族平民互相通婚，故實際上兩階級界限頗難嚴辨。第三、各國因政變之結果，貴族降爲平民者甚多……第四、外國移住民，多貴族之裔，例如孔子之祖孔父，在宋爲貴族，而孔子在魯爲平民，此

人之間，於是成為上下流動的匯合之所，士的人數隨之大增。這些新興的士人依前後期社會流動的情況而可以區分為兩種類型：春秋時代原屬王官的知識人流入諸侯之采邑，或是一些本是貴族的文化人家族衰頹降為「士」，主要是身份下降，而這種階層下降，造成了春秋時代思想與知識權力的下移。春秋末期到戰國時期，主要是下層平民中大量受過教育的「士」或進入諸侯大夫的機構，或獨立於社會，形成一個不擁有政治權力卻擁有文化權力的知識人階層。前期的文化知識闡述者大多只能做卿大夫的家臣，尚必須依附於政治權力，後期的士階層則常常可以與權力分庭抗禮。（葛兆光，2001，vol.1，80～81）

社會變遷急遽而鉅大，新事物和新規則層出不窮，各種權威關係開始鬆動重組──宗族組織與政治結構分離，宗族分裂為氏族，政治結構以地緣單位為基礎，自成中心而向其邊陲極盡擴張之能事，而介入權力競爭的，尚有以經濟力興起的富商巨賈。在這樣的變遷格局下，傳統失去解釋力和承傳的價值，改良與變法是時代的需求。擁有知識技能、高瞻遠見的游士成為重要的社會資源，在「天下大亂」的變局裡，他們是一股巨大的能量，各個權力結構亟欲吸納他們，而他們也需要實踐場域以證成自我，因此形成戰國時代禮賢養士之風的一大政治景觀。從魏文侯、魯繆公的養賢到齊威、宣王的稷下學宮，禮賢養士除了在政治上造成巨大影響之外，在學術思想上的影響更為深遠：當時君主與士之間的關係有師友和君臣兩類，其中「友而不臣」的士與君主沒有人身依附的關係，而以自身的才能學術思想得到政治承認與生活供養，「不治而議論」的自由還得到制度的保障，諸如《史記‧田敬仲完世家》所載：「宣王喜文學游說之士，自如騶衍、淳于髡、田駢、接予、慎到、環淵之徒七十六人，皆賜列第為上大夫，不治而議論。是以齊稷下學士復盛，且數百人。」（224）當時士階層的功能發揮到最大可能的限度，一方面自由講學，一方面自由議政，在自由而競爭的氛圍之中，思想激揚躍進，造就百家爭鳴的時代。

等新平民，其數量增加之速率遠過於貴族，而其智識亦不在貴族之下，此貴族政治不能維持之原因也。（1986：44～45）所謂的「穀祿」制度是因應貴族不斷增加，可封的土地不斷減少而產生的一種辦法，讓下層貴族靠仕進以取得食祿──與封邑食田相對的「穀祿」。這種制度不僅引起世襲宗室的迅速衰敗，也引發新的階層出現，乃至為統一國家創造了條件。（秦彥士，2003：132～133）

結構性因素的改變,不僅形成了諸子興起的外在機緣,而且與諸子作爲新興文化菁英的自我形象密切相關。清人章學誠說:

> 蓋官師治教合,而天下聰明範於一,故即器存道,而人心無越思;
> 官師治教分,而聰明才智不入於範圍,則一陰一陽入於受性之偏,
> 而各以所見爲固然,亦勢也。⋯⋯故夫子述而不作,而表章六藝,
> 以存周公之舊典也,不敢舍器而言道也。而諸子紛紛則已言道
> 矣,⋯⋯皆自以爲至極,而思以其道易天下者也。(《文史通義・原
> 道》:51)

從單元性社會到多元性社會,從官師治教合到官教治教分,從「即器存道」到「捨器言道」,反映了迥異的文化菁英的自我形象,以及不同的觀看與述說世界的方式。

在周代的宇宙王制裡,「道」被繪製爲華夏天下的宇宙圖像,這個圖像通過詩書禮樂而具體布置於現實的生活世界,詩書禮樂乃是承載這個宇宙圖像而定型的「器」。所謂「即器存道」,乃通過官師治教合一的機制,使文化象徵系統趨於定型,以不斷的複製和修飾,使之例行化、潛意識化。當宇宙王制之盛世,權力的散射在政教合一的機制裡密集分布,由詩書禮樂所涵衍的道德話語佔據當時文化語境的核心,支配著人們的思想意向或行動方式,人們隨著話語的編識記憶功能或儀式的入神作用,進入一個籠天罩地的巨大帷幕,依照差序格局中的倫理定位扮演其社會角色,原本多樣的生命形式被化約爲等級化的社會性實現。《左傳・昭公七年》所載芋尹無宇對楚王說的一段話正反映了這種狀態:「天有十日,人有十等,下所以事上,上所以共神也。故王臣公,公臣大夫,大夫臣士,士臣皂,皂臣輿,輿臣隸,隸臣僚,僚臣僕,僕臣台,馬有圉,牛有牧,以待百事。」(《左傳》:759)易言之,詩書禮樂作爲保存「道」(文化理想)的「器」(具體形式),原本提供了共同體成員思維、行動所依恃的基本準則,有助於社會秩序的安定和調節,但是伴隨著宇宙王制的權力匯聚,詩書禮樂等例行化到共同體成員的潛意識層之後,人們被馴化而陷入一場人學的沈睡,文化知識的詮釋框限於經典話語的應用控制,兀自發出大河敘述的嗡嗡聲浪。在「學在官守」的時代裡,知識人的文化權力來源是血緣世親,知識是他們所專有,他們再生文化資源,供應權力操作所需要的象徵與詮釋,在他們的意義視域裡,禮樂傳統的象徵意味成爲唯一的眞實,維護、延續傳統是他們的使命,於是「循法則度量,刑辟圖

籍，不知其義，謹守其數，懼不敢損益也。父子相傳，以持王公」（《荀子‧
榮辱》：37），在嗡嗡聲浪裡沈默地看，盲目地說，自我催眠也催眠別人。

　　當宇宙王制逐漸解體，官師治教逐漸分離，權力的散射出現空白地帶，「核
心──邊緣」的界限模糊了，從核心游離到邊緣的人看見了帷幕外的世界，
從邊緣進入核心的人發出了破浪的高音。新士人以個人的身份參與政治，以
自身的才智獲得聲價，上焉者清流，馳騁理想，下焉者投機，唯利是圖，而
無論士階層的品流如何分化，他們都不同於保守傳統的知識人，或者作爲權
力賽局的智庫，或者作爲政治菁英的「意義他人」〔註18〕，或者作爲文化慧
命的傳燈者，他們對於文化菁英的角色和功能有著自我決定的欲望。他們不
再「不知其義」，反而深掘那些縐褶在語詞裡的豐富意蘊；不再「謹守其數」，
反而積極尋求現實問題的應對方案；「以持王公」不再是最高目標，因爲他們
的眼光雖與權力遭遇，卻抵達權力所不及的境地。這種自我形象的轉變始於
孔子，孔子標舉「道」爲「士」的職志：

> 士志於道，而恥惡衣惡食者，未足與議也。（《論語‧里仁》：37）
> 篤信善學，守死善道。危邦不入，亂邦不居。天下有道則見，無道
> 則隱。邦有道，貧且賤焉，恥也；邦無道，富且貴焉，恥也。（《論
> 語‧泰伯》：72）
> 君子謀道不謀食。耕也，餒在其中矣；學也，祿在其中矣。君子憂
> 道不憂貧。（《論語‧衛靈公》：140～141）

孔子關注於「道」的眼光乃以「天下」爲視界，「天下」乃「志於道」的士實
現存有的場域。這種放眼「天下」的士是「以道事君」的社稷之臣，而不是
私暱的家臣，〔註19〕「周公」即爲這種社稷之臣的典型。

〔註18〕 政治權力雖然可以用種種暴力的方式取得，但如果要長久維持，就必須予以
正當化例行化，因此，「政治菁英對其權力的正當性，有要求被統治者同意和
承認的必要。此一同意和承認不僅是權力正當性獲得肯定的基礎，而且是整
個社會的自我形象得以確立的根基。很自然的，這種社會支持的要求不能來
自權力當局本身的自我囈言，而必須是來自自我之外的意義他人（significant
other）的認定。」（葉啓政，2002：259）

〔註19〕 杜正勝在所著《周代城邦》一書提出新士人出於家臣的說法，此一說法雖有
待商榷，但是從家臣倫理的角度看孔子的啓發，是中肯的：「固守傳統的家臣
倫理恐怕開啓不了新士人的生機。孔子偉大之一是能繼往開來，擺脫狹窄的
家臣倫理信條，爲知識分子啓發更崇高的理想，揭示更崇高的人格。……孔
子所努力的是把當時私人隸屬的『士』扭轉爲社稷之臣的『士』。原來在城邦
時代，只有大貴族的子弟才有資格爲社稷之臣，其他的才智之士頂多是家臣

　　「周公」之所以爲典型，功在禮樂，孔子既投射自我形象於「周公」，乃以「存周公之舊典」爲其終生志業，然則，孔子對於禮樂傳統的價值肯認與先前的文化菁英是截然不同的。禮樂傳統固然提供了社會秩序，但此一秩序的階級性在權力機制的操作過程中由適合性的偶然衍化爲決定性的必然，使禮樂傳統異化爲宰制性的權威或形式化的虛文，春秋中期以後，儀式等級更加規整，禮制理論更加繁複，卻不能挽救禮樂傳統的意義危機，反而使其變本加屬地空洞化。孔子之前的文化菁英們並未迴避禮樂傳統的意義危機，但是他們的意義視域局限於宇宙王制的帷幕之中，只能複述「畏天命」的話語來詮釋「禮」之本，例如《左傳·文公十五年》所載季文子評齊侯語：「禮以順天，天之道也。己則反天，而又以討人，難以免矣。君子之不虐幼賤，畏于天也，在周頌曰：『畏天威，于時保之。』不畏于天，將何能保？以亂取國，奉禮以守，猶懼不終。多能無禮，弗能在矣。」（340）

　　孔子也是畏天命的，他說：「君子有三畏：畏天命，畏大人，畏聖人之言。」（《論語·季氏》：149）孔子敬鬼神而遠之，但是登太山而小天下，觀逝水而嘆不舍，都不是一時感興而已，雄渾與綿延的意象所觸發的宇宙感和超越感，是眞實的生命感受，「天命」，他虔心敬畏；不同於前人的是，他的眼光穿梭宇宙而關注古今，他的心靈企向超越而不離人間，「大人」、「聖人之言」與「天命」並舉，人文的深刻與光輝，他也虔心敬畏。因爲虔心敬畏，所以謙卑的他「罕言性與天道」，而語言無以過渡的，以身體履踐之，他把眼光向內轉，就在原已逐漸空洞的禮樂傳統之中，敞亮一個深邃的理解視域：「人而不仁，如禮何？人而不仁，如樂何？」（《論語·八佾》：26）從超越的企向折射回來的目光對內在生命有了深度的凝視，他將超越的可能落實於「仁」，從生命的內核開通遙契天命的道路，這一條道路雖然不免於天命的限定，「道之將行也與，命也；道之將廢也與，命也」（《論語·憲問》：129），「道」之行或不行非人力所能決定，但是，「我欲仁，斯仁至矣」（《論語·述而》：64），生命內核的凝定全由人自作主宰，是不假外求的，亦無以規定的。

　　孔子之攝「禮」歸「仁」乃承認禮樂傳統是偶然的產物，轉向人的內在生命重建其價值根據，進而肯認禮樂的價值在「志於道」的自覺與「依於仁」

私暱而已：這是先天的限制。孔子卻立意把這種先天限度轉爲後天條件，他希望新士人要以『以道事君，不可則止』的『大臣』自許，不要當一個死守傳統家宰倫理的『具臣』（《論語·先進》）。」（1981：153～154）

的履踐中方得以揭示。「仁」並非以抽象之思遙契天道,而是「以感通爲性,以潤物爲用。感通是生命(精神方面的)層層擴大,而且擴大的過程沒有止境,所以感通必以與宇宙萬物爲一體爲終極,也就是說,『與天地合德,與日月合明,與四時合序,與鬼神合吉凶』爲極點。潤物是在感通的過程中予人以溫潤,並且甚至能夠引發他人的生命。這樣的潤澤作用,正好比甘霖對於草木的潤澤。」(牟宗三,1982:31)這樣的仁學喚醒了宇宙王制帷幕裡人學的沈睡,扭轉了自我與群體的關係模式:原來在差序格局的同心圓結構中,依親親、尊尊的原則,「家」、「國」、「天下」形成一階高於一階的「類化他人」〔註20〕,作爲共同體成員的個體被「類化他人」馴化而服從於制度化的形式;孔子則基於對超越的企向以及對生命內核的深度凝視,向退化的社會結構發出了不同的聲音,「仁」的履踐意味著自我可能超越於僅僅作爲制度化的個體,經歷一種擴展生命意義和境界的主體化過程,此一過程中自我覺察其主體性面向,並與萬物締結互爲主體的關係,成爲滋養物我生命的力量。禮樂施爲的家國天下作爲共同體,不再是差序格局的類化他人,而是自我主體性面向的實踐場域。

總而言之,孔子清理了當時文化語境裡「天道」的原始信仰意味,將「天道」的超越秩序、「禮樂」的社會秩序與「仁」的心靈秩序貫通爲一。儘管此一轉化並未能挽救現實世界裡禮樂崩壞的命運,但是完成了周初以來人文精神的理論基礎,並且啓動了以「超越的原人意識」爲特徵的哲學突破(philosophic breakthrough)。〔註21〕「吾從周」的保守立場與「哲學突破」的

〔註20〕「類化他人」(generalized other)指賦予個體其自我統一性的有組織的共同體或社會群體。這是社學心理學家米德的用語,米德設想的完整的自我是「主我」和「客我」組成的,「主我」是個體對他人態度的反應;「客我」是一個自己採取的有組織的一系列他人的態度。類化他人的態度構成了有組織的「客我」,然後一個人作爲「主我」對其作出反應。正是以類化他人的形式,個體才能建立與社會互動的思維和反應,而共同體能夠對其個體成員的行爲加以控制。個體反對其所在的共同體的方法,是將不同的意見建立於更高一類的共同體。個體如果要獨自站出來反對他所在的世界,則必須用理性的聲音和自己說話,必須理解過去和未來的聲音。這是自我能獲得比共同體更多聲音的唯一方法。(George Herbert Mead,胡榮、王小章譯,1995:第三部分「自我」)

〔註21〕中外學者關於「樞軸時代」的論述涉及世界文化史的領域,非筆者所能置喙,但是其中關於古代中國文明相關問題的討論,乃研究中國思想史者不能迴避的,因爲誠如余英時所指出的,西方學者的討論中互相關涉的三個重點,足

基進效應集於一人身上，看似充滿矛盾，其實兩者之間的張力足以透顯孔子仁學的深刻意義。孔子是一個浸濡文化精髓的精神貴族，對於周文，是敬惜而不是保守，他敬惜周文的態度演示了一個文化人的胸襟和性情，文化的放棄或摧毀只需要瞬間的工夫，但是文化的博大精深需要多少時間的因革損益，其中又蘊涵了多少人的氣息與光澤？「仁」，不過就是人的一顆充滿真實情感和自由的心，孔子所指點出來的是一條那麼簡單的道路，但就是這樣的指點，文化裡所蘊涵的人的氣息與光澤才能被看見，也就是這樣的指點，喚起了人學的甦醒，「人」的主題從此跨進了古代中國的思想世界。

　　觀看世界的方式已經改變，而言說的權力和功能也逐漸轉換，孔子的表章六藝實為此一轉折的關鍵點：孔子以前，政教未分，官師合一，文化象徵系統的詮釋權掌握在官師手上，文化象徵系統的詮釋空間裡，只有不斷重述聖人之言以存續聖人之跡。孔子既以文化慧命的傳燈者形象自許，「表章六藝」乃暗渡經典詮釋權於私人手中，雖然因為敬畏聖人之言，他「不敢舍器而言

以使我們對於古代中國知識階層的發展在理論上有進一步的瞭解：第一、「哲學的突破」為古代知識階層興起的一大歷史關鍵，文化系統從此與社會系統分化而具有相對的獨立性；第二、分化後的知識階層主要成為新教義的創建者和傳衍者，而不是官方宗教的代表；第三、「哲學的突破」導致不同學派的並起，因而復有正統與異端的分歧。（余英時，1980：35）至於對「樞軸時代」的思想特徵，學者觀點紛歧不一，而張灝主張以「超越的原人意識」取代超越意識來彰顯「樞軸時代」的思想特徵，什麼是「超越的原人意識」？他解釋說：所謂「超越」是指在現實世界之外有一個終極的真實，後者不一定意味否定現實世界的真實，但至少代表有一凌駕其上的領域。在「樞軸時代」這超越意識有一內化於個人生命的趨勢，以此內化為根據去認識與反思生命的意義。所謂的「超越的原人意識」具有下列的特徵：「（一）原人意識對人的體認與反思不是以某一屬於特定階層、特定種族、特定地方的人或有著特定信仰的人為對象，而是以人的生命的本身或者人類的共相為對象。這是人類歷史上普世意識（universalism）的萌芽。（二）相應於超越意識的體認，原人意識有一個內化的趨勢，也就是說視人的生命有內外兩個層面──內在精神層面與外在軀體層面，內在的精神層面是超越意識進入個人生命的結果，它凝聚為生命的核心，是與超越銜接的樞紐。（三）受超越意識的啟發，以內在精神樞紐為主導，生命變成一個有定向、有目標的道路──一個發展過程。（四）這一發展過程都隱然有一個三段結構：一端是現實生命的缺憾；另一端是生命的完成；連結於二者之間的是生命發展與轉化的道路。（五）生命自我完成的目標，透過內在精神樞紐的媒介是植基於超越意識，因此在原人意識中，人的生命發展有其無限性、終極性與完美性。」（張灝，2000：5）筆者認為張灝「超越的原人意識」的看法尤其適用於詮釋先秦儒、道兩家的部分。

道」，但是，所謂「述而不作」，並非單純地通過彙編謄寫來複製陳述，而是在重述主要話語時（如「禮」），接合了次要話語（如「仁」），從內部擴散了意義。因此，孔子的「存周公之舊典」是在尊崇禮樂文化價值的前提下，通過私人語彙而轉化其精神內涵，此一轉化乃爲經典去神聖化，而著上人文理性的色彩。

到了戰國變世，禮樂制度維持不住，詩書六藝不再是文武之道的容器，而成爲諸子思想競技的火藥庫。顧炎武《日知錄》卷十三〈周末風俗〉就指出此一知識狀況的改變：

> 如春秋時，猶尊禮重信，而七國則不言禮與信矣。春秋時。猶宗周王，而七國則絕不言王矣。春秋時，猶嚴祭祀，重聘享，而七國則無事矣。春秋時，猶論宗姓氏族，而七國則無一言及之矣。春秋時，猶宴會賦詩，而七國則不聞矣。春秋時，猶有赴告策書，而七國分無有矣。邦無定交，士無定主，此皆變于一百三十三年之間。史之闕文，而後人可意推者也，不待始皇之併天下，而文武之道盡矣。
> （1966：卷十三，二）

作爲文化象徵系統的詩書禮樂、宗法倫理喪失規範調節社會成員意向及行動的功能，「史之闕文，而後人可以意推者也」，文武之道不再是具有唯一眞理權力的話語系統，歷史敘述的空隙成爲私人自由詮釋的空間。在思想的競賽裡，個別思想家之所見所欲成爲言說的內容，至此，文化菁英可以透過私人語彙以宣稱所見之「道」，透過私家著述突破時空限制而流布所欲的影響。在那個八方來風的變世之中，改良與變法的呼聲高漲，「即器存道」於諸子只是遙遠的記憶，或是永遠的鄉愁，「捨器言道」才是他們的現實與未來，「言」成爲諸子實現存有的方式：「言」是理解視域的擴展，在思想世界裡尋覓新的制高點，朝未來射出一枝貫穿過去與現在的箭，每一個制高點都標誌著創見者的名字；「言」也是實踐向度的承諾，在公共論域裡個人得以批判或詮釋的語言爲中介，影響政治菁英的決策，參與生活世界的建設。

第三節　與「道」的詮釋學遭遇

作爲古代中國首批出場的「知識份子」，〔註22〕諸子「思以其道易天下」，

〔註22〕所謂的「知識份子」，乃是善於對宇宙、人生、社會制度與文化成品從事象徵

從歷史的短時距來看，諸子之學發生分裂是必然的，茲從三個方面闡述其緣由：

（一）就社會結構的形態來看，戰國時代並不存在具有自衍規模的組織形態（如今天的大學、或研究機構，乃至大眾傳播媒體），以使知識有效地形塑或發展，當時知識與觀念的衍展必須依附政治菁英的權力形式，於是諸子與政治菁英之間形成充滿張力的關係。對於政治菁英而言，諸子的影響力是必須依賴、也是必須調節的「自由流動的資源」（free-floating resources），而諸子為了佔有「影響」這種形式的社會資源，不僅要立於「道」的高度與政治權勢相抗衡，一如孟子所說：「古之賢王好善而忘勢，古之賢士何獨不然？樂其道而忘人之勢，故王公不致敬盡禮，則不得亟見之。見且由不得亟，而況得而臣之乎？」（《孟子·盡心》（上）：230），此外，在權勢的陰影之下，諸子還要以「道」之名彼此競逐影響力，於是學派並起，展開正統與異端之爭。「世之顯學，儒墨也」（《韓非子·顯學》：351），由「私學」到「顯學」，反映了諸子時代裡思想言說與權力關係之間無法迴避的糾纏。

（二）就主體身份的確認來看，以「思索者」〔註23〕的姿態綻放思想異采的諸子，其思想的啟動一方面來自邊界位置上對主流文化的懷疑與獨立，一方面來自與變世的強度遭遇，一切都在流變中，流變深撼與之遭遇的心靈，思索者從和諧與同一的表象中被擲入差異的現實世界，所以，他們的思想不是啟動於「追求真理的意志」，而是在充滿差異的現實世界，被迫體現個人的

性詮釋工作的人。語言文字是使得人類過去經驗能夠保存和累積下來的主要媒體，更是一個人要從個人親身經驗的局限中擴充見識的一種有效工具。進而象徵的使用讓人們有機會超越種種具體的形式，並產生抽象的意義。知識份子即是比一般人更善於使用象徵符號以「精煉觀念」的人，他們為社會成員提供基本的意義與價值歸依架構，鋪陳共同的文化理想，提供行動的理論基礎，奠定社會的文化傳統。他們在社會上之所以有其地位，不是因為他們掌握有金錢或權力，而是有著運用文字與觀念來構織理論的能力，他們是擁有「影響」這種形式的社會資源的人。（葉啟政，2002）

〔註23〕西方知識社會學對於知識的機構脈絡有兩種一般理論：一種是關於知識創新的社會學，另一種是關於文化再生的社會學。第一種集中注意力於局外人，處於社會邊緣上的個人和群體。如猶太知識分子位處於兩個文化世界的邊界上，這個位置鼓勵懷疑和獨立，使他們容易成為所謂的知識「思索者」。第二種理論談的是學術機構的製造這種「靠固定收入度日者」，以及這些機構再生的傾向；它們累積和傳遞所謂的「文化資本」。易言之，它們發展「既得的利益」。（Peter Burke，賈士衡譯，2003：76）

存在模式，因此其思想風格充滿個人色彩。如果說固有的經典話語系統是一個水平結構，穩定地在時間中綿延，那麼，諸子充滿個人取向的思想風格就是垂直面，截入語言之流，而發出迴響於當下歷史時空的泛音。

（三）就思想內容的衍變來看，「即器存道」的鎖鏈鬆脫了，如果「道」並不存於禮樂之「器」，那麼「道」在哪裡？當「人」成為思想的主題，「道在哪裡？」的質問也就轉向對人之存在處境的重新思考，而在歷史敘述的疊層裡，在神聖修辭的範式裡，這樣的思考都匱乏，諸子必須從各自的主體位置出發，重新繪製與「道」遭遇的思想地圖。與過去的文化菁英一樣，「天下有道」是諸子視域裡的地平線，標示出界限與遠景，但是諸子觀看世界的目光發生了從宇宙圖像到生命圖景的位移，諸神退居到遙遠他方，聖人現身於視域焦點，而有機立體的生命有多少向度，投射出來的思想平面就可能有多少，即使起點彼此毗鄰，微分差異也會造成終點的散點分布，諸子之「道」於是分流成不同的路徑。

發生分裂的諸子之「道」，彼此距離究竟有多大呢？回到思想文本的完成結構來看，我們發現：諸子道論的寫作模式在目的和敘述方式上存在著極大的相似性，也就在這兩個面向上，我們得到對莊周獨特的目光及寫作姿態的深度理解。在目的的部分，諸子書寫文本往往表現出「護教破邪」〔註24〕的主體立場，他們聲明自己一派的思想正確，把對方的一切都當作是錯誤進行批判，例如孟子面對楊、墨之為當世顯學，乃逞其滔滔雄辯之才發出批判：

> 聖王不作，諸侯放恣，處士橫議，楊朱墨翟之言盈天下。天下之言，不歸楊則歸墨。楊氏為我，是無君也。墨氏兼愛，是無父也。無父無君，是禽獸也。……楊墨之道不息，孔子之道不著，是邪說誣民，充塞仁義也。仁義充塞，則率獸食人，人將相食。……昔者禹抑洪水而天下平，周公兼夷狄驅猛獸而百姓寧，孔子成春秋而亂臣賊子懼。……我亦欲正人心，息邪說，距詖行，放淫辭，以承三聖者。（《孟子·滕文公》（下）：117～118）

「為我」、「兼愛」是對楊、墨思想觀點的描述語，「無君」、「無父」則是訴諸政治禁忌的判斷語，在這種言說中，區分事實與價值距離的字詞空間被取消；

〔註24〕〔日〕池田知久把孔、墨後學相互主張自己一派的思想正確，並企圖批判、破除對方的思想錯誤，稱之為「護教主義的破邪論」。（池田知久，黃華珍譯，2001：589）

「禽獸」、「率獸食人」、「夷狄」、「洪水」、「猛獸」等字詞將對方非人化、妖魔化，這類誇張的修辭雖與事實無關，卻足以激化歧視、拒斥的情緒；「邪說」、「詖行」、「淫辭」與「正人心」、「承三聖」形成對比，以化約的正邪二分法區隔異己，自許為聖賢傳統繼承人、道德承擔者，將排除異己的言說正當化、神聖化。後來荀子批判的對象更遍及之前與同時的思想家，批判的具體內容亦更為詳細（詳見〈非十二子〉、〈天論〉、〈解蔽〉等篇）。就其批判各家的內容來看，荀子或受道家思想洗禮，而有了以整全之「道」作為判準的客觀化傾向：「萬物為道一偏，一物為萬物一偏，愚者為一物一偏，而自以為知道，無知也。」（《荀子・天論》：213）但是，他獨尊仲尼，企圖根絕十二子的護教立場與孟子並無二致：「假今之世，飾邪說，文奸言，以梟亂天下，矞宇嵬瑣，使天下混然不知是非治亂之所存者，有人矣。」「上則法舜禹之制，下則法仲尼子弓之義，以務息十二子之說。」（《荀子・非十二子》：61）從這些陳述看來，天下治亂的現象一進入意識領域，道德承擔者的理想形象隨之出現，思想式的寫作便轉換成護教的行動了。

至於墨家對儒家的尖銳批判也體現為一種戰鬥行動，例如《墨子・公孟》：

> 子墨子謂程子曰：「儒之道足以喪失天下者，四政焉。儒以天為不明，以鬼為不神，天鬼不說，此足以喪天下；又厚葬久喪，重為棺槨，多為衣衾，送死若徙，三年哭泣，扶後起，杖後行，耳無聞，目無見，此足以喪天下；又弦歌鼓舞，習為聲樂，此足以喪天下；又以命為有，貧富壽天，治亂安危有極矣，不可損益也，為上者行之，必不聽治矣，為下者行之，必不從事矣，此足以喪天下。」（277）

以「足以喪天下」歸咎儒家的「四政」——天論、禮論、樂論、命論，而其批判根據則是與之相對應的天志、明鬼、節葬、非樂、非命等理論。不同於孟荀以道德辯護為基礎，墨家的陳述表現為「理性言說」，他們設置證明標準，〔註25〕然後條理論辨、反復推進，以一種說明的穩定性和方法的永恆性，維持自然的內聚力，構成文本的封閉形式。以這種「理性言說」捍衛其目的的理想性，其護教立場顯得更為基進。

〔註25〕即所謂三表法：「子墨子言曰：『有本之者，有原之者，有用之者。于何本之？上本之于古聖王之事。于何原之？下原察百姓耳目之實。于何用之？廢以為刑政，觀其中國家人民之利。此所謂言有三表也。』」（《墨子・非命》（上）：164）

其次，在敘述方式的部分，諸子論「道」幾乎都有「返本溯源」之跡，例如：

> 若昔者三代聖王堯、舜、禹、湯、文、武者是也。所以得其賞何也？
> 曰其爲政乎天下也，兼而愛之，從而利之，又率天下之萬民以尚尊
> 天、事鬼、愛利萬民，是故天鬼賞之，立爲天子，以爲民父母，萬
> 民從而譽之曰「聖王」，至今不已。（《墨子‧尚賢》（中）：54）
> 天下之王公大人皆欲其國家之富也，人民之眾也，刑法之治也，然
> 而不識以尚賢爲政其國家百姓，王公大人本失尚賢爲政之本也。……
> 然昔吾所以貴堯、舜、禹、湯、文、武之道者，何故以哉？以其唯
> 毋臨眾發政而治民，使天下之爲善者可而勸也，爲暴者可而沮也。
> 然則此尚賢者也，與堯、舜、禹、湯、文、武之道同矣。（《墨子‧
> 尚賢》（下）：59）
> 孟子曰：「離婁之明，公輸子之巧，不以規矩，不能成方員。師曠之
> 聰，不以六律，不能正五音。堯舜之道，不以仁政，不能平治天下。
> 今有仁心仁聞而民不被其澤，不可法於後世者，不行先王之道也。
> 故曰：徒善不足以爲政，徒法不能以自行。《詩》云：『不愆不忘，
> 率由舊章。』遵先王之法而過者，未之有也。」（《孟子‧離婁》（上）：
> 123）
> 夫桀、紂，聖王之後子孫也，有天下者之世也，埶籍之所存，天下
> 之宗室也，土地之大，封內千里，人之眾數以億萬，俄而天下倜然
> 舉去桀、紂而奔湯、武，反然舉惡桀、紂而貴湯、武。是何也？夫
> 桀、紂何失？而湯、武何得也？曰：是無它故焉，桀、紂者善爲人
> 所惡也，而湯、武者善爲人所好也。人之所惡何也？曰：汙漫、爭
> 奪、貪利是也。人之所好者何也？曰：禮義、辭讓、忠信是也。今
> 君人者，辟稱比方則欲自並乎湯、武，若其所以統之，則無以異於
> 桀、紂，而求有湯、武之功名，可乎？故凡得勝者，必與人也；凡
> 得人者，必與道也。道也者何也？曰：禮讓、忠信是也。（《荀子‧
> 彊國》：198）

甚至連質問：「孔子、墨子俱道堯、舜，而取舍不同，皆自謂眞堯、舜。堯、舜不復生，將誰使定儒、墨之誠乎？」（《韓非子‧顯學》：351）的韓非子，也引述舜、禹事跡作爲例證：

治國之道，去害法者，則不惑於智能、不矯於名譽矣。昔者舜使吏
決鴻水，先令有功而舜殺之；禹朝諸侯之君會稽之上，防風之君後
至而禹斬之。以此觀之，先令者殺，後令者斬，則古者先貴如令矣。
故鏡執清而無事，美惡從而比焉；衡執正而無事，輕重從而載焉。
夫搖鏡則不得為明，搖衡則不得為正，法之謂也。故先王以道為常，
以法為本，本治者名尊，本亂者名絕。凡智能明通，有以則行，無
以則止。故智能單道，不可傳於人。而道法萬全，智能多失。夫懸
衡而知平，設規而知圓，萬全之道也。（《韓非子‧飾邪》：91）

為什麼選擇這種「返本溯源」的書寫模式呢？如果諸子各以為自己所言之道
為至極，足以遍行於天下，那麼歷史的特殊性與道的普遍性如何含混為一？
除非，諸子所強調的「歷史性」〔註26〕有其特殊意涵。

　　回到諸子的文本尋繹線索，諸子顯然並非以再現史實為鵠的，而是以形
構意義為旨趣。在諸子的文本裡，「堯舜」帶著聖王的光環，從上古時代走來，
形構現時的意義，朝未來走去。在此我們看到一種整體性時間意識的表達形
式，中國語言的時態非原生性發揮了其功能：中國語言的時態是附加性的，
不是原生性的，動詞本身無時態性，或者說，具有「永遠現在時」的特徵，
時態表達不能取決於動詞本身的變形，而必須在動詞之外求之，如附加「昔
者」、「今日」等字詞才能確定行為發生的時間段。這種「永遠現在時」的表
達方式，使得對過去行為的表達和現在行為一樣新鮮，對未來行為的表達也
和現在行為一樣近切。「語言時態的非原生性，使它以毫無隔閡的面目，既可
以在一個層面上面對著人間具體行為，又同時在另一個層面上面對著融合了
自然法則、歷史法則以及超自然、超歷史法則的道。道是全時間的，須有全
時間的語言形態表達之。在出入于人間具象和天人之道的不同領域，時態非
原生性的中國語言有著它獨特的瀟灑。」（楊義，1997：180）在諸子的文本

────────────────

〔註26〕余英時曾總觀先秦諸子之「道」以區別於其他古代文化之「道」的分歧所在，
　　　　指出諸子論「道」皆強調其歷史性以及人間性。（1980：51～57）對於歷史性
　　　　的討論，余英時提及幾個重點：其一、各家之「道」強調其歷史性，在諸子
　　　　乃「托古」以爭正統，在君主則以之強化政治權威；其二、與其他古代文明
　　　　相較，古以色列的哲學突破偏向絕對超越的宗教發展，古希臘的哲學突破偏
　　　　向追求宇宙起源的思辨哲學發展，而中國古代的學術則總匯於「史」，形成強
　　　　烈的對照。順著這兩點，筆者在此探問的是「托古」顯然不是因為佔有事實
　　　　而獲得其權威的，那麼其權威是如何形成的？再者，「史」在古代中國自有其
　　　　特殊的文化歷史涵義，諸子的「道」論奠基於怎樣的歷史觀（時間觀）呢？

裡，「古史今論」的敘述方式的確表現了特別瀟灑的姿態，一跨步，就看見貫通古今的「道」。如果從這個角度來深化對於諸子「言必稱先王，語必道上古」現象的理解，那麼，與其說諸子欲以其「道」具有歷史淵源而強化其權威，不如說諸子欲以其「道」貫通古今而顯現其價值。

諸子果真欲以其「道」貫通古今而顯現其價值，那麼，「堯舜」乃是他們形構意義的符號載體。原來在文化典籍的大河敘述裡，堯舜的聖王光環是由神聖修辭與政治權力所賦予的，一旦支撐它們的政治機器失靈，它們就變得抽象而空洞，當被大河敘述消融或區隔的雜音得以陸續發聲之時，正所謂「史之闕文，而後人可以意推者也」，聖王便出現各種變異的樣貌：有兼愛、利民、尊天、尚鬼、尚賢的堯、舜、禹、湯、文、武，有仁者無敵的堯舜，有辭讓、忠信的堯舜，也有斬殺害法者的堯舜……「堯舜」之於諸子，相當於有待解碼轉譯的象徵符號：「堯舜」作為焦點對象，「意義」作為支援線索，而後者才是本趣所在。〔註27〕諸子以歷史人物作為象徵符號，其權威不來自於時間的數量和延伸，而來自文化記憶與自我生命經驗整合於其中的意義深度，這包含三重經驗：首先，過去的人事物與現在的人事物遭逢，匯成貫穿時間之流而存在的整體。其次，過去的人事物來到眼前，它們不是實證性的物，而是參與到當下的生命經驗，形構出現時的意義，乃至未來的展望。最後，時

〔註27〕 在此援引博藍尼對於象徵作用的闡釋，在《意義》一書中，博藍尼舉國旗為例說：「指歸國旗的——像文字之指歸字義——是我們在國家裡的整個存在的做成的整合……這面旗幟（我們焦點注意力的對象）的意義之所以如此，是因為我們把自己的整個存在寄入其中。……因為我們以自身獻託於這塊布中，這塊布才成為國旗，並且成為我們國家的象徵。……在指歸於國旗，並且賦國旗以意義的支援線索之中，有的是我們國家的存在，有的是我們對我們在裡面生活而擴散而且無限的記憶。這些線索不僅僅像其他支援線索指歸其焦點對象那樣指歸國旗，在我們寄託於國旗時，這些線索還體現於國旗之中。因此，國旗是反映它的支援線索，把我們散佈的回憶融合起來。……說象徵使我們『著迷』……象徵作用是把自我獻出。也就是說，象徵，作為我們的焦點意識的對象，不止是由於把從自我轉悟到焦點對象的線索加以整合而成立，而且也由於我們把有關自我的散佈記憶與經驗獻託於焦點對象，給予那些記憶一個可見的體現而成立。儘管我們的生命中有許許多多不能並立的成分，自我這些散佈的面貌卻整合成一個可感覺到的統一，這看得到的統一就是個焦點，就是我們對我們自己的默會把握。象徵不是自我中心的整合，而是把自我獻出的整合，在這一個整合裡，不僅象徵被整合而已，自我著迷於象徵之際——或者說自我被獻出給象徵之際——自我也被整合起來。」
（Michael Polanyi、Harry Prosch，彭淮棟譯，1992：87～90）

間雖然不可逆轉，但過去的人事物沒有消滅，反而親和地連結起來，於是，我們體驗到內在性的含義——逃脫時間並通過回憶與展望，在每一個瞬間確認自己的主體地位，每一瞬間都成爲我之所是的根源。難怪孟子會說：「舜何人也？予何人也？有爲者亦若是！」（《孟子‧滕文公》（上）：88）成聖成賢的期許與自信溢於言表；而韓非則說：「今有構木鑽燧於夏后氏之世者，必爲鯀、禹笑矣。有決瀆於殷、周之世者，必爲湯、武笑矣。」（《韓非子‧五蠹》：339）鯀、禹、湯、武逝者已矣，笑者何人？在諸子的書寫文本裡，「堯舜」往往標誌出言說主體的位置，無論是正向或反向。

　　總觀以上所述，由於現實的關注興趣使得諸子的「道」向著辯護性議題偏移，而當目的的理想性佔居意識領域的核心時，言說便成爲一種反溝通的封閉系統，這些關注天下秩序的文本深處，有一種表達非語言意向的目光，那，像是懲罰的威脅，以這種目光彼此審視，非但難以成立共識，而且陷入激烈不休的爭執之中。再者，以非原生性時態語言進行「返本溯源」的敘述方式反映了一種整體性的時間意識，一端連著天下意識，一端連著生命意識，「道」貫通了古今，而生命在語言中經過，「歷史」被諸子從各自的主體位置上予以重寫，象徵符號的統一性被解構再重組，而承載著自我確認的印記。語言可能是存有的安宅，也可能是牢籠，一旦語言淪爲獨斷，生命的貞定反而成爲視域的遮蔽。諸子各自以爲掌握了主宰時刻，逃脫時間的綿延之流改寫「歷史」，而主體化位置的固著，使得語言的生命隨之減殺，出現了參差錯落的畛域和界限，形成無數亮面與暗面，「道」遂被遮蔽了。如果說從「私學」到「顯學」反映了權勢陰影的介入，那麼，從「言」到「辯」則反映了言說立場的對決。在變世情境之中，語言照亮了生命的地平線，「道」卻隱沒於地平線之後，人走進了語言的牢籠，這種現象的覺察與洞悉，即是莊周問題意識所關注的焦點。

　　同樣從寫作模式的目的和敘述方式來看莊周的思想文本，莊周對於「道」的注目卻穿越所有社會性場所，投向浩瀚的無限宇宙，所謂的「道」乃是：

> 夫道，有情有信，無爲無形，可傳而不可受，可得而不可見；自本自根，未有天地，自古以固存；神鬼神帝，生天生地；在太極之先而不爲高，在六極之下而不爲深，先天地生而不爲久，長於上古而不爲老。（6／230）

莊周對於「道」的描述，與《老子》極爲近似，〔註28〕然則莊周畢竟與老子不同，他無意於建構形上之道的理論，而更強調「體道」的工夫與境界：

> 聖人之道……參日而後能外天下，已外天下，吾又守之，七日而後
> 能外物；已外物矣，吾又守之，九日而後能外生；已外生矣，而後
> 能朝徹；朝徹，而後能見獨；見獨，而後能無古今；無古今，而後
> 能入於不死不生。（6／237）

「道」是「依循著實踐者意識的深化，才能逐漸展現出來的」（楊儒賓，1991：42），隨著意識的深化，精神界域不斷擴延，「體道」的工夫實現了方外之「遊」：

> 乘雲氣，御飛龍，而遊乎四海之外。（1／24）
>
> 聖人不從事於務，不就利，不違害，不喜求，不緣道；無謂有謂，
> 有謂無謂，而遊乎塵垢之外。（2／85）
>
> 乘物以遊心，託不得已以養中，至矣。（4／141）
>
> 故聖人將遊於物之所不得遯而皆存。（6／223）
>
> 彼，遊方之外者也；而丘，遊方之內者也。……彼方且與造物者爲
> 人，而遊乎天地之一氣。（6／250）
>
> 乘夫莽眇之鳥，以出六極之外，而遊無何有之鄉，以處壙埌之野……
> 汝遊心於淡，合氣於漠，順物自然而無容私焉，而天下治矣。（7／
> 281）

遊於「方外」的莊周洞見了無蔽的「道」，回眸天下之士的各言其道，他揭露語言的偶然性及其對於「道」的遮蔽：

> 夫言非吹也，言者有言，其所言者特未定也。果有言邪？其未嘗有
> 言邪？其以爲異於鷇音，亦有辯乎？其無辯乎？道惡乎隱而有眞
> 僞？言惡乎隱而有是非？道惡乎往而不存？言惡乎存而不可？道隱
> 于小成，言隱于榮華。故有儒墨之是非，以是其所非，而非其所是。
> 欲是其所非而非其所是，則莫若以明。（2／56）
>
> 是亦彼也，彼亦是也。彼亦一是非，此亦一是非。果且有彼是乎哉？

〔註28〕楊儒賓曾列表比較兩者語句、文意的類同之處。楊氏並指出，老子以前的思
想家論及道時，比較偏向「方內」的倫理教化，而少觸及到形而上的問題。
老子則將「道」顯題化，成爲最重要的哲學語彙，「道」作爲非人格神的原理，
一方面取代傳統宗教觀念中的「天」或「帝」的觀念；另一方面，「道」作爲
形上存在的依據，也對某些世俗傾向較強的儒家學派形成壓力，逼使他們反
思人文活動的根基。（1991：40、41）

果且無彼是乎哉？彼是莫得其偶，謂之道樞。樞始得其環中，以應
無窮。是亦一無窮，非亦一無窮也。故曰莫若以明。（2／58）
可乎可，不可乎不可。道行之而成，物謂之而然。惡乎然？然於然。
惡乎不然？不然於不然。物固有所然，物固有所可。無物不然，無
物不可。故舉莛與楹，厲與西施，恢恑憰怪，道通為一。（2／61）

「言」不似天籟自然，它是人為的產物。語言結構像是一種抽象的真實領域，
其實是人為構成的生態環境。語言不是透明的，它必然承載著過去的記憶，
也不斷地延伸著新的意義，歷史與生命穿過其中，語言的意義邊界總是決定
於使用中，邊界一固著，語言就死亡，而在愈精緻嚴密的因果推衍之中，語
言所蘊涵的濃度就變得愈稀薄。「道」沒有真偽，只有語句有真偽，語句的真
偽是人為意向斷定的。「道」無所不在，欲以含有個人意向的語言指向「道」，
亮點一出現，其餘就隱入暗面，說出亦即吞沒。基於「言」與「道」關係的
洞徹觀照，莊周穿過了諸子的語言迷霧，由判準支配的語句層次轉換到語言
遊戲的整體層次，他不針對論題展開論辯，不介入審視或裁決，而是觀照儒
墨對立的全景 —— 儒墨各家皆以傳遞訊息的知識權威現身，然則他們關於
「道」的論辯，並非傳遞訊息的方式，而是製造效果的方式：儒墨各依其目
的而設置對立的判準，然後把語言的選擇與組織都向著判準匯集，為各自的
判準戴上必然的面具 —— 莊周揭露儒墨強以偶然為必然的表象，讓判準和選
擇的概念失去意義。對於這種全景式的觀照，莊周發明了私人語彙來表達：「以
明」，以光的意象隱喻「道」的無所遮蔽。

莊周的寫作也有「返本溯源」之跡，他的本源就是無所遮蔽的「道」。在
諸子，返回是一種策略，是結合文化記憶與生命經歷向主體化位置匯聚，在
莊周，返回本身就是目的，讓文化記憶與生命經歷復歸於所源出的大化流行。
「道行之而成，物謂之而然」，在人的履踐之中，「道」的印跡浮現，在人的
命名之後，事物有了秩序。然而，以為自己的印跡是通往「道」的唯一路徑，
隨著語詞意義的不斷推衍而遺忘了事物本身，人不僅遠離了「道」，更在話語
如織的紛亂裡，播散流離，無家可歸。人只看見可見的，只述說可說的，只
理解自己製造的，人如何得到沒有邊界的自由？不斷越界，這裡那裡，抵達，
出走。在莊周的字裡行間我們彷彿聽見他笑著說：所有關於「道」的陳述都
是不同的理解、不同的遊戲和發生。他一再剝落語言中既與的、相對的經驗
範圍以及因果推衍，回歸意義構成的起點，這個意義構成的起點，莊周稱之

為「道樞」，「樞」是圓轉自如的軸心，「道」是不斷開闔旋轉的門戶，〔註29〕所有偶然性的觀點都辯證消融於其中，語言更新生命，釋放無限可能。「道通為一」，人才能走出語言迷宮，回到自己的家。莊周所從事的是一場「揭蔽」的心靈深戲——以各式各樣的語言遊戲溺斃所有話語規則，讓各種理解、遊戲和發生恢復原來的流動，自由不斷在瞬間出現、消失、再出現……不像諸子的「返本溯源」，將承載著歷史與生命的語言向著主體化位置匯聚，固著在一種理解、遊戲和發生之上；在莊周的寫作裡，主體位置不斷地轉換，製造語言的空隙，讓豐盈的意義不斷突生出來。寫作是一種自由，莊周以極其跌宕多姿的寫作，實現流動的自由。

〈天下〉的作者於此即有所見，且看他關於莊周的評述文字：

> 芴漠無形，變化無常，死與生與！天地並與！神明往與！芒乎何之？忽乎何適？萬物畢羅，莫足以歸。古之道術有在於是者，莊周聞其風而悅之。以謬悠之說，荒唐之言，無端崖之辭，時恣縱而不儻，不以觭見之也。以天下為沈濁，不可與莊語，以卮言為曼衍，以重言為真，以寓言為廣。獨與天地精神往來，而不敖倪於萬物。不譴是非，以與世俗處。其言雖瓌瑋，而連犿無傷也。其辭雖參差，而諔詭可觀。彼其充實不可以已，上與造物者遊，而下與外死生無終始者為友。其於本也，弘大而闢，深閎而肆。其於宗也，可謂調適而上遂矣。雖然，其應於化而解於物也，其理不竭，其來不蛻，芒乎昧乎，未之盡者！（33／1343～1344）

〈天下〉所評述的對象包括鄒魯之士、墨翟、禽滑釐、宋鈃、尹文、相里勤、五侯、苦獲、己齒、鄧陵子、惠施、桓團、公孫龍、彭蒙、田駢、慎到、關尹、老聃、莊周等各家，然而通讀〈天下〉全文，僅此一家的評述涉及思想家的語言風格。可見〈天下〉的作者領會到莊周的寫作本身就是其思想的一種實踐，依〈天下〉所述，莊周乃自覺地使用獨特的言說方式實踐以下的意向：（1）體現「道」變化無常的流動性；（2）拒絕參與話語權力的競逐；（3）證成一種和諧充實的詩意存有。

〔註29〕「道樞」，日人福永光司就喻根提出了這樣的解釋：「『樞』本來是門扉開閉之軸，環穴之中嵌入此樞，則扉可自由開閉。『道樞』意指立腳絕對的太一，超越一切對立與矛盾，因此，可在千變萬化之現象世界中，自由自在，如如相應……。」（轉引自楊儒賓，1992：133）

　　莊周的語言散發一種自身想迴避的魅力，這種語言的魅力凝聚著深刻的思想，這樣的語言是「非常」的，正常的是諸子以「莊語」（嚴肅的陳述）自高位置，競逐話語權力；而莊周的芒忽恣縱之辭則屬非常。例如，諸子之言「道」，莫不以「正人心」、「承聖賢」、「治天下」等鏈結「道」的陳述，而《莊子》獨以一般人視為負面的語詞，如「螻蟻」、「稊稗」、「瓦甓」、「屎溺」等指稱「道」之所在：「東郭子問於莊子曰：『所謂道惡乎在？』莊子曰：『無所不在。』東郭子曰：『期而後可。』莊子曰：『在螻蟻。』曰：『何其下邪？』曰：『在稊稗。』曰：『何其下邪？』曰：『在瓦甓。』曰：『何其愈下邪？』曰：『在屎溺。』」（22／828）這種語言不是無意義或不可理解的私人囈語，而是「反常而合道」的「詭辭玄智」，芒忽恣縱之辭作為不被正統常規所馴化的生命力之出口，突破既有的畛域和界限，但是它並非指向反面的意義而已，更不以降格為終極目的，而是藉由揭開原來缺席的反面意義，敞露「在場／缺席」並存的全景，撤除「正常」對於「反常」的隔堵，抵達圓轉無滯的意義之源 ── 無所遮蔽的「道」。

　　因此，所謂「謬悠之說」、「荒唐之言」、「無端崖之辭」並不只是為了反抗主流話語的權威而採取的修辭策略，它們還提供一種觀照全景的目光，看見了「道」的無所不在、千變萬化，也看見人之生存在世，是一次偶然的緣在，一場無盡的漂流，像〈齊物論〉裡所描述的：「一受其存形，不亡以待盡。與物相刃相靡，其行盡如馳，而莫之能止，不亦悲乎！終身役役而不見其成功，苶然疲役而不知其所歸，可不哀邪！人謂之不死，奚益！其形化，其心與之然，可不謂大哀乎？人之生也，固若是芒乎！其我獨芒，而人亦有不芒者乎？」（2／53）人生不時發生著謬悠、荒唐、無端崖的變化，而人們不肯直面承認這些，硬是把它們隔堵在陰闇地帶。只有拆穿一層又一層的隔堵，觀照澄明與陰闇交織的生命全景，才能徹底與自己和解，才能體貼他人的傷悲，才能承受人生的難題，才能與天地萬物玩耍遊戲。

　　然則，莊周揚棄了「莊語」的權力競逐，選擇了「卮言」、「重言」、「寓言」等另類的表達方式，其選擇顯然出於如此自覺：即使莊周可以提供一種深邃的眼光，把我們帶入某種澄明之境，也並不等於「道」說的是莊周的語言，一旦視之為莊語，固著於其上，同樣形成對「道」的遮蔽。因此，莊周的寫作應該被視為一場與「道」的詮釋學遭遇，而不是表象論的再現。表象論的再現，預設言語所述即「道」之所是，道與言，就像一座宏偉的宮殿與

其具體而微的模型之間的關係；與「道」的詮釋學遭遇，則承認「道」在微觀下充滿縐褶，在閾限裡一片混沌，於是拒絕把褶子拉開，更拒絕劃定唯一的疆界，以免為了測量表面而遺失蘊涵其中的深度，或在可操作的定義裡遺失了豐富的可能。與「道」的詮釋學遭遇，只是顯示「道」在那裡，籲請「你」來親歷。

結　語

〈逍遙遊〉首度現身所在的是一個變世情境，隨著社會的動盪不安，知識狀況發生重大改變：在機構脈絡的部分，文化知識詮釋權從官學轉移到私學，與政治權力之間形成充滿張力的關係；在文化菁英的部分，從即器存道的官守到捨器言道的諸子，自我形象的造型、主體位置的確認與思想學說的發展互為表裡；在思想內容的部分，由禮樂傳統所支撐的宇宙圖像失去支配的中心地位，新興知識分子對禮樂傳統進行不同的改寫，以私人語彙捲起公共意向大海的驚濤裂岸。於此，我們看到由孔子首開其端的重大突破：從對人之存在處境的根源性思考出發，把「道」內化於個人生命，在諸子所重新繪製的思想地圖上，我們看見「道」從宇宙圖像到生命圖景的位移，也看到「天下有道」從宇宙王制的「政治──文化」權力話語，轉化出知識份子證成存在意義和價值的存有論意涵。然而，從不同的主體化位置就看到不同的生命圖景，立場導致爭端，言說隱含壓制。莊周，無疑是其中的特異分子，他的關注不在於話語權力的競逐，也不限於天下秩序的安排，他超越了天下意識而轉向宇宙意識，他所提供的是一種遊於方外的存在智慧，一種立足於形上之道的全景式生命觀照，他的寫作體現一種無蔽的自由。為了尋找全景觀照的位置，莊周漫遊去了遠方，下一章，我們將進入〈逍遙遊〉的文本世界，看看能不能遇見正在與「道」深戲的莊周。

第二章　與「道」深戲

前　言

〈逍遙遊〉通篇充滿了寓言、軼事、諷諭、比喻……面對這樣的文本，我們要如何才能貼切地理解它關於「遊」的哲思洞見呢？本文的構想是從「意象」切入，此一選擇乃緣於這個事實：在〈逍遙遊〉文本世界裡的寓言、軼事、諷諭、比喻……等等，莫不以意象為其構成的基本要素，意象作為想像虛構的產物，其選擇、綜合、自解等對於文本的表意實踐具有決定性的作用。

〈逍遙遊〉是充滿想像力的文本，似乎是沒有爭議的，但是長久以來，其想像力與意象常常被視為出於美學目的，因此大多關注於修辭功能和情感效果。〔註1〕事實上，在〈逍遙遊〉的文本世界裡，想像與意象不只是感性的

〔註1〕對於《莊子》的想像力和意象，自古總被印象式批評為文章筆法風格的卓越表現，如宣穎〈莊解小言〉：「莊子之文長於譬喻，其玄映空明，解脫變化，有水月鏡花之妙，且喻後出喻，喻中設喻，不啻峽雲層起，海市幻生，從來無人及得。古今格物君子，無過莊子，其傅色揣聲，寫景摛情，真有化工之巧。」（1978）林雲銘《莊子因》：「篇中忽而敘事，忽而引證，忽而譬喻，忽而議論，以為斷而非斷，以為續而非續，以為復而非復，只見雲氣空濛，往返紙上，頃刻之間，頓成異觀。」（1967：九）劉熙載《藝概·文概》：「文之神妙，莫過於能飛。莊子言鵬曰『怒而飛』，今觀其文，無端而來，無端而去，殆得『飛』之機者。烏知非鵬之學為周耶？」（1986：24）錢鍾書對此深不以為然，指出：「窮理析義，須資象喻，然而慎思明辯者有戒心焉。游詞足以埋理，綺文足以奪義，韓非所為歎秦女之媵，楚珠之櫝也。……古之哲人有鑒於詞之足以害意也，或乃以言破言，即用文字消除文字之執，每下一語，輒反其語以破之。……擬象比喻，亦有相抵互消之法，請徵之《莊子》。羅壁《識

事物，更探向了存有的深度，因此，應當被還原為思想的事物。這是一種「還原」，意象和想像作為思想的事物的歷史本來就更為悠久。在古代中國的思想世界裡，「體知」作為最主要的哲學思維方式，〔註2〕以意象構成哲學隱喻乃是常態，舉一個明顯的例子：中國哲學最核心的語詞「道」即是由身體意象中提升出來的，在金文裡，「道」字的基本構成是從「首」從「走」或「行」。依《說文》所言：「道，所行道也。」「道」的本義是「用來行走的道路」。道路，從起點到終點，朝著一定的方向開展，是空間的連結，也是時間的綿延；行走的人，一步一交付，相信大地能夠承受他的重量，一步一腳印，滿足在大地留下印跡的欲望。沒有人可以只用腦袋走路，走路的是整個身體，走路的身體會動員所有知覺、思維和能力，以應對一切可能發生的路況，「道」就在人的每一步行走裡，跨出每一步的當下都是獨特的情境，眼前的人事物都要遭逢交涉，山一程，水一程，人間風波，宇宙天心，任何路況都不再是分離而對立的他物，都通過內外辯證而化為生命風景。傳移這樣的意象到哲學語彙「道」，其隱喻效果鮮明地突出：「道」的基本性格不是抽象，而是具體的；不是表象的（representational），而是履踐的（performative）和參與的（participatory）；不是推論的，而是一種實際技巧（know-how）（郝大維、安樂哲，1999：107）。「體知」的思維方式，使得中國哲學的「道」具有情境的性格，而對於「道」的悟解總是聯繫到「體道」、「行道」的理想人格境界。

　　在《莊子》的「體知」裡，想像發揮了關鍵性的作用：想像以中性化運作，擱置對知覺及記憶的屈從，把意識的光聚集於事物自身，照明其特殊本質，然後通過各種可能的自由變異以形構其具體形象〔註3〕──這就是本文

遺》卷七嘗歎：『文章一事數喻為難，獨莊子百變不窮。』因舉證為驗。夫以詞章之法科《莊子》，未始不可，然於莊子之用心未始有得也。說理明道而一意數喻者，所以防讀者之囿於一喻而生執著也。星繁則月失明，連林則獨樹不奇，應接多則心眼活；紛至沓來，爭妍競秀，見異斯遷，因物以付，庶幾過而勿留，運而無所積，流行而不滯，通多方而不守一隅矣。」（《管錐篇》，vol. I，1979：13～14）

〔註2〕「體知」，杜維明作了如下的解釋：「由身體來進行認知，簡化地說即『體之』，是中國哲學思維的特色。這種思維的方式不走歸約主義的道路，而是以多向度的具體事物作為運思的起點。在思維的過程中具體事物的多樣性和複雜性，沒有消解成單純的數據，也沒有抽離為單一的共相。認知者和被認知的對象，不構成主客對立的外在關係，而是為主體的辯證的內在關係。」（1989：50）

〔註3〕想像一方面啟動中性化運作，把一般與事物的知覺關係放進括弧，使知覺與

所稱意象。意象，作為意識光照的焦點而成為意蘊的中心，並以瞬間一瞥的方式，指向本質的整體界域。因此，在文本世界裡，意象並不是憑藉暗示或寓意手法指稱某種給定的實在，意象具有創造並設定它自己世界的力量，在它所創設的世界裡，精神按照內在的辯證法則展現其自身，而事物的本質在瞬間直觀的整體視野裡被看見。意象使本質安置於具體事物，常保於流動的、活生生的界域之中，而且「包含了整體的力量、意義和功效的真正的在場」（恩斯特・卡西勒，于曉等譯，1990：79）。〔註4〕筆者將以「意象分析」的方法來闡述〈逍遙遊〉的哲思，這種意象分析不從事意象歸類，不作概念分析，而是一種現象學的顯微描述。〈逍遙遊〉的原創性正在於它是一種詩意道說，其意象是創造性意象，而不是俗例性意象，俗例性意象可由已設定的意義基模，對應其映射的概念指涉，創造性意象則創設了它自己的世界和力量，尤其，當詩意象作為道說的事件，便以其自身所給出的深切感，引領我們瞬間直觀事物的本質，我們必須浸潤到意象本身，傾聽其中的詩意意涵，在迴盪體驗中抵達存有的諦境。

　　本文的闡述分為兩個部分：第一部分順著〈逍遙遊〉的文本脈絡進行意象分析，著重分析意象的結構方式，以及將其可能的力量、意義及功效予以顯題化；第二部分將〈逍遙遊〉文本世界裡的大鵬與大木兩個意象所引起的詩意迴盪現象予以描述分析，進而總論〈逍遙遊〉整體語境所開顯的存有的深度。最後，要說明的是本文的目的主要有二：其一、彰顯〈逍遙遊〉在表意實踐上體現的自由變異及其存有的深度；其二、歸納出〈逍遙遊〉的表意實踐所形成的文本特性，以理解〈逍遙遊〉之於後世詮釋者何以一如「花園

　　　記憶超越設定的意識狀態，而直觀事物的本質，在這個直觀的本質上，依純粹的可能條件，給出各種自由變異；另一方面提供形構力，在知覺和記憶的延遲和差異變化中形構想像對象的具體形象（images）。通過形構（constitution），想像讓本質以多樣而非單一的例子呈現自身，本質在每一個單一現實經驗的例子呈現出來，但是以瞬間一瞥的方式出現，指向一個整體界域。自由變異使本質以虛構的例子滿全而明證地將其整體界域呈現，本質並不先於我們對它的形構而存在，而來自我們對它的自由變異。在此討論想像的問題，主要參考龔卓軍對於胡塞爾想像論的研究（1998：第三章）。

〔註4〕在此引用的是恩斯特・卡西勒分析神話思維的語句，本文並未將《莊子》認作神話，雖然《莊子》常常迸發出神話的洞見力，但是都將神話意象所展示的可能意義轉化為哲思詩意，已不受神話思維模式所支配。不過，筆者認為恩斯特用以分析神話意象的說法也有助於我們理解原創性意象本身所具有的特性。

風景」（landscape）。

第一節　意象的流動

　　〈逍遙遊〉全文依意象結構類型，可分為兩個子意象系統：第一個子系統以「鯤／鵬」的意象起興，然後不斷進行互文改寫，串連各種參照對比的喻象，建構層遞辯證的喻義脈絡，最後導向「至人無己，神人無功，聖人無名」的論斷；第二個子系統運用對話情境及喻中有喻的方式，進行喻象意蘊的分解、伸展與轉換。此一子系統又可依主題而分為兩部分，前半以「帝王／神人」的意象為核心，跨越俗世以「天下」為存有實踐場域的人為設限，後半則以「大瓠／大樗」的意象為核心，中止世智的判斷，破除「用」的迷思與執著，揭示「無用之用」的玄智。必須強調的是，在此稱之為意象系統，乃側重於意象之間以延伸或關聯的方式組構，並導向共同主題的現象，並不意味「系統」是封閉而自足的，恰恰相反，〈逍遙遊〉是一個流動性的文本，兩個子系統都是開展性的，在意義視域的擴展與深化上，彼此相涉、呼應、通解，使〈逍遙遊〉成為一個多重映射、交響旁通的語言空間。

壹

　　一進入文本世界，我們會發現自己在看故事，什麼是故事？人講故事，用故事的眼光看待他的世界，想要像故事一樣活下去。故事活在人的編織裡，而人就活在故事裡。認知抵達不了的，經驗發生不了的，已經抵達的，已經發生的，將要抵達的，將要發生的，我們用有意味的棉絲連貫編織。說得好的故事，把世界組構起來，讓事物顯出意味，我們在故事情節裡接近事物，在節奏裡接受感動，故事可以幫我們填補認知的空隙，幫我們感受無法親歷的經驗。但是故事永遠無法取代、無法窮盡世界事物，而人又總是有新的發現、新的想法、新的感動，所以故事會一直編下去，同一個故事的內容可以不斷添加或減損，而不同的時代裡，隨著觀看世界的方式改變，故事以不同的述說方式繼續生產。故事似真非真，似假非假，說得太假了，我們進不去，故事變成胡說八道；說得太真了，我們進去了出不來，故事失去了流動性，故事死了卻成為獨斷的真理，宰制現實中的人們。把故事當真，對故事和現實都是災難。所以，一個說得好的故事與現實保持若即若離的關係，我們進

去故事裡頭接近事物、接受感動，然後出來繼續看另一個故事，這樣故事不斷說下去，而意味雋永深長。

在這裡，我們所遇見的莊周像一個美的拾荒者，背著故事簍子從神話、傳說、軼聞……掇拾故事碎片，然後用有意味的棉絲把一片又一片的小故事串連起來，他唱遊著、引述著、譬喻著，想像編織著故事，故事啓發著智慧。現在，讓我們看看〈逍遙遊〉開篇關於鯤鵬的故事：

> 北冥有魚，其名爲鯤。鯤之大，不知其幾千里也。化而爲鳥，其名
> 爲鵬。鵬之背，不知其幾千里也；怒而飛，其翼若垂天之雲。是鳥
> 也，海運則將徙於南冥。南冥者，天池也。

一進入故事之中，遭逢的是巨大到讓所有度量衡都失效的生靈，知覺與記憶的設定都歸零，在零度時刻裡，面對海的冥暗幽深，天的遼闊高遠，雄渾感震撼著我們的心神，然後鯤化爲鵬，緊接著大鵬怒飛，大鵬展翅怒飛的意象攫獲我們的注意力，一種生命高度集中凝聚的靈動圓整的狀態體現於眼前。〔註5〕

〈逍遙遊〉一開篇給出詩意瞬間的興發，並不是要我們住在裡頭，把它凝固成沈思的意識核心；詩意瞬間一旦凝固了，想像意識將沈淪於空寂的深淵。想像的意識必須流動，故事將繼續開展，上一片故事的末尾——「海運則將徙於南冥」，不是給我們留了一個懸宕的狀態嗎？這個懸宕的狀態，由另一個聲音接續——「齊諧」，這是專門記載奇說異聞的書，大鵬飛往南冥的情景就記載於其中：

> 齊諧者，志怪者也。諧之言曰：「鵬之徙於南冥也，水擊三千里，摶
> 扶搖而上者九萬里。去以六月息者也。」野馬也，塵埃也，生物之
> 以息相吹也。天之蒼蒼，其正色邪？其遠而無所至極邪？其視下也，
> 亦若是則已矣。且夫水之積也不厚，則其負大舟也無方。覆杯水於
> 坳堂之上，則芥爲之舟，置杯焉則膠，水淺而舟大也。風之積也不
> 厚，則其負大翼也無力。故九萬里，則風斯在下矣，而後乃今培風；
> 背負青天而莫之夭閼者，而後乃今將圖南。

〔註 5〕 在鯤鵬故事之中，大鵬怒飛作爲核心意象而攫獲讀者的注意力，這並不是說大鵬怒飛成爲故事中孤立的意象，恰恰相反，鯤鵬故事的整個情境及各種元素，包含北冥、南冥、鯤化鵬、海風等等，都對此一意象所喚起的詩意迴溫產生微妙的作用，使得詩意瞬間盈滿生命之力，此一生命力甚至溢出文本世界，成爲許多詩人魂牽夢縈的詩意象。相關的細節，本文第二節將進一步予以描述。

大鵬的遷徙簡直就是驚天動地的行動，那樣的景象超出經驗範圍之外，所以被視為奇說異聞，但是超乎經驗範圍的奇說異聞未必不真實，只要合乎常識常理，便是可能的。常理一說就破，但是沒有趣味也沒有滋味，甚至帶著權威式獨白的專斷，所以說故事的莊周不說理，他打比喻，以水之載舟的喻象，解釋大鵬高飛九萬里的必要；以野馬、塵埃的喻象，以及上下視點的換位，揭示大鵬南徙是一個與天地萬物相關聯的生活事件。喻象把事物予以特寫示現，引領我們回到具體事物的肉身在場，直觀其本質。具體事物所在的生活世界本來就是各種概念的基礎，一般的學者喜歡使用概念，它不受實體滯重的拖累，它有速度，瞬間無遠弗屆。概念由實體提煉而剝離實體，可以化約概括，可以推演擴張，在理性王國裡建立秩序，在知識場域裡獲取權力。然而，任憑概念縱橫的思想世界使得生命變得太輕易，乃至最終與虛無為鄰；在生命現場的肉搏戰裡，概念往往只是蒼白貧血的旁觀者。莊周不是書齋裡的學者，他在民間的廣場「道聽塗說」，他說著故事，把道理概念還原到具體事物裡，讓我們自己在活生生的實體世界裡看見本質、接近真實，我們對事物的認知因此是有血肉有溫度的，我們與事物的關係因此是互為主體性的，事物不是被固定為某一個抽象概念，然後分類歸位於心智結構，而是以具體豐富之姿現身於我們所在的生活世界，源源不絕釋放各種可能，擴展深化存有的意義界域。大鵬南飛，生物相吹，水之載舟，風之負翼，天地萬物本就是一個生氣互通，交響應答的整體世界。就連齊諧發聲，莊周呼應，也是這個活潑潑整體世界的一部分。

齊諧所言何怪之有！可怪者不怪，莊周不引述經典的權威名言，偏偏掇拾民間傳說的碎片，被視為不入流的異質聲音以等價權利在故事裡發出真實的聲響，這種引語的方式恰恰翻轉世智的價值判斷：世智引以為重的權威往往是獨斷的偏見，而世智不屑一顧的傳說卻保存著鮮活的真實。然則，障蔽世智判斷的還不只是對於權威話語的盲目崇拜，回到具體事物的生活世界，活著的此在也充滿著各種緣構的迷思呢！活著，在各自的因緣裡算計經營，操演心智劇本，堆疊生命城府……各種緣構的迷思影響了生命格局的大小，意識也不自覺地進入嫉妒、猜疑、拒絕、否認等等設定狀態，看見而不能感受，感受而不能承認，不能承認還要自以為是地否認。此在緣構的迷思是無窮無盡的，說得出來嗎？有誰能夠抵達無盡後退的地平線？即使說了，否認機制一運作，不也被隔堵掉嗎？更何況佔據主席台發言，也不是莊周說故事

的方式，故事繼續下去，一個笑謔的聲音出現了：

> 蜩與學鳩笑之曰：「我決起而飛，槍榆枋，時則不至而控於地而已矣，奚以之九萬里而南爲？」適莽蒼者，三餐而反，腹猶果然；適百里者，宿舂糧；適千里者，三月聚糧。之二蟲又何知！小知不及大知，小年不及大年。奚以知其然也？朝菌不知晦朔，蟪蛄不知春秋，此小年也。楚之南有冥靈者，以五百歲爲春，五百歲爲秋；上古有大椿者，以八千歲爲春，八千歲爲秋。而彭祖乃今以久特聞，眾人匹之，不亦悲乎！

昆蟲和小鳥說起了人話，真是怪誕！是的，莊周說的故事有著狂歡節式的風格，以滑稽突梯的方式，把最現實的面向做了超現實的誇張處理。在此，蜩與學鳩的喻象具有雙重反諷的意味，第一重反諷是蜩與學鳩根據自身本能所及的經驗範圍，把在經驗範圍之外的大鵬高飛，貶低爲徒勞無用的舉動，蜩與學鳩以小知度量大知是可笑的；第二重反諷是蜩與學鳩其實是笨拙窘迫的，卻一味地自以爲是，其愚昧是可笑的。引述了蜩與學鳩的笑話之後，莊周接著以遠行備糧爲喻，表面爲蜩與學鳩解套，實際上將所喻的意涵加以拓深──小知本來就不及大知，小年本來就不及大年，層次不同本來就無法相提並論；然而，蜩與學鳩說的是人話，發出聲音的蜩與學鳩乃是人的戲仿，並不真的是蜩與學鳩呢！真是蜩與學鳩，就和朝菌、蟪蛄、冥靈、大椿等動植物一樣，順應自然規律而生而死，牠們受限於先天本能，小知不及大知，小年不及大年，也是理所固然，但是人呢？人居然與動物無異，不是很悲哀嗎？莊周輕輕一抖，連串的喻象如珠鍊，環扣更緊密，指向更集中，因而激起我們對於自身之存在處境的深沈反思：人生之可笑亦復可悲者如是！

　　接下來所說的，多半被視爲傳說故事一詠三嘆的反復罷了，但是如果細將內容加以比對，就可以清楚的看到互文改寫的痕跡：

> 湯之問棘也是已。窮髮之北有冥海者，天池也。有魚焉，其廣數千里，未有知其修者，其名爲鯤。有鳥焉，其名爲鵬，背若太山，翼若垂天之雲，摶扶搖羊角而上者九萬里，絕雲氣，負青天，然後圖南，且適南冥也。斥鴳笑之曰：「彼且奚適也？我騰躍而上，不過數仞而下，翱翔蓬蒿之間，此亦飛之至也。而彼且奚適也？」此小大之辨也。

藉著「湯之問棘也是已」一語，聖王賢臣的形象出現，但是沒有直接引述對

話內容，而是再將鯤與鵬、斥鷃串連一次，有鯤鵬的演出，有斥鷃的笑語，「聖」與「俗」互涉而齊同。再細看對於鯤鵬與斥鷃的改寫：「鯤化鵬」的動態意象闕如，鯤、鵬以龐然巨大的意象並置；斥鷃取代蜩與學鳩，自以爲「飛之至」，而且翱翔自得，毫無「時則不至而控於地」的窘相，自成一個自足的世界。從一開始鯤鵬之化的故事一路說下來，莊周一方面擱置熟透俗知的概念系統，一方面示現想像的中性變樣以及意象重新設定的經過，至此，喻象全都攤放在同一個平面上，意識光照集中於彼此對比的特徵之上，意義從流動狀態被賦予形式固定下來，其餘的部分都在意義的門檻之外，即使毗鄰其側也彷彿被深重的冥暗包裹著，「大」與「小」並列而分明，隱喻於焉完成。這個隱喻是故事的總結，也是個人言說的起點，接下來，該以「莊語」道出「何以逍遙」的結論吧……

我們以爲是「莊語」，是的，的確是莊周式的言語遊戲。這意識強光聚集的最後一段，居然還是抖出一串人物形象，只是它們不像從神話、民間傳說、戲仿笑話裡撿來的那些動植物喻象，總帶著詼諧的意味逗引我們，也不像那些喻象結構的鬆散，總是若有意若無意隨興地進進出出，這一串喻象本身帶著嚴肅的面孔，結構的方式井然有序，它們隱喻了存有意境的不同層次，從反面一層層剝開，我們隨之沈思，隨之認眞，而最後，莊周以「無」的動態意象解散所有嚴肅性和秩序性，還我們自由：

> 故夫知效一官，行比一鄉，德合一君，而徵一國者，其自視也亦若此矣。而宋榮子猶然笑之。且舉世而譽之而不加勸，舉世而非之而不加沮。定乎內外之分，辯乎榮辱之境，斯已矣。彼其於世未數數然也。雖然，猶有未樹也。夫列子御風而行，泠然善也。旬有五日而後反。彼於致福者，未數數然也。此雖免乎行，猶有所待者也。若夫乘天地之正，而御六氣之辯，以遊無窮者，彼且惡乎待哉！故曰：至人無己，神人無功，聖人無名。

在此我們看到的人物形象有一個共同點：他們都是文化菁英。注意這樣的選擇使我們覺察到文本隱含著對話的意向，莊周作爲敘述行爲主體，他所預設與之對話的接受主體是文化菁英（或稱之爲知識分子），那些在變世情境裡以思想和言說的力量影響世界的人。當然，「逍遙遊」的存有意境並非專爲他們而設，更不是專屬他們所有，但是，就文本世界作爲思想、權力與欲望的互文性存在，某些語境的確對著不在場的人而發，莊周芒忽縱恣之辭不就有意

與諸子百家的「莊語」背道而馳嗎？而本段末尾的關鍵語彙：「己」──以自我為中心的優越感，「功」──對影響力的著迷與追求，「名」──獲取世譽的欲望，三者不就是知識分子普遍難以超越的迷障嗎？

回到文本裡來，所謂文化菁英是擁有知識技能的人，他們以知識技能謀職營生，以知識技能騁馳理想，以知識技能追求境界。知識就是力量，這力量也許開顯了存有，也許形成了存有的遮蔽，而最核心的問題是知識與「逍遙遊」存有意境的關係是什麼？莊周不直接討論問題，他以人物形象示現問題視域：第一個人物形象以一官、一鄉、一君一國為自我實踐的場域，依實效目的模塑自我的知、行、德，在攀緣營構的熱衷和自得之中，自我與世界都異化為工具性的存在；他們的知識技能是獲得實效利益的工具，使生命實現了世俗價值，也使存有黏著於有限的格局。一般人日復一日的此在緣構不就是這樣嗎？這個人物形象（甚至沒有面孔，沒有名字）在莊周的戲語裡與蜩、學鳩或斥鴳等相提並論呢！我們的想像裡傳來笑謔的聲音，意識的角落裡光照與冥暗的交界顯得那麼搶眼。第二個人物形象宋榮子，絕對的自制，不受外物影響，堅苦卓絕地向世界宣揚他所相信的真理，我們以為遇見了超凡脫俗的逍遙人了，但是，不然，絕對的自制流於絕對的偏執，真理進不了真實的世界，世界遠離了他的真理；知識使他超脫於世俗毀譽之外，卻也使其陷入孤立而空洞化的存有狀態。第三個人物形象列子，醉心於神仙方術，生命的終極目的設定於轉化成仙，他不沾惹世俗風塵，他不苦行救世，他修道有成，可以擺脫地心引力，飄然御風而行，這是逍遙之遊嗎？又不然，他嚮往的是神仙世界，此在的自我與世界都成為必須解脫的異物；知識技術使他擁有異於常人的神通，然而，除非完全解離，否則技術的施展就需要一定條件的配合，相對於神仙異境的絕對自由，此在的存有永遠都是有限制的。

在文本之中，三種人物形象所表徵的存有意境顯然是一高低序列，而通過三者的層遞對照，反襯出「逍遙」存有意境的抵達所需要的既不是轉化成仙的神通技術，也不是拯救時弊的方家之見，更不是實用營生的知識效能，而是「乘天地之正，御六氣之辯，以遊無窮」的智慧：體會天地精神，順應自然變化，而能無拘無束地遨遊。最後，莊周畫龍點睛般地道出：「故曰至人無己，神人無功，聖人無名」。莊周賦予至人／神人／聖人一個動態意象──「無」，在此並非本體義，而是實踐義，莊周揭示出解消「己」、「功」、「名」的執著，乃是實踐「逍遙遊」的關鍵。誰能解消原本沒有的東西呢？活著，

怎可能沒有自己？做事，怎可能沒有事功？處世，怎可能沒有名謂？「逍遙遊」的實踐場域，固然不是相刃相靡的名利場，也不是純屬虛構的烏托邦，更不是凌虛御風的神仙界，而是當下活生生的整體生活世界，生活世界裡的至人自然有己，神人自然有功，聖人自然有名。其實使我們不自由的並非「己」、「功」、「名」，而是我們的意識固著其上，才形成了牢籠。意識必須流動，意向著生活世界的種種，卻擱置對於既有設定的屈從，而依其純粹可能變現自由世界，換言之，「無」乃是想像意識的中性化運作，轉換原先的設定狀態，讓意識流如其所是地穿過，我們的存有因此是一趟沒有黏著、偏執或等待，在天地之間，順萬化之流，不斷前行、遭逢、越界的行旅。於是，至人／神人／聖人一無所有，卻能體現雄渾而靈動圓整的存有狀態，因為，「無」給出了自由。

貳

通過各種喻象的對比參照，以及最後層遞辯證式的言說，「逍遙遊」的諦義已然呈顯，然而，「逍遙遊」是在世存有的不斷行旅，關於「逍遙遊」的言說沒有結論，意識之流繼續湧向整體界域，而言說則回到生命現場，讓意義不斷地流衍與釋放。接下來，像特寫鏡頭的轉換跳接一般，原來的表述結構消失了，三組人物的對話取而代之。第一組是以堯與許由為主角的對話：

> 堯讓天下於許由曰：「日月出矣而爝火不息，其於光也，不亦難乎！時雨降矣而猶浸灌，其於澤也，不亦勞乎！夫子立而天下治，而我猶尸之，吾自視缺然。請致天下。」許由曰：「子治天下，天下既已治也。而我猶代子，吾將為名乎？名者，實之賓也。吾將為賓乎？鷦鷯巢於深林，不過一枝；偃鼠飲河，不過滿腹。歸休乎君，予無所用天下為！庖人雖不治庖，尸祝不越樽俎而代之矣！」

兩個歷史人物的形象示現於前，我們聽見主角雙方對同一件事表達了不同的觀點和態度：兩個主角間的對話關係建立於「讓天下」的事件之上，堯自認尸位素餐，想把天下送給許由，許由則斷然拒絕，理由是君王只是虛位名號罷了，要個虛名做什麼用！前者以正名為訴求，後者以逃名為依歸，表面上看來雙方的交集是天下治平的事實，其實雙方的差異恰恰由此衍生——在堯眼中，天下治平是人力所致，以日月之光，時雨之澤的喻象，指向治天下者博施濟眾的德行才能，有德能者有其位，許由是有德能者應有其位；而許由

則對名言系統之反客爲主提出質疑：天下既已治平，爲何還要取而代之？所取者不過是王位名號而已，對於天下治平的事實還能增添什麼，或者，還需要增添什麼呢？取得王位名號又有什麼用？反覆辨詰之餘，以鷦鷯一枝、偃鼠飲河隱喻生命本然的自足狀態，表明心志，而「庖人不治庖，尸祝不越樽俎而代之」之喻，則以禮制話語予「讓天下」的堯以降格反諷。

像成爲流沙一般，敘述行爲主體隱入地下，其實並未消失，除了主角之間的對話關係之外，還有另一層隱性的對話關係——莊周的敘述行爲本身就是一種對話關係：在喻象與話語的選擇和組織之中，展開了與歷史傳統、人文世界的對話。從「湯之問棘也是已」開始，我們看見歷史人物並非以傳統型權威現身於意義視域的核心，而是如同神話傳說、戲仿笑語一般，以等價權利比肩而立，產生互文辯證的關係。莊周並未把歷史人物都當做木偶班子，任意操弄表演，以遂行漫無邊際的個人獨白，〔註6〕基本上，任何宰制式的權威都是莊周所反叛的，如果取而代之成爲新的權威，莊周便成爲自己所反叛的對象，而這是莊周傾其全力所抵抗的。莊周與傳統的關係是交互辯證的，他不屈從於大傳統的權威，他悠遊進出於大、小傳統之間，傳統對於莊周而言是一道活水，其意義之源就是「道」，莊周盡其可能地從中汲取資源，諸如宗教神話、民間傳說、文化典籍……不斷地引述和改寫，並洞悉其可能的本質而予以活化處理，然後消融於個人言說之中。以「逍遙遊」一詞的創用爲例，「逍遙」的意象來自《詩經》，〔註7〕莊周將抒情意味轉化爲存有意境，「逍

〔註6〕劉光認爲「莊子意在使語言從社會責任的車軛下解脫出來，通過語言的自由放任來恢復個人言說的尊嚴和原始力量。爲此，他經常隨心所欲打破語言的對話性，其結果使言說成爲漫無邊際的個人獨白。……嚴肅的對談忽然被個人言說的即興遊戲所打斷，思想表達的邏輯性降格爲語言的雜耍表演。」「利用這些人物莊嚴的喉舌來宣講自己玄誕不經的想法。這種做法的玩世不恭還在于，前人、古人、成名人士和杜撰的人物所組成的木偶班子被隨心所欲地差遣出場，一本正經地背誦著莊子分配給每個角色的臺詞。」（1995：164、168）「莊子意在使語言從社會責任的車軛下解脫出來，通過語言的自由放任來恢復個人言說的尊嚴和原始力量」，這是本文所贊同的觀點，但是將莊周的語言遊戲視爲漫無邊際的個人獨白，忽略莊周與傳統的辯證關係，是值得商榷的。

〔註7〕「逍遙」一詞於十三經之中僅在《詩經》中出現過三次，分別是〈國風·鄭風·清人〉：「清人在彭，駟介旁旁。二矛重英，河上乎翔翔。清人在消，駟介麃麃。二矛重喬，河上乎逍遙。清人在軸，駟介陶陶。左旋右抽，中軍作好。」（165）〈國風·檜風·羔裘〉：「羔裘逍遙，狐裘以朝。豈不爾思？勞心忉忉。羔裘翱翔，狐裘在堂。豈不爾思？我心憂傷。羔裘如膏，日出有曜。

遙遊」遂成為傳達其思想的私人語彙。

　　然則，莊周對於歷史人物乃致力於呈現其「複數真相」〔註8〕嗎？又不然，與其說他對歷史人物的理解是多重視域的加總，不如強調他對歷史人物的「應用」是意義贅疣的清除：既有歷史敘述對於歷史人物的詮釋，總是帶有由特定價值體系所支撐的設定，然而，由於偶然的目的性論述偽裝成必然的本質性論述，於是在理解上形成不經反思、視為理所當然的先在結構，莊周通過虛構或降格予以改寫，往往藉由形象的差異與敘述的裂縫，讓先在結構在意識光照下顯現其偶然性及遮蔽性，然後以想像的自由變異，開啓對於相關事物的本質觀照，使意義在本質觀照之中流動與更新。以堯與許由這組人物的對話來看，堯之禪讓一再被儒墨學者標榜為聖王之跡，在此，莊周讓堯以這種形象出現，但是透過對話的虛擬，藉由許由的在場反射出真實的缺席──在「讓天下」的道德光環裡，真實是缺席的──「讓天下」表面上是「正名」的政治理想之實踐，實則隱含著權力操作，天下名器彷彿是私人所有物，可以擁有可以讓渡，而取予全憑己意。這種權力操作恰恰遮蔽了真實，天下既不可能為個人所有，可以讓渡的不過是名位，而名位為人所設定，是偶然的產物；何況，正名是手段，天下治平是目標，目標既已達致，再執求於正名乃反客為主，斤斤名份，或迎或拒，只是同一條線的兩端罷了。「聖人無名」，

豈不爾思？中心是悼。」（261）〈小雅·白駒〉：「皎皎白駒，食我場苗。縶之維之，以永今朝。所謂伊人，於焉逍遙。皎皎白駒，食我場藿。縶之維之，以永今夕。所謂伊人，於焉嘉客。皎皎白駒，賁然來思。爾公爾侯，逸豫無期。慎爾優游，勉爾遁思。皎皎白駒，在彼空谷。生芻一束，其人如玉。毋金玉爾音，而有遐心。」（378）

〔註 8〕 徐聖心分析「重言」時提出「複數真相」的說法：「我們尋常所認知重言人物的『不變實體』，反而是虛構的：莊子虛構的破碎拼貼，反而鄰於真實，是以囊括古今的歷史觀點來看歷史人物，亦即：整全的。當我們以任何一可接受的觀點來了解古人／傳統時，各個時代、不同觀者，必定形成不同的視野和理解。在這不同的視域中的圖象，並不必然有單一視域是完整的，反而需再透過諸視域的融合，且是不斷地在主體內融合，而後可謂趨近於對歷史／人物的完整理解。莊子參差、支離其筆下「重言人物」形象，正不要我們以自己或任一作者的單一觀點，輕率地對『他人』下『定義』、『註解』，而應從諸觀點、諸視域的『總和』（數量之『和』，故稱為『複數』），而求得對人物的全面了解，以及歧異的消融貫通。」（徐聖心，1997：86）量的總和並不必然導向質的全面的、完整的理解，如果理解本身就效果歷史意識運作的事件，所謂的視域融合便是永無止境的過程，人文傳統的開放性與連續性就是奠基於此，那麼，「全面的、完整的理解」不可能，也不必要。

名之於聖人何有哉！天下於聖人何用哉！莊周的「無名」乃超越整個名言系統，洞澈要或不要名份，都是虛妄的，把意識的設定狀態轉換爲中性狀態，對於「天下治平」的現象，意識光照所朗現的並非聖人的光環普照、恩澤廣被，而是萬物的各得其所、各遂其生。

萬物各得其所、各遂其生，一切彷彿自然而然，高明的施爲者不露痕跡，若無其事，悠遊其中，出神忘我，此之謂「神人無功」、「至人無己」。上一組對話發揮了解消虛妄的功能，而下一組對話則更具開顯的作用，在肩吾與連叔的對話裡，莊周以藐姑射山神人的意象開顯「無名」與「無功」、「無己」的眞實境界：

> 肩吾問於連叔曰：「吾聞言於接輿，大而無當，往而不返，吾驚怖其言，猶河漢而無極也；大有逕庭，不近人情焉。」連叔曰：「其言謂何哉？」「曰：『藐姑射之山，有神人居焉，肌膚若冰雪，綽約若處子。不食五穀，吸風飲露。乘雲氣，御飛龍，而遊乎四海之外，其神凝，使物不疵癘而年穀熟。』吾以是狂而不信也。」連叔曰：「然。聾者無以與乎文章之觀，聾者無以與乎鐘鼓之聲。豈唯形骸有聾盲哉？夫知亦有之。是其言也，猶時女也。之人也，之德也，將磅礴萬物以爲一，世蘄乎亂，孰弊弊焉以天下爲事！之人也，物莫之傷。大浸稽天而不溺，大旱金石流土山焦而不熱。是其塵垢粃糠，將猶陶鑄堯舜者也，孰肯以物爲事！宋人資章甫而適諸越，越人斷髮文身，無所用之。堯治天下之民，平海內之政，往見四子藐姑射之山，汾水之陽，窅然喪其天下焉。」

對於神人形象的描述，以層層引述的方式，展示了轉化的過程，由肩吾轉述接輿之言，具體描述神人的形象與行止，這樣的形象行止存在於一般世俗的時空之外，如楊儒賓所指出的：「他們縱浪無礙，不生不死，他們活在物理時間、歷史時間之前的『太初時間』，他們活動的空間是在世俗的地理空間之外的『神聖空間』。『太初時間』彷彿是神聖舞台上經歷一個表演時段，雖然經歷了一種事件的連續性，卻沒有綿延性質的時間相。『神聖空間』沒有空間相，它坐落於地理連續體之外的虛無縹緲之鄉。」（1991：187～188）從世俗的時空觀來看接輿所形容的神人當然會認爲「大有逕庭，不近人情」，然而，人營構一己的生命格局，總是以人作爲目的和尺度，我們不相信有太初時間、神聖空間，是因爲人的量尺無法測知遠比它浩大深廣的事物。連叔以聾瞽者爲

喻，點醒我們放掉那把刻度有限的量尺，轉換知覺的既有設定，以開放的、活潑的心靈重新接近原先以為不可能的事物。這個隱喻把我們的意識光照安置、集中到神話世界所提供的真實，可以看、可以聽、可以了解的真實。此一真實世界固然在人們汲汲營營的格局世界之外，然而，一旦人們放掉各種自以為是的尺度，出神忘我乃至「窅然喪其天下」，反而就在當下進入無時間相、無空間相的渾沌世界。

作為對話核心的神人意象來自不在對話現場的接輿，接輿的不在之在就像印跡，印跡是生命的一個隱喻，生命無所謂完成，都只是行過而已；層層的引述也彰顯了流動性話語的印跡性格：不滯不泥，可議可移，贈予棲息之所，而不形成牢籠。在這組人物對話裡，莊周與傳統交互辯證的關係更全面性地展開：一方面以邊緣的、非理性的小傳統抵制核心的、嚴肅性的大傳統，一方面將神話象徵轉化為哲學隱喻。莊周的詭辭玄智在以實為虛、以虛為實的意象轉換中，極其跌宕變化之姿，而更重要的是轉化我們的思想觀點：「逍遙遊」的意境不是懷著天堂的鄉愁的歸鄉之旅，也不是懷著彼岸的幻象的出世之旅，而是在格局世界與渾沌世界之間的漫遊，由此在開顯出雙重的、不斷交互辯證的存有世界。

最後一組的對話裡，莊周現身與惠施進行了兩個回合的交談，惠施從實用和功利的角度挑戰莊周的思想言說，而莊周一方面予以回應，一方面藉機闡釋「無用之大用」的義蘊：

> 惠子謂莊子曰：「魏王貽我大瓠之種，我樹之成而實五石，以盛水漿，其堅不能自舉也。剖之以為瓢，則瓠落無所容。非不呺然大也，吾為其無用而掊之。」莊子曰：「夫子固拙於用大矣。宋人有善為不龜手之藥者，世世洴澼絖為事。客聞之，請買其方百金。聚族而謀曰：『我世世為洴澼絖，不過數金；今一朝而鬻技百金，請與之。』客得之，以說吳王。越有難，吳王使之將，冬與越人水戰，大敗越人，裂地而封之。能不龜手，一也；或以封，或不免於洴澼絖，則所用之異也。今子有五石之瓠，何不慮以為大樽而浮於江湖，而憂其瓠落無所容，則夫子猶有蓬之心也夫！」

> 惠子謂莊子曰：「吾有大樹，人謂之樗。其大本擁腫而不中繩墨，其小枝卷曲而不中規矩，立之塗，匠者不顧。今子之言，大而無用，眾所同去也。」莊子曰：「子獨不見狸狌乎？卑身而伏，以候敖者，

東西跳梁，不辟高下，中於機辟，死於罔罟。今夫犛牛，其大若垂
天之雲，此能爲大矣，而不能執鼠。今子有大樹，患其無用，何不
樹之於無何有之鄉，廣莫之野，彷徨乎無爲其側，逍遙乎寢臥其下，
不夭斤斧，物無害者，無所可用，安所困苦哉！」

惠施以大瓠、大樗的喻象比擬莊周大而無用的言說，莊周則以不龜手之藥、狸狌犛牛等喻象反諷俗世所肯定的「用」往往反身作用而爲「害」。在變世情境裡，諸子各自高張理想藍圖，嶸崢競進的狀況下，「用」乃爲當時文化菁英處己處人的一大情結。而莊周呢？洞澈生命之有限、人生之無常，以及實用價值的暫時性和反身作用。在對話中，莊周以各種鮮活的隱喻表達其諷刺意識，然則此一諷刺意識並未流於悲劇意識，對於莊周來說，人既不必嚴肅地的框取意義版圖，也不能輕率地墮入虛無深淵，而是啓動自身想像意識的自由變異，剝離到純粹，融於雄渾的究竟，體現逍遙的存有境界。於是，在對話的最後，莊周清除了以反諷取得的主宰言說之特權，而以「樹之於無何有之鄉，廣莫之野，彷徨乎無爲之側，逍遙乎寢臥其下」的詩意境界，畫龍點睛似地爲「逍遙遊」留下無盡的餘韻迴盪。

第二節　詩意的迴盪

由上一節的描述分析可見〈逍遙遊〉所形構的意象及其表意作用是多樣性的，而開篇的大鵬以及結尾的大木所興發的詩意迴盪，〔註9〕尤爲探索〈逍

〔註9〕「迴盪」（retentir）不同於一般的共鳴，而是指最深廣的內在受到詩意深撼的狀態。巴舍拉註解此語時引用了現象學家尤金・閔可夫斯基（Eugène Minkowski）對於「迴盪」的描述：「就好像一道泉源存在於一個封口的瓶子裡，它的聲波卻持續在這個瓶子的瓶身上造成回響，讓瓶裡充滿了它們的聲響。或者更進一步說，就好像打獵的號角聲，以其回音在四處迴盪，讓最小、最纖細的葉子和苔蘚都會在日常的動作中發抖，進而改變了整個森林，使森林鼓脹至極限，成爲一個共振、響亮的世界……毋需任何器具、任何物理條件，這世界將滿溢到處穿透的深沈聲波，它們雖然沒有響亮的字面上那種感官意義，卻也因爲如此，這些聲波的和諧度、共鳴度和旋律性都不低，足以敲響生命的整個基調。而藉由接觸到這些聲波，這些同時響亮和沈默的聲波，這個生命本身也會轟動，直透其存在最刻骨銘心的深處……在此，『滿溢』和『充實』的意義完全不同。並不是某個物質的東西貫注在另一種東西裡面，好像完全擁抱另一種東西強加給它的形狀。不！而是響亮生命本身的動力，透過它的運動，它襲捲、吸納了自己在路上所發現的一切，貫注給空間的切片，或更恰當地說是貫注給它自己認定的世界的切片，並使之轟動，向此世

遙遊〉表意實踐之存有深度的關鍵。在〈逍遙遊〉文本世界裡，儘管隨著語言之網的伸張，大鵬與大木兩個意象的功能、意義和力量是多樣變異的，但是分別在開篇及結尾的位置所興發的詩意瞬間，就像是一首演奏曲的「彈性節奏」〔註10〕，給出了音符之間的停頓，言說中的停頓正是說話自由的軌跡，它們使文本世界形成獨特的時間紋路。循著這獨特的時間紋路，我們在自由的核心中獲得停頓，而生命中的反應不再只是盲目地跟隨外在的刺激起舞，在停頓時，想像與沈思都與日常生活有所分隔，整個生命才能完整地傾聽與觀看，在這樣的相遇裡，意象以其豐沛的活力，迴盪存有的聲響，興發我們心靈的明晰感、清新感、整體感，一種當下與永恆的感受。以下所要進行的即是將這種詩意的興發狀態予以顯微描述。詩意的興發狀態是互爲主體性的意向活動，因此描述的側面既包含意象的主體特性及其跨主體性的力道，也包含詩意迴盪所蘊藏的體驗場域。必須強調的是，從神話學視野所開發的莊學研究，對於大鵬與大木的原型分析將作爲本文的參照系統，但是，如巴舍拉所指出，興發詩意迴盪的意象與沈睡於潛意識的某種原型（archetype）雖然有所關聯，但兩者並非因果關係（causal），興發詩意迴盪的意象並非來自過去，它有其自身的存有與動力，因此，在詩意迴盪裡，遙遠的過往或許藉由意象乍現而回響起來，但是這些回聲在當下折射出的深度，乃是存有的直接產物。而本文的探索所著重的並不是回聲的出處，而是意象觸發詩意語言，語言興發迴盪體驗的當下所折射的存有深度。

界散發出它自己的生命。……」（加斯東·巴舍拉 Gaston Bachelard，龔卓軍、王靜慧譯，2003：60～61）在此不厭其煩地引述這個段落的文字，除了想要使「迴盪」一詞的意涵更充分地被理解之外，還有一個重要的原因：在閱讀這個段落時，在「打獵的號角」裡聽見了〈齊物論〉裡的「萬竅怒呺」，而那沒有感官意義的「深沈聲波」幾乎可以連結到「吹萬不同，使其自己」的「天籟」，以「迴盪」爲入口來理解莊子的詩意道説，或許是一個值得嘗試的選擇吧！

〔註10〕 節奏，借自音樂理論的用詞，「指的是一首音樂演奏的速度。音樂節奏，就像個人感受時間一樣，是相當主觀的經驗。在幾乎每一首古典樂曲之前，作曲家都會插入一個非量化的節奏符號──最緩板或慢板，表示慢節奏；快板或極快板，表示快節奏；漸快或漸慢則表示節奏的轉變。甚至還有一個指令是『彈性節奏』（tempo rubato），字面上的意思是『偷時間』，也就是要求在左右手的變換中，瞬間一收一放。然而，除非作曲家指定由節拍器來計算，這種有關節奏的提示究竟要如何精確地詮釋，還是給演奏者留下了非常寬廣的空間。」（勒范恩 Robert Levine，馮克芸、黃芳田、陳玲瓏等譯，1997：14～15）

壹

　　鯤鵬的故事不是莊周向壁虛構的，而是運用昇天神話題材改寫成的，在先秦的典籍裡，尤其與楚文化相關的《山海經》、《楚辭》等，以及新近出土的地下文物，我們都發現一些昇天遠遊的神話資料，〔註11〕神話題材中「表現出一種活生生的真實，它可以藉鮮明的意象，擊潰我們熟知俗透的概念，呈現久已被人遺忘的『真實』——這種『真實』原本就是我們人性中固有的成分。」（楊儒賓，1991：189）這種真實並不等同於神話思維裡的「認同」，卡西勒根據人類學的研究而指出「對於神話思維來說，隱喻不僅是一個乾巴巴的『替代』，一種單純的修辭格；在我們後人的反思看來不過是一種『改寫』的東西，對於神話思維來說卻是一種真正認同。」「這一領域內，沒有什麼抽象的指稱；每一個語詞都被直接變形為具體的神話形象，變成一尊神或一個鬼。任何一個感覺印象，無論它是多麼糊模，只要在語言中被固定住保存了下來，就會以這種方式變成神的概念和指稱的起點。」「對於神話和魔法思維來說，並不存在諸如單純的圖象之類，每一個意象都具體表象它的對象，亦即它的『靈魂』、它的『鬼魂』的本性。」（1990：81、82、96）

　　對於有靈魂信仰的人來說，靈魂可以超昇上天就是昇天神話的真實，而在〈逍遙遊〉，大鵬怒飛的意象所興發的詩意存有就是真實。這詩意的存有狀態，在人們的精神創造活動中，以不同的形式展現自身：在神話裡披上神喻的聖袍，當諸神退位，它們從神話釋放出來，進入各種象徵符號系統裡；然而無論外化為多少歷時性的變樣，在個人的意識深海裡，它一直是源初的、活生生的、充滿激情和神聖的真實狀態。當詩人哲學家將它變現為語言，語言則變現我們的存在。莊周在〈逍遙遊〉的開端說了從神話掇拾的故事碎片，帶我們逸離日常生活，你或許以為他要重溫老祖宗們的記憶（如果是這樣，他會說一個情節生動、高潮迭起的神話故事吧），其實不然，他不是要帶我們回到神話時代聆聽神喻，而是就在諦聽故事傳遞的消息裡，當下開始一段詩意存有的遺忘和記起的辯證歷程，他把昇天遠遊的神話予以中性變樣，從中攝出一片充滿生命動態的意象，讓它召喚我們的想像意識，更新我們的生命

〔註11〕　對於鯤鵬故事的神話淵源，有的學者主張與創世神話相關，有的學者主張與變形神話相關，本文「前言」部分已提及。本文則參酌文獻資料，尤其是出土的地下文物湖南帛畫（參見附錄），選擇接受楊儒賓的說法（1989、1991：188）。

感受。意象以事物自身的金石聲，喚醒我們潛伏於深廣意識或宇宙意識的深沈感受，這就是詩意想像所給出的眞實，不是隱喻，它並不另外指向一個抽象的主題。

在鯤化鵬的故事裡，空間化的意象相繼浮現，稀釋了故事情節，敘事退爲背景，而想像意識推到前台。北冥、南冥、海風、雲天、巨鯤、大鵬……以其「浩大雄渾」興發我們的詩意想像。對於浩大雄渾的景象，有時候沈思者會出現與之相抗的意志，它「引起一種消極的、反面的快感，它是想像力與無邊無限無形式的外物形體的你爭我奪。自然界的體積和力量，強烈地破壞了我們普遍吻合的原則，同時又侵犯了我們原有的想像力。這樣，雄渾經驗就是一種自然事物的無邊廣大與我們的感官和理解能力的鬥爭。其最後產生的快感，是經由這鬥爭後的一種純理智所激蕩起的。這純理智把人的精神靈奧從客體形式的拘限解放出來，自由地臻入絕對的整體和無限的境界。」（王建元，1992：6）在這種對雄渾經驗的康德式批判裡，視覺的傲慢佔據了想像的意識核心，而在莊周的文本世界裡，這恰恰是必須消解的視象情結，莊周呈現出想像意識在雄渾意象裡的一種舒緩的投入，一種「大」與「小」、「外」與「內」之間辯證密合的關係：「北冥有魚，其名爲鯤，鯤之大不知其幾千里也」，「北冥」，遙遠北方的幽黯深海，冥暗包裹了一切，除了無邊際感是無可迴避的眞切之外，別無其他的明晰，「有魚」，魚之實體容積浮雕出雄渾的空間向度，「其名爲鯤」，魚卵，魚子，或魚中最小者，而「其大不知幾千里也」。極大繫於極微，「大」與「小」、「外」與「內」剝離了貧乏的幾何學意義，兩者都並非來自眼見的景觀，而來自於存有感受的整合感通。幾何學形式上對立的不只是一種區分，還會以明晰無比的邊界形成異化與敵意，語彙固著於概念的團塊，隱喻成爲化石，在想像意識的運作裡，幾何意象跨越幾何學的參考架構，詩意想像清除了語言化石，感通的力量消融了邊界，浩大雄渾的北冥作爲鯤的私密空間，形成一種高張狀態，雄渾感凝聚於私密空間，私密感浩然擴張，外在的雄渾世界與內在的私密深淵合爲一體。誰知道海的心有多深呢？當海的浩大雄渾內在於鯤的靈魂深處，鯤之大又有誰知道呢？

一旦雄渾感轉化爲私密存有的高張狀態，除了私密的雄渾感自身之外，沒有其他背景。私密存有的高張，體現於意象的擴增，加強了另一個意象的浩大雄渾：「化而爲鳥，其名爲鵬，鵬之背，不知其幾千里也。怒而飛，其翼若垂天之雲。是鳥也，海運則將徙於南冥。南冥者，天池也。」「化」是莊周

的「物化」，周之化蝶，鯤之化鵬，北冥到南冥，潛水或騰飛，生命在多樣的形式中轉換，而始終「道通爲一」。這種轉化過程是想像的自由變樣，在意象的純粹狀態中，存有連續不斷地開顯，沒有神祕的技術或經驗，不是對立矛盾的辯證統一。〔註 12〕從鯤到鵬，是雄渾感在世界的持續進展，是私密感在存有自身的次第加深，私密的雄渾感使存有不再做爲現實世界的囚徒，而朝向無限性開放，自由地轉換、延展與流動。「怒而飛，其翼若垂天之雲」，不斷高張的存有狀態棲身於大鵬怒騰雲天的意象，大鵬在飛行中被形構，在怒騰雲天的體態中被形構，怒飛的大鵬全神貫注，生命集中凝聚而顯現崇高、顛峰與神聖的狀態，它的整體性達到了最大化，化現充實圓整的存有境界。此一充實圓整的存有狀態是宇宙的軸心，在此軸心之中，生命以充沛的活力回應宇宙大化的召喚：「海運則將徙於南冥。南冥者，天池也。」海風、南方都是天地自然的一部分，前者不是工具，後者不是目的，大鵬順著海風向南方的天池飛行，這是圓形存有者在宇宙間的漫遊。

　　從巨鯤示現雄渾的私密存有到大鵬化現充實圓整的存有狀態，我們在詩意瞬間擱置了世界現在和以往的樣貌，開啓了盈滿雄渾感與私密感的詩意想像，我們意識到微不足道的自我，也意識到最深廣的內在性，我們被帶到浩然擴充的存有活動裡，感受到意識的生長變大以及生命的提昇，確認了此在存有的尊嚴。這樣的詩意迴盪所蘊藏的體驗場域不是俗世的追尋，也不是神聖的超越，〔註 13〕而是存有活動自身的漫遊，漫遊的凝神狀態及內外辯證的

〔註12〕葉舒憲認爲「中國先秦時代沒有像基督教那樣明確的天堂和地獄的神話表現，但這種二元對立的價值模式還是通過北溟與南溟的對立，鯤與鵬的對立而體現出來了。所不同的是，中國漢民族神話突出呈現的主題不是對立面之間的鬥爭，而是二者之間的相互依存和相互轉化，從而消解矛盾，調和兩極，達致價值上相對認同的『道通爲一』境界。不論是靜處北溟的巨鯤，還是扶搖直上的大鵬，他們在『不知其幾千里』的龐大特徵上是一致的，莊生也就用這種不避重覆的描述語言向人們暗示著『異中之同』的一面，然後再導演出以『化』爲主題詞的變形神話劇，讓對立面通過神祕的轉化而得到統一。」（1997：116）本文不贊同將鯤鵬比附於鷹蛇或天堂和地獄之類二元對立的解釋觀點，認定其爲二元對立，再強調二者之間的依存轉化關係，其中的跳躍何以克服？「通過神祕的轉化」，這是怎樣的一種轉化過程呢？

〔註13〕因此，對於神話學者所提供的解碼術，我們是存著戒心的，諸如這樣的比附：「鳥類因其飛翔特性最適合充當超常幻游的象徵。莊子用鯤化鵬後怒騰雲天的描繪來爲他的神話理想『逍遙游』揭開序幕，這確實有些像薩滿師用致幻術主持某種啓蒙儀式，讓讀者像參加儀式的少年那樣獲得精神上超越即超凡脫俗的啓悟。……在印度教的成年禮儀中一種常見的考驗方式就是讓成年者

過程，使人深入生命的隱蔽處、心靈的幽深處和情感的細膩處，經歷各種微分差異的體驗。莊周的詩意道說因此是未完成的，詩意想像釋放自由的空間，激化創造的力量，籲請我們經由自身的體驗加以完成，我們由是參與創造，創造自己的存在方式，也創造了鯤鵬意象的詩意意涵。這是莊周的詩意哲學，沒有獨斷式的形上論定，沒有敞露在明晰光亮裡的理論思辨，而是指向存有自身的無限可能。果然如此的話，鯤鵬意象的詩意迴盪所蘊藏的體驗場域是無法窮盡的，那麼，在本段的最後不妨讓詩人周夢蝶變現的詩意語言，帶領我們抵達其中之一：

〈逍遙遊〉

北溟有魚，其名爲鯤。鯤之大，不知幾千里也。化而爲鳥，其名爲鵬，鵬之背，不知幾千里也，怒而飛……

—— 莊子

絕塵而逸。回眸處／亂雲翻白，波濤千起；／無邊與蒼茫與空曠／展笑著如回響／遺落於我蹤影底有無中。

從冷冷的北溟來／我底長背與長爪／猶滯留看昨夜底濡濕；／夢終有醒時——／陰霾撥開，是百尺雷嘯。

昨日已沉陷了，／甚至鮫人底雪淚也滴乾了；／飛躍啊，我心在高寒／高寒是大化底眼神／我是那眼神沒遮攔的一瞬。

不是追尋，必須追尋／不是超越，必須超越——／雲倦了，有風扶著／風倦了，有海托著／海倦了呢？隄倦了呢？

以飛爲歸止的／仍須歸止於飛。／世界在我翅上／一如歷歷星河之在我瞻邊／浩浩天籟之出我脅下……

暫時脫離他所生活的社會現實，至荒野或森林等遠離塵俗之處去經歷儀式性的漫游。此種儀式性漫游構成梵語敘事文學的一個流行母題，表現在史詩和民間傳說中。從社會規範的現實原則立場看，這種脫離社會群體的個人漫游也可視爲一種流放式的人格考驗，其最終的目的還是經歷荒野漫遊考驗後的成年者眞正告別少年時代，重新作爲合格的社會成員而回到群體規範生活中來。相比之下，莊子這位薩滿師卻一心一意地把『游』當作目的而不是手段，他希望通過逍遙游之訓練爲人們暗示出一種終極的人格理想，從而永久性超凡脫俗，在廣漠之野、無何有之鄉無爲無不爲，從而遠離人世間的束縛、網羅和傷神傷性之災禍，達致精神上的恆常的超越。」（葉舒憲，1997：121～122）

貳

　　〈逍遙遊〉的文本世界裡，另一個興發詩意迴盪的意象是結尾處的大樗。「大木」在內七篇之中形成一組意象叢，〈逍遙遊〉的大樗，與〈人間世〉的櫟社樹和商丘之木，這三棵樹都是不合世俗之用的巨木。〔註14〕櫟社樹和商丘之木似乎都帶有初民宗教〔註15〕的痕跡：「昔者虞夏商周三代之聖王，其始建國營都日，必擇國之正壇，置以爲宗廟，必擇木之修茂者，立以爲叢社。」（《墨子・明鬼》）「社」作爲社群秩序與政治權力之象徵，其建物的特色在於「有垣無屋，樹其中以木」（劉向《五經通義》），以「垣」與周遭環境有所區隔，「無屋」則所以「受霜露風雨，以達天地之氣」（《禮記・郊特性》），可見社作爲神聖場所，乃藉由社樹的「通天」功能而取得天命的授權，使政治權力得到神聖化、正當化的基礎。然則，莊周把社樹的意涵加以深層的轉化，既剝離了社群概念及其政治意涵，亦轉化了「通天」的神聖象徵意涵——「通天」轉化爲「得其天命」，「天命」已非絕對超越之天神的命令，而是內化於生命本身的天道，文化菁英念茲在茲的現實關懷及其終極依據，都在莊周的哲學轉化裡歸零，莊周直透的是存有本身的純粹狀態，於是在世俗價值串系裡被貶爲「散木」的櫟社樹，是木之「支離疏」，然而，在莊周的靈視之中，「倚（畸）於人而侔於天」，散木與支離疏皆以其內充之德，體現了道的大化

〔註14〕〈人間世〉：「匠石之齊，至於曲轅，見櫟社樹。其大蔽數千牛，絜之百圍，其高臨山十仞而後有枝，其可以爲舟者旁十數。觀者如市，匠伯不顧，遂行不輟。……散木也！以爲舟則沈，以爲棺槨則速腐，以爲器則速毀，以爲門戶則液構，以爲柱則蠹。是不材之木也，無所可用，故能若是之壽。」（4／150〜151）又「南伯子綦遊乎商之丘，見大木焉，有異。結駟千乘，隱將芘其所藾。子綦曰：『此何木也哉？此必有異材夫！』仰而視其細枝，則拳曲而不可以爲棟梁，俯而視其大根，則軸解而不可以爲棺槨；咶其葉，則口爛而爲傷；嗅之，則使人狂酲三日而不已。子綦曰：『此果不材之木也，以至於此其大也。嗟乎，神人以此不材。』」（4／158）

〔註15〕默西亞・埃里亞德（Mircea Eliade）指出：「農業文化發展出我們所謂的宇宙宗教（religion cosmique），因爲他們的宗教活動圍繞著某個核心的奧祕：世界的周期更新。宇宙的律動也和人類生命一樣以植物的生命去表現。他們以世界之樹象徵宇宙神祇的奧祕。宇宙被想像成周而復始的有機體；換句話說，每年會萬象更新。『絕對的實在』、回春和不朽，藏在果實或樹旁的泉水，有特權的人可以接近他們。他們認爲世界之樹生長在世界的中心點，並連結宇宙的三個部分，因爲樹根深及地府，而枝葉高達天界。」（默西亞・埃里亞德Mircea Eliade，吳靜宜、陳錦書譯，2001：70）「世界之樹」或譯「宇宙之樹」是「世界之軸」（axis mundi）的象徵，「通天」爲其最核心的神聖意涵。

流行。

　　此一轉化在〈逍遙遊〉的大樗意象所興發的詩意想像之中有最充分的演現。莊周先借惠施之口描述匠者眼中所見大樗的體態：「其大本擁腫而不中繩墨，其小枝卷曲而不中規矩。」再以詩意想像將大木意象與曠野意象聯結為一，釋放大木意象的純粹狀態及其力量：「樹之於無何有之鄉，廣莫之野，彷徨乎無為之側，逍遙乎寢臥其下。」「大本擁腫」、「小枝卷曲」，大樗以其巨大的生命能量盡情地向上、向外舒卷伸展，長成它自己的樣子；然而，就匠者的實用眼光來看，「不中繩墨」、「不中規矩」，樹木只是被處置的對象物，被處置以服務人類的需求，這是人類中心主義的功利取向，他們不顧（看不見或者不理會）大樗本身完整而真實的生命。〔註 16〕莊周卻提供了另一種眼光，他把我們帶進曠野意象的詩意想像之中，重新看見大樗自身的存有。「無何有之鄉，廣莫之野」，曠野的鄉景，抽離人間逼仄凶險的實用場域，給出單純遼闊的空間感，這種遼闊感或許反響出不同的反應 —— 在流離與回家的兩極上，有無數細微的差異 —— 在一端，對那些習慣黏附於外在事物的人來說，一無依傍的曠野是「他處」，一個漂浮、流動中的他處，他會覺得自己無處容身；而另一端，對大樗這樣的生命型態來說，在曠野這個單純化的世界之中，卻體驗到自身的私密存有被整合於曠野的遼闊裡，內在空間的深度感與外在空間的遼闊感互相感通，於是，在曠野中，有了回家的感覺。

　　回到曠野的大樗不再是他者，不再是與「我」對立的可估量、可操控的經驗物，而以圓實的生命型態臨現於「我」，大樗成為我所面臨的唯一與絕對，我看見大樗處於宇宙的軸心，巨大堅實的軀幹深深紮根於大地，而橫生交錯的枝葉盡情舒張以擁抱天空，無數的形狀生成變化著，卻不至於分裂流離，變動不羈與恆常安定結合為一，它超越了此在的偶發事件，繁衍一種圓熟完滿。我要如何抵達它的存有呢？「彷徨乎無為之側，逍遙乎寢臥其下」，剝落所有人為的造作與束縛，徘徊於它的濃蔭之下，聆聽風與鳥與草的絮語，或

〔註 16〕 瑪莉-路易絲‧弗蘭茲（M.-L von Franz）對於匠石夢見大櫟樹的故事作了如此的解讀：「這個木匠顯然理解了他的夢，他瞭解到，完成一個人的命運就是人生最大的成就（按：黑體字為原文所使用），我們的功利觀念，必須讓位給我們潛意識心靈的要求。如果我們用心理學語言來詮釋這個隱喻，那麼，這棵樹就象徵了個體化過程，給我們目光短淺的自我上了一課。」（卡爾‧榮格 Carl G. Jung 主編，1999：193）此一解讀與筆者在此表達的意思相近，不同的是他所使用的是心理學語言。

者，躺下來，與大樗一起做夢，夢裡，大樗與我都安坐於自身的位置，滋長著，沒有邊界的存有。最深廣的內在滋長著沒有邊界的存有，活力綿延的恆定感，天長地久的宇宙意識，從靈性深淵汨汨流出。我們深入最內在的自己，感受到與自己最真摯的親暱，我們與大樗真誠地相遇，在最基源的隱蔽處，在太初的懸宕裡，共構生命的真實。

　　和巨鯤、大鵬一樣，大樗意象在莊周的表意實踐中，脫離了原型象徵的詮釋脈絡，而以詩意道說興發深切的迴盪，事物純粹狀態的還原，生命無限可能的湧現，在在開顯我們自身的純粹與可能，詩意想像的體驗場域從文本世界延伸到先於語言的界域，那充滿陰翳向度的深廣意識之海蘊藏著創造的無限契機，一旦被敞亮、啟發，關於生活世界以及一己生命的樣貌都有了更新的機會。因此，無論在莊周的文本世界，還是在我們的生活世界，「無何有之鄉」都不該被化約「某種主體性的心理空間」，〔註17〕當存有要求回到自身的家園時，「無何有之鄉」就在存有者的創造中具現。「逍遙遊」既不遙遠也不虛幻，更沒有所謂的「兩種逍遙」，〔註18〕逍遙遊只有一種：逍遙遊是充沛且綿延的生命力不斷反抗與創造的歷程，反抗功利對於存有的異化，拒絕苦難對於生命的磨損，而在不斷的內外辯證整合之中，形構真實生命和圓整存有，這樣的逍遙遊是在命運中的真自由，而不是棄絕一切關係，自閉於虛無深淵的假自由。大鵬遠展的氣象固然不同於大樗恆定的樣態，但是奮力一飛與立定滋長，都需要全神貫注，全力以赴，兩者都是漫遊的凝神狀態，只是

〔註17〕葉舒憲認為，道家的生態烏托邦和政治烏托邦都依附於此種心理空間而展開，逍遙之遊的超越可能也是建立在每個覺悟的個體的這種心理能量之基礎上。「無何有」與「廣莫」或可直譯今語「莫須有」，……「無何有」一類的語詞本身就暗示了這個理想國只能靠主體自身的內心探求和恢復真性。（1997：289）

〔註18〕王鍾陵以為〈逍遙遊〉篇中實際上講了兩種逍遙：一種是神人、聖人、至人的逍遙，這是一種大自由的境界。第二種逍遙是弱者之逍遙，其內容僅為存身而已。……世上沒有神人、至人、聖人亦極少，窮約者是絕大多數人，因而弱者的逍遙比之大自由的境界就具有了一種比較普泛的現實性。南伯子綦之謂「嗟乎神人，以此不材」的實質，乃是用第二種逍遙取代了第一種逍遙，將兩種逍遙合併成了一種逍遙。……這樣一來，「逍遙」失去了遠展的氣象，卻是更為貼近了生存惟艱的人間社會。換句話說，正是殘酷環境的壓迫下，〈逍遙遊〉篇中所著力闡述的大自由境界消失了，原來僅是作為〈逍遙遊〉內容補充的弱者的逍遙，在本篇（按：指〈人間世〉）中乃成為唯一的逍遙。（1998：278）

想像意識的自由變異提供了兩個不同向度的可能：前者呈現超越現實世界，趨向自由創造的力量，而後者則啟發一種相遇的關係存有學。

在此，馬丁・布伯的相遇哲學提供了參照系統，馬丁・布伯認為人置身於二重世界之中，我築居於「它」的世界，亦棲身於「你」的世界。人的真實處境，注定流連往返於「我——你」的關係世界與「我——它」的經驗世界之間。為了自我生存及需要，把周圍的人事物都當作與我相分離的對象，與我相對立的客體，通過對它們的經驗，獲致關於它們的知識，再假手知識以使它們為我所用。執持這種態度，所有存有者於我便是「它」，世界於我便是「它」的世界，與我產生關聯的一切都淪為經驗、應用的對象，是我滿足利益、需要、欲求的工具。而當我與作為「你」的存有者相遇，存有者不是與我分離的對象，我不是經驗物、應用物的主體，不是為了滿足任何需要而與其建立關係。我以真確自性來接近「你」，稱述「你」，「你」以唯一性偉力統攝我。「它」的經驗世界與「你」的關係世界並非對立的兩橛，我對待任何一物，都可以當成「它」，依自己的利益與需要來認知、經驗與應用，也可以當成「你」，發自內心真誠地與之相遇。人為了生存的必要，必須讓「你」不斷返回物境成為「它」，但是基於對「你」的渴仰，人又不斷反抗它，超越它，這種反抗造就了人的精神、道德與藝術。當大樗以「你」現身與「我」締結了「我——你」的關係世界時，當我們深入最內在的自己，感受到與自己最真摯的親暱時，當我們與大樗真誠地相遇，在最基源的隱蔽處，在太初的懸宕裡，共構生命的真實時，我們體驗到「人生不是及物動詞的囚徒」（馬丁・布伯 Martin Buber，陳維剛譯，1991：4），而此在的存有，是一扇旋轉門。

存有不是形而上學的絕對預設，更不是現成而有待發現的終極實在，而是道成肉身，由活生生的此在創造出來，這是一個辯證的動態過程，生命的徵向既不斷地向內走進來，又不斷往外走出去，內外來回，交互辯證。因此此在具有雙重構造：一是外造化（OTB, otherwise than Being）的意義世界，一是內在於深廣意識的詩意空間（MPS, mytho-poetic space）；〔註19〕兩者並非

〔註19〕 「OTB」（otherwise than Being）的說法援用自《生死學十四講》：「『活著』朝兩個方向運作，其一是人對於『此在的發生』，進行『外造化』（OTB）的作用……OTB 可能會在人的大腦裡構成一種歷史感、閱歷感，這方式是朝外的。另一個方向是往內走去，讓自己的存在默默承受此刻發生的事情，因此，往內走是一種『默存』。默存，無以名之，無法描繪。當人進行『外造化』的時候，也就是對『發生』進行『意義化』。……『來到此』以及『我變成如此這

幾何分割的二元對立，而是形成內外交互作用的迴旋之圓。一扇不斷旋轉的
存有之門才能活出「空中妙有」的生命諦境，而此即是「逍遙遊」所要體現
的境界。〈逍遙遊〉的文本世界作爲一種體現自由的表意實踐，包含對現實的
越界以及對想像的賦形：對現實的越界，指向現實卻又超越現實之上；對想
像的賦形，將無邊的想像誘入某種形式之中，形成一種言默內外辯證的動態
結構，〔註20〕恰恰也與此在的迴旋之圓相應，因此，〈逍遙遊〉的表意實踐亦
具有雙重構造：表意作爲一種實踐行動，一方面透過形式想像外化爲意義世
界而展現概念層面，又經由反思、否定而回轉於此在迴旋之圓；一方面則透
過物質想像深入於詩意空間而觸發原型顯象，又經由迴盪、感通而回歸於此
在迴旋之圓。詩意瞬間的停頓，給出刹那的永恆而不是沈淪，如果停頓一往
不返，存有的陰翳向度便無法由語言帶入澄明之境，因此在〈逍遙遊〉的表
意實踐之中，詩意道說與意義框架交錯爲用，從鯤鵬意象的詩意道說起始，
歷經各種引述、譬喻、遮詮、反撥，終以大樗意象的詩意道說作結，此所以
「得其環中」，而回歸意義之源——「道樞」。（參見圖示 1）

般』，後者會往心智自我的『外造化』走去，使得我變成如此這般，我必須用
我的心智自我去瞭解、反思以及回頭看（reflection），前者（『來到此』）是我
雖然『在此』，但是我『默存』，也就是說，我用無名的方式存在。……Dasein
有兩個運動的方向，一個往『心智自我的外造化』走去，一個往『默存』走
去，這就稱爲『活著的雙重性』，也就是 Dasein 的雙重性。」（余德慧，2003：
54～55）。與 OTB 外造化的意義世界相對的是往內走、默存的「詩意奧祕空
間」（MPS，mytho-poetic space），此用語援用自〈詩意空間與深廣意識〉（余
德慧，2003，收於《空間詩學》序）。此在有雙重性的說法，正與馬丁・布伯
說的世界有雙重構造合拍。又，此雙重結構若就語言的指義行爲來區分，則
相當於楊儒賓所謂的「格局世界」與「渾沌世界」：「語言——思維使觀感的
主體從直接的、即物的與自然合一之狀態中脫離出來，從此，他所看到的世
界就是一個有時、空、程態、關係的『格局世界』，而不再是主客未分的『渾
沌世界』。」（楊儒賓，1991：168）

〔註20〕唐君毅在《中國哲學原論——導論篇》說：「道家之老子莊子……寧退而不屑
進，亦寧默而寡言。而其默也，非必待時而動，乃藉默以寄情於妙道之體證，
而其言，乃唯所以指點其默中之所體證，及此體證者之超於言意之外。……
道家以不言爲教，以言教人證無言之境，是以言泯言也。」（1984：210）誠
如唐氏所言，〈逍遙遊〉對於逍遙境界的開顯乃「以不言爲教」，然則此一「無
言之境」畢竟由「言」加以指點而「證」之。怎樣的「言」可以指點而證之
呢？本文認爲莊周一方面揭露指義行爲對於存有的遮蔽，一方面以詩意語言
逗引存有的敞亮，詩意想像將體驗場域延伸至先於語言的界域，或可爲「以
言證無言之境」下一註腳。

結　語

　　從〈逍遙遊〉的意象形構所折射的存有深度，我們看見一場與道的深戲，存在與理論皆爲自由的嬉戲，莊周以觀照存有全景的目光，承認生命與世界的偶然，同時展開存有與語言的越界行動以及自由創造，克服了其他文本的決定性，完成了獨特的思想造型。他的越界兼具縱深與橫向兩個軸面，在縱深的軸面上，也悠遊進出於大、小傳統之間，對人文歷史有深切的凝視，讓聖賢經典、神話傳統、笑話戲語以等價權利現身於文本世界，通過各種互文辯證的言語遊戲，消融了語言的牢籠、歷史的化石、存有的遮蔽，使凝固的意義恢復流動；在橫向的軸面上，作爲文化菁英的他穿透公共論述場域裡交織的權力和欲望，洞察變世情境之中，人因爲相刃相靡而導致內在的崩壞，因爲偏執功利而導致存有的異化，他以幽默的反諷揭穿人們用心計較所編織得密密麻麻的意義之網，讓意義圈圍不了的事態顯露出來，讓無意義的詩意瞬間浮現上來，而哪裡有裂罅，就從那裡出走；哪裡有缺空，就走向那裡，於是，從私己出走，從功業出走，從名位出走，走向眞實，走向自然，走向大化流行的道，一扇存有的旋轉門於是靈活圓轉起來。〈逍遙遊〉以流動性的表意實踐，更新了語言的生命，散播了創造的力量，敞開了籲請結構，在言默內外辯證的過程中揭示了此在的迴旋之圓，並且召喚讀者的體驗與創造。總而言之，〈逍遙遊〉以其互文性與召喚性，體現了流變的力量，同時，也留下了許多空隙，當它成爲思想經典，在不同的變世情境裡，詮釋者的歷史效果意識從不同的角度投射其中，便形成不同的智慧觀景，於是〈逍遙遊〉在詮釋之中遂展現爲花園風景。

圖示 1：〈逍遙遊〉詩意道說的迴旋之圓

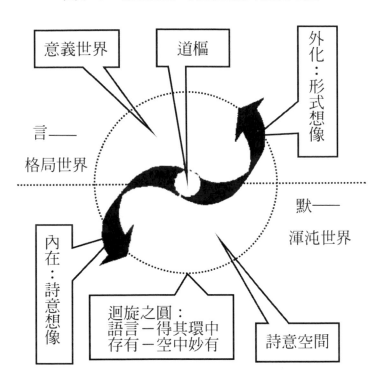

附　錄：湖南帛畫

帛畫龍鳳仕女圖（《中國美術全集‧繪畫編１》：50）

帛畫人物御龍圖（《中國美術全集‧繪畫編１》：51）

第三章 阮籍的逍遙義

前　言

　　兩漢四百年間，莊學在寂寞中行進，起先在黃老治術的光環下，《莊子》雖然免於湮沒的命運，卻也隱入陰翳之地，繼而事功意識及儒學經術成爲主流，與之格格不入的《莊子》未受到上層統治者及多數士人重視，僅在少數知識分子間流傳。〔註1〕魏晉時期，《莊子》成爲備受重視的經典文本，在莊學史上是空前的，何晏、王弼等人好言老莊，標舉以無爲本，進行政治理論的競爭以及經學典範的轉移，《莊子》在充滿張力的政治氛圍中開始受到注目，而阮籍、嵇康直接著論以闡發《莊子》的思想，針對名教的異化進行尖銳的批判，則正式標誌出《莊子》復活的歷史時刻，向、郭注《莊》不僅將莊學對魏晉玄學的影響推到高峰，也代表著玄學本身的重要創獲，更成爲對後世最有影響力的詮釋文本。

〔註1〕　兩漢期間莊學的流傳約可分爲三個階段：（1）前期代表人物是西漢初期的貫誼、劉安、司馬遷等，所得於《莊子》者主要是困境中的超然意識，對現存秩序的自覺疏離和好奇浪漫的情懷。（2）中期代表人物是東漢初年的劉向、班固、班嗣等，劉向對《莊子》一書的傳承、注解或整理尤其值得注意。（3）後期代表人物是張衡、仲長統等，得之於《莊子》者主要是貴生任性的放達，超然避世的遠引及對社會政治的大膽批判。至於傳播狀況及版本情形大致如下：西漢初期，《莊子》已分別在長安和淮南等地流傳。西漢末年、東漢初期，一些書香世家如班嗣者已擁有私家本，至班固時已有內、外（或兼雜）篇之別。在東漢末年以前，《莊子》已有五十二篇及三十三篇兩種版本。（尚永亮，2000：194～195）

　　在此一經典化的過程中，其詮釋史起點上由阮籍、嵇康所開展的詮釋景觀恰恰反映了《莊子》作爲經典的特殊意義──它提供給詮釋者的是烏托邦功能，啓迪了詮釋者的批判意識和創造能量。相較而言，阮、嵇的莊學沒有王弼老學的注疏形式與思辨高度，在形式上阮、嵇「師心以遣論」，根據自己的獨立思考和判斷來寫作論文，在內容上則從深刻的存在感受出發，深化對現實的批判意識以及個體精神解放的旨趣，將所得於《莊子》者直接轉化於論著之中，而展現爲獨特的智慧觀景。作爲阮籍思想最後形態的〈達莊論〉、〈大人先生傳〉，〔註 2〕便是這樣的紹《莊》之作。高平陵事件前後的政治陰霾，構成了阮籍生命中某種意義的「極限情境」（ultimate situation）（謝大寧，1997：130），然而，對沒有明顯黨派色彩的阮籍來說，把存在逼到絕望之境的不是死亡的陰影，而是「士」這一特殊形態的知識分子如何安身立命的意義危機。〔註 3〕基於此一意義危機的深刻反思，從阮籍的思想轉向「模則莊周」，追求個體精神的自由、解脫、超越，〈達莊論〉和〈大人先生傳〉即爲這種思想旨趣的體現，〈大人先生傳〉被視爲〈達莊論〉的延續，〈達莊論〉著重於闡發齊物思想，而〈大人先生傳〉則描述大人形象以及「自然之至眞」

〔註 2〕根據史籍所載，〈大人先生傳〉的寫作時間是在阮籍訪孫登之後，《晉書・阮籍傳》說：「籍嘗於蘇門山遇孫登，與商略終古及棲神導氣之術，登皆不應，籍因長嘯而退，至半嶺，聞有聲若鸞鳳之音，響乎岩谷，乃登之嘯也，遂歸著〈大人先生傳〉。」（1986：158）然而，阮籍訪孫登的時間，史籍的說法並不一致，《晉書・孫登傳》則記載：「孫登，字公和，汲郡共人也。無家屬，於郡北山爲土窟居之。……文帝聞之，使阮籍往觀，既見，與語亦不應。」（1986：283）《太平御覽》卷三九二、《藝文類聚》卷四四並引〈孫登別傳〉，亦說阮籍在「魏末」或「文帝」（司馬昭）時游汲郡北山（大概就是蘇門山）而遇孫登。但是《三國志・魏志・王粲傳》和《太平御覽》卷三九二、卷五七一並引《魏氏春秋》，卻說阮籍「少時」游蘇門山而遇孫登。今依劉汝霖《漢晉學術編年》（1979：27～28）及高晨陽《阮籍評傳》（1994：71）的推斷，〈大人先生傳〉的寫作時間應當是在正元二年（西元 255）至甘露三年（西元 258）期間。

〔註 3〕《晉書・阮籍傳》云：「魏晉之際，天下多故，名士少有全者。」（1986：158）《晉紀・總論》亦云：「宣、景（按：即司馬懿、司馬師）遭多難之時，務罰英雄誅庶傑以便事，不及修公劉太王之仁也。……二祖逼禪代之期，不暇待參分八百之會也。是其創基立本，異於先代者也。」（20—21）從嘉平元年開始十多年之間，司馬氏數行殺戮征伐，屢誅大族名士，先後誅曹爽、何晏等八族，殺嵇康、呂安等名士，除鍾會、鄧艾等叛將，鋤夏侯玄、李豐、諸葛誕、毋丘儉等異己，廢齊王曹芳，弒高貴鄉公曹髦……等等。作爲名士的阮籍雖然得以豁免，卻也與腥風血雨的政治風暴直面相對。

的逍遙境界。

　　〈大人先生傳〉不屬於傳統的注疏或通解形式，而與〈逍遙遊〉存在著互文性關係，兩者之間形成對應、錯位的張力：「夫大人者，乃與造物同體，天地並生，逍遙浮世。」（165）浩瀚無限的宇宙圖像和高潔光明的神人意象，是〈大人先生傳〉有得於〈逍遙遊〉而一再復現的主題；然則，〈大人先生傳〉實為阮籍反名教的話語實踐，「名」的正當性和合理性之批判與顛覆乃是主要目的，在「名教／自然」、「理想／現實」、「個體自由／群體共謀」等形成永恆斷裂的二元框架下，「不知乃貴的至人」作為「天下之貴的君子」的反面形象，而「自然」作為「名教」的反話語（counterdiscourse），其理想世界和理想人格的形構，都出於單一的反向思維。「至人無己，神人無功，聖人無名」，〈逍遙遊〉所啟發的內外辯證的超越之道，在〈大人先生傳〉裡被挪用而遠離源初意涵。簡言之，〈大人先生傳〉在主題與意象上雖與〈逍遙遊〉互文書寫，但是通過其意義框架的設定，展現的是不同的文本、書寫策略，以及世界觀。以下就〈大人先生傳〉的「批判意識」、「表意方式」以及「核心觀念」等三個面向，描述此一詮釋文本在歷史境域、自我形象與知識疊層的交錯辯證中，所展現的詮釋景觀及其影響。

第一節　〈大人先生傳〉的批判意識

　　綜觀〈大人先生傳〉全文，其所批判的「名」涵有三個層次的指涉：第一個層次，對應於君子，「名」指的是禮法名教。〔註 4〕〈大人先生傳〉描述當時士大夫所認可的「君子」形象：

> 天下之貴，莫貴於君子。服有常色，貌有常則，言有常度，行有常式。立則磬折，拱若抱鼓。動靜有節，趨步商羽，進退周旋，咸有規矩。心若懷冰，戰戰慄慄。束身修行，日慎一日。擇地而行，唯恐遺失。（163）

〔註 4〕 對於「名教」一詞的意涵，或說是「以名為教，即以官長君臣之義為教，亦即入世求仕者所宜奉行者也」（陳寅恪，1992：119），或說是「泛指整個人倫秩序而言，其中君臣與父子兩倫更被看作全部秩序的基礎。」（余英時，1980：332）或說「應是泛指一切『有名之教』，凡名分、名譽、名數以及由此而生的一切規矩法度俱應包括在內。嵇、阮反對世俗既有的軌範與拘制，立意衝決網羅，因而造為此詞以與『自然』為對。」（張蓓蓓，1985：396）本文援用的是張蓓蓓的說法。

所謂的「君子」講究儀態，衣飾、容貌、言語、舉止都必須合乎士大夫身分的公共規範，站立時身體必須微彎，如磬的曲線，以示謙遜恭敬，拱手爲禮時，手臂的曲線如同抱鼓，所有的肢體動作都有一定的規矩，內心警醒，行爲謹愼，唯恐有所失誤。這種對於儀態的重視，在兩漢之際形成時代氛圍，一般的儒生已經奉儒家式的禮儀觀爲準則，史籍傳記常以儀態評述人物，漢末鄭玄的〈戒子書〉亦有「戒愼威儀」的德目，而且視爲名譽的來源之一。〔註5〕

在儒家思想的傳統裡，自孔孟以來的禮論就強調禮節威儀的實踐，如《孟子》說：「形色，天性也。惟聖人然後可以踐形。」（241）《中庸》亦有言：「大哉聖人之道……禮儀三百，威儀三千。」（897）禮之威儀之所以可貴，乃因爲獨特的個人價值與共同體和諧的效應由此實現。踐形行禮的活動是個人精神上也是軀體上的一種展現，既是共時的 —— 是個人在特定的時空情境下實現自我、參與社會的活動，也是歷時的 —— 是一個社群的文化儲存體，保存了前人在文化傳統中灌注和累積的意義。踐形行禮的個人於是成爲一個立體時空軸面的中心，實現多面向的意義和價值：（1）在文化傳統的面向上，個人在踐形行禮的過程中，在精神上將自我整合到文化傳統的巨流之中，而身體成爲傳統之體借以表現自身的、具體的和特殊的手段，通過一個個中心體的「體現」，傳統得以保存和傳播。（2）在自我實現的面向上，個人的踐形行禮「是人作爲一個主體之自我意志的流露，更是人作爲一有形之有限存在的完成」（祝平次，1993：276），踐形行禮是一種「身體／主體」的展現，身體作爲一種「形」而得以展現其存在，主體亦在此一展現中呈顯自我的意義，這種展現本身使個人的獨特價值得以實現。（3）在社會參與的面向上，禮不僅是一種展現，也是一種溝通，禮必須以社群共同體爲實踐場域，個人互爲彼此實現自我的場域，個人在與他人交往的溝通情境中，展現自我，完成自我，並且與他人締結關係，共同參與社群的創造，實現「共同體和諧」（communal harmony）。

總而言之，在儒家所構思的理想狀況中，踐形行禮作爲一種價值過程，使傳統得以體現而延續，使社群得以充實而和諧，使個人得以分享共同價值，且實現自我的意義。這樣的理想狀況反映了儒家傳統中最基本的、最重要的

〔註5〕 如《後漢書》記載著年幼的馬援見到「衣方領，能矩步，辭言嫻雅」的朱勃時，爲其儀態所攝，自覺失態（1986：120）；又桓譚因爲「簡易不修威儀」被一般士人排斥，而朱暉則「進止必以禮，諸儒稱其高」（1986：129、171）；鄭玄〈戒子書〉則曰：「其勗求君子之道，研鑽勿替，敬愼威儀，以近有德。顯譽成於僚友，德行立於己志。」（1986：150）

人文精神──認爲人的進步、教養和完美的潛在可能性是無限的，基於這樣的人文精神，儒家的理想所要努力創造的是「在各個層面──包括軀體的和精神的層面──共享的、參與的和諧，它充滿了人類之樂」（郝大維、安樂哲，1999：36）。魏晉時期，在政治、經濟、社會、文化各個領域裡的佔有優勢，而形成一特殊社群共同體的士大夫，〔註6〕乃基於儒家傳統的人文精神而強調禮節威儀嗎？在魏晉的傳記、碑文所描述的士人教養中，一再的出現有無威儀，顯示人們對這個問題的敏感及其富爭議性。有威儀者以此傲人，不修威儀者亦以此爲人格的標幟，此種對照成爲魏晉時期的特色。魏晉時期，隨著士大夫階級權力的上升，他們運用儒家的禮儀以作爲自身的身份標幟，而國家也強調這類的禮儀，官方還設有禮儀的監察官員。（甘懷眞，2003：158～159）從結構的角度來看，當時的統治階層通過文化傳統的話語操作，以及國家機器的權力布置，將禮節威儀的政治社會功能予以制度化，使其成爲個人取得身分認同，以及社會權利的方式，藉以模塑社群所需要的「個體」──符合社群規範的個體，以沿襲並強化社群的特性，維護士大夫階層在政治、社會、經濟、文化等領域的佔有優勢。

　　回到〈大人先生傳〉的文本世界，士大夫雖然運用儒家禮論經典的話語來描述君子威儀，如「立則磬折」、「進退周旋，威有規矩」等典出《禮記·曲禮》、《禮記·玉藻》等，而由「常色」、「常則」、「常度」、「常式」等語詞來看，對於禮節威儀之規範義的強調遠超過儒家理想的實踐義。再看看〈大人先生傳〉文本裡士大夫們所提出的「生涯規劃」：

> 頌周、孔之遺訓，嘆唐、虞之道德，唯法是修，爲禮是克。手執珪璧，足履繩墨，行欲爲目前檢，言欲爲無窮則。少稱鄉閭，長聞邦國，上欲圖三公，下不失九州牧。故挾金玉，垂文組，享尊位，取茅土。揚聲名於後世，齊功德於往古。奉事君上，牧養百姓。退營

────────────

〔註6〕　自漢武帝強力集中政治權力，並採取獨尊儒術的文教政策以後，中國只有一個籠罩一切的政治權力結構，其他權力結構都屈服於政治權力下，個人的行動受團體約束，個人的觀念受正統的支配，服屬於這一個巨大的政治權力結構下，執行權力與傳襲正統的是一種文職人員造成的世家，氏族維繫著權力與觀念的傳襲機制，這種氏族就是士大夫階層。由東漢末年至隋初，政治權力結構分裂爲若干並立的單位，安定秩序的工作落在氏族組織上。社會結構起了新的屬次化，高階層由統治氏族佔據，此時社會流動性變得異常遲滯，經濟活動也以氏族爲中心，有集體屯墾及大型莊園成爲自給自足單位的現象。（許倬雲，1982：3～4）

私家，育長妻子。卜吉宅，慮乃億祉。遠禍近福，永堅固己。此誠
士君子之高致，古今不易之美行也。（163）

在前文所論及的儒家理想中，禮節威儀的實踐義之開顯人的整全存在，有三
個必要條件：一、傳統作為滋養的資源，而非支配的權威；二、禮是「身體
／主體」的價值過程，而非「主體→身體」的工具過程；﹝註7﹞三、社群是開
放性的實踐場域，而非封閉性的規訓場所。然而，在魏晉的士大夫階層所形
成的社群共同體之中，傳統以「禮法」、「繩墨」等權威型態現身，建立「獎
善罰惡」的判準，成為社會控制的主要手段。個人的主體意向則離開「禮」
本身的價值而投射於外在目的，富貴功名的主體意欲藉由行禮的身體來外
化，踐形行禮不再是展現「身體／主體」的價值過程，而是揚名立萬的工具
過程，「退營私家，育長妻子。卜吉宅，慮乃億祉。遠禍近福，永堅固己」這
些原屬於私人領域的主體意欲，都予以「正當化」而在公共領域裡「體現」，
並且成為自我實現與完成的目標。禮法名教作為工具過程所達致的功利目的
被社群共同體所承認和標榜，共同體成員都依此進行自我確認，也依此要求
所有成員維護此一群體共同性，並且發展出公共監督和制裁的調節機制，社
群共同體於是形成封閉性的規訓場所。

名教世界所運用的公共監督和制裁的調節機制，常見的一種是「羞恥技
巧」，〈大人先生傳〉透過士大夫對大人先生的評語揭露了這一點：

今先生乃披髮而居巨海之中，與若君子者遠，吾恐世之嘆先生而非
之也。行為世所笑，身無自由達，則可謂恥辱矣。身處困苦之地，

﹝註7﹞ 此用祝平次之說：「『展現』的本身自然也含有對『身體』本身的肯定，因為：
一、展現是身體在展現，除卻身體，人無法有所展現；二、展現的向外性，
和身體之作為一種生物生理的外向欲動是一致的，亦即展現作為一種活動和
身體的任一活動之間，是融入為一的。身體之作為一種『形』，本身就是一種
展現的隱存，此種隱存隨著任一身體之分殊的動作而浮現、明確。展現如是
一活動、一動作，則人必須是在動的狀態下，才能實現『禮』的價值。而這
種動，和人的意志是相關的。然而意志即在人作為一整全的整全之中，而非
意志的指引藉由身體來外化，而展現以完成禮。因而，應以展現為身體／主
體的展現。這種展現本身就是一種價值，而不是一虛構的主體使用著身體而
展現。若是使用身體之展現，則展現本身變成一種過程工具，工具的目的則
是虛構主體的意向之外在完成。如果將禮視為是一價值過程，而非一工具過
程，則身體／主體是一整全；若禮是一工具過程，則主體→身體是兩個分離
統屬的概念，而且使用工具時，目的已指向外，又造成人對外物的目的化。」
（1993：277～278）

而行爲世俗之所笑，吾爲先生不取也。（163～164）

在這一段評語中，言說主體的私人意向隱藏於「世之嘆」、「世之所笑」等「他們說」的嗡嗡聲浪中，訴諸公眾輿論以展示集體制裁的權威力量，其中涉及「羞恥技巧」的運用——對於「士君子」這個社群共同體的成員來說，禮法名教作爲個體的生產方式和交往方式，由此獲致的榮譽感是共同體所承認與授予的，反之，離群索居、不求通達、不求富裕乃是違忤群體共同性的可恥行爲，這種行爲必須受到公共監督與負面制裁。這種「羞恥技巧」的運用是以個體「羞恥感」〔註8〕作爲中心性的心理調節機制，影響其自我知覺和社會知覺，激勵或約束個體的行爲，這是一種個體將自己置入他人的凝視目光所形成的帷幕之中，爲自己的行爲感到羞恥而實行自律的機制。此一調節機制的運作必須有兩個條件，一是個體認同共同價值，自覺地將自己整合於其中，一是個體屈從於「以他人中心爲取向」的他律權威，因此，羞恥技巧的操作其實只在社群共同體的內部才是有效的。

這種羞恥技巧對於大人先生顯然操作失靈，他不僅不接受士君子們的審判目光，而且走出帷幕之外，以深銳的眼光回眸凝視，揭露名教世界的非存在性格：

往者天嘗在下，地嘗在上，反覆顛倒，未之安固。焉得不失度式而常之？天因地動，山陷川起，雲散震壞，六合失理，汝又焉得擇地而行，趨步商羽？往者群氣爭存，萬物死慮，支體不從，身爲泥土，根拔枝殊，咸失其所，汝又焉得束身修行，磬折抱鼓？李牧功而身死，伯宗忠而世絕，進求利而喪身，營爵賞而家滅，汝又焉得挾金玉萬億，祇奉君上，而全妻子乎？且汝獨不見夫虱之處於禈中，逃乎深縫，匿乎壞絮，自以爲吉宅也。行不敢離縫際，動不敢出禈襠，自以爲得繩墨

〔註8〕所謂「羞恥感」（sense of shame），是社群共同體的成員感知自己的行爲對共同體其他成員所造成的後果，而進行經驗反思的道德性焦慮情緒（moral anxiety），其正面概念是「關係人」承認和授予的「榮譽感」。構成「羞恥感——榮譽感」的基本指標，一是「他人中心的取向」或「他制他律的道德制裁」，即個體對自己行爲的負面制裁是以「關係人」的公共監督和評價爲權威的，多含有恐懼感因素，因而這個指標作一種群體共同性的調節機制，有其強制性的特徵；二是群體共同性的自我確定，即社群共同體成員不論在自覺遵守和維護共同價值和規範時，或是在眾多的行爲準則中選擇更爲正確的準則時，總是以個體自律爲前提，它是個體「自我」積極性、主動性和能動性的根源、潛能和界限。（馬小虎，2004：21～22）

也。饑則齧人，自以為無窮食也。然炎丘火流，焦邑滅都，群蝨死於
褌中而不能出。汝君子之處區內，亦何異夫蝨之處褌中乎？悲夫！而
乃自以為遠禍近福，堅無窮也。亦觀夫陽鳥遊於塵外，而鷦鷯戲于蓬
艾，小大固不相及，汝又何以為若君子聞於余乎？且近者，夏喪於商，
周播之劉，耿薄為墟，豐、鎬成丘。至人未一顧，而世代相酬。厥居
未定，他人已有。汝之茅土，誰將與久？（165～166）

士君子以為名教世界是一恆定的系統，禮法是不變的規律，交易的機制是合
理性的，所擁有的富貴幸福都是可以永續經營的。大人先生先是還原「天崩
地坼」的景象〔註9〕，再引歷史人物的故實，加上蝨處褌中的妙喻，最後以朝
代興衰更迭，道破名教世界的偶然性──一切現象都在流變之中，天地崩壞，
世事無常，繁華成空，名教世界是此在偶然緣構的產物，也是現象之一，變
動不居的現象如何安立存在的價值？對於非存在的偶然緣構予以肯定，這是
精神的墮落，也是存在的遺忘，人無法貞定其內在價值，便注定了隨外在事
物不斷流轉的命運。

在魏晉的名教世界裡，這種存在的遺忘不只是個人的問題，當禮法名教
成為私欲縱橫、權力操弄的工具時，就是所有存在的災難了：

今汝造音以亂聲，作色以詭形，外易其貌，內隱其情。懷欲以求多，
詐偽以要名；君立而虐興，臣設而賊生。坐制禮法，束縛下民。欺
愚誑拙，藏智自神。強者睽視而凌暴，弱者憔悴而事人。假廉而成
貪，內險而外仁，罪至不悔過，幸遇則自矜。馳此以奏除，故循滯
而不振。……今汝尊賢以相高，競能以相尚，爭勢以相君，寵貴以
相加，趨天下以趣之，此所以上下相殘也。竭天地萬物之至，以奉

〔註9〕 高晨陽認為「阮籍批判名教社會的理論前提是他的宇宙結構論。他設計的宇
宙整體完全喪失了自己應有的和諧本性，墮落為一個動蕩不安的無序結構，
對宇宙整體的作這樣的規定，似乎純是阮籍主觀上的幻造而缺欠事實和邏輯
的根據，因此，以這樣的理論作為批判名教的前提，很難說是堅實的、可靠
的。」（1994：157）這恐怕是囿於所見之說，天崩地坼並非阮籍主觀上的幻
造，而是古代思想中所固有者。參考周大興〈阮籍的名教空間與大人先生的
神貴空間〉一文注引日本學者福永光司所列舉中國思想中有關天地崩壞（世
界破滅）的四種系列：一、老莊思想（如〈德充符〉「天地覆墜，亦將不與之
遺」）；二、佛教傳來的劫燒、末世說法；三、道教原始天尊開劫度人的劫運
觀；四、儒家易學發展出來的宇宙循環週期史觀（邵雍、朱熹的天地崩壞說）。
（2002：321）

聲色無窮之欲，此非所以養百姓也。於是懼民之知其然，故重賞以
喜之，嚴刑以威之。財匱而賞不供，刑盡而罰不行，乃始有亡國、
戮君、潰敗之禍。此非汝君子之爲乎？汝君子之禮法，誠天下殘賊、
亂危、死亡之術耳！而乃目以爲美行不易之道，不亦過乎！（170）

這段文字對於禮法君子以及名教世界的描繪，幾乎是當時的「實錄」（呂凱，
1997：550），作爲實踐場域的天下成爲私欲對象，作爲價值過程的禮法成爲
權力工具，否定這樣的名教世界，亦即拒絕存在的異化與價值的掏空，批判
作爲一種實踐，其超越精神於焉豁顯：作爲一個沈潛反思的「士」，阮籍超越
了他的社群屬性，提出了深切的批評，從字裡行間透顯出其主體自覺。此一
主體自覺使得阮籍朝向反向思考，「士」如果「將君子之禮法世界一腳踢翻」
（牟宗三，1985：305），那麼何處是立足容身之所呢？山林空間是理想的棲
居之地嗎？

　　〈大人先生傳〉的「名」還有另二個層次的指涉，對應於隱士，「名」指
的是清高的名節。隱士偏執清高的名節作爲存在的最高價值，乃不惜以身殉
之：

上古質樸純厚之道已廢，而末枝遺華並興。豺虎貪虐，群物無辜，
以害爲利，殉性亡軀。吾不忍見也，故去而處茲。人不可與爲儔，
不若與木石爲鄰。安期逃乎蓬山，用李潛乎丹水，鮑焦立以枯槁，
萊維去而逃死。亦由茲夫！吾將抗志顯高，遂終於斯。禽生而獸死，
埋形而遺骨，不復返余之生乎！（172～173）

對於墮落的名教世界，隱士不肯同流合污而採取決裂的態度，但是他們逃入
山林之中，乃至棄絕自己的生命，這並不吻合大人先生的理想，大人先生如
此批判：

若夫惡彼而好我，自是而非人，忿激以爭求，貴志而賤身，伊禽生
而獸死，尚何顯而獲榮？悲夫！子之用心也！薄安利以忘生，要求
名以喪體，誠與彼其無詭，何枯槁而逃死？子之所好，何足言哉？
吾將去子矣。（173）

「貴志而賤身」的隱士所求的「名」雖然不同於君子，但是在他們的存在狀
態裡，主體、身體都是兩個分離的概念，身體作爲一種工具的使用是主體意
志的外化，不同的是君子以身體的展現作爲逞欲牟利的工具，隱士則以身體
的喪失換取清高的名節，前者的主體意志沈淪於物質性的欲動，後者的主體

意志偏執於道德性的虛榮。在隱士的意識領域裡，彷彿只有一個亮點，其餘都沒入冥暗之中，這實在也是一種存在本質的異化與遮蔽。以那一點兒亮光自是非人而偏執驕矜的隱士豈是大人先生志同道合的夥伴呢？

最後一個層次的「名」對應於薪者，薪者似乎是另一類型的隱士，放眼歷史興衰，了悟窮達生死，不苟合於名教世界，也不執著清高名節：

> 藏器於身，伏以俟時，孫刖足以擒龐，睢折脅而乃休，百里困而相嬴，牙既老而弼周。既顛倒而更來分，固先窮而後收。秦破六國，兼併其地，夷滅諸侯，南面稱帝。姱盛色，崇靡麗。鑿南山以爲闕，表東海以爲門，門萬室而不絕，圖無窮而永存。善宮室而盛帷帟，擊鐘鼓而揚其章。廣苑囿而深池沼，興渭北而建咸陽。驪木曾未及成林，而荊棘已叢乎阿房。時代存而迭處，故先得而後亡。山東之徒虜，遂起而王天下。由此視之，窮達詎可知耶？且聖人以道德爲心，不以富貴爲志；以無爲用，不以人物爲事。尊顯不加重，貧賤不自輕，失不自以爲辱，得不自以爲榮。木根挺而枝遠，葉繁茂而華零。無窮之死，猶一朝之生。身之多少，又何足營？（176）

「聖人以道德爲心，不以富貴爲志；以無爲用，不以人物爲事。尊顯不加重，貧賤不自輕，失不自以爲辱，得不自以爲榮。」這近乎「舉世而譽之而不加勸，舉世而非之而不加沮，定乎內外之分，辯乎榮辱之竟」的宋榮子，所以大人先生認爲他「雖不及大，庶免小也」，然而薪者的豁達通透卻只是一種修飾，實則「藏器於身，伏以俟時」，等待著揮灑生命聲光的時機，並沒有真正擺脫以現實世界爲經驗、使用的對象，以成就自我的意念。在大人先生看來，人的目光一向外投射，就是一往不返的流離播散，人的意念一有所黏附，就在「世之名利」的拘累中失卻自由，生命真正的自由是不被對象世界所拘泥。至此，我們清楚地看到〈大人先生傳〉對於「名」的徹底拒絕，阮籍成爲邊緣地帶的思索者，層層否定之後逼顯出根源性問題：廟堂和山林都是異化的空間而不是存在的家園，那麼，哪裡才是人真正可以棲居的所在呢？

由〈大人先生傳〉的文本脈絡來看，其思考的起點乃是「政治——倫理」的極限情境，然而，阮籍的思考並沒有往現實問題的面向發展，極限情境所引發的深切存在感受，激化了思想的流變：跨越了「名」所網羅的區間，從域外啓動根源性思考。《魏志·李通傳》裴注引王隱《晉書》所載李秉〈家誡略〉云：「（司馬文王）曰：『天下之至慎，其惟阮嗣宗乎？吾每與之言，言及

玄遠，未曾評論時事，臧否人物，眞可謂至愼矣。』」陳寅恪說：「其言必玄
遠，不評論時事，臧否人物，則不獨用此免殺身之禍，並且將東漢末年黨錮
諸名士具體指斥表示天下是非之言論，一變而爲完全抽象玄理之研究，遂開
西晉以降清談之風派。」（1992：123）由〈大人先生傳〉所展開的批判意識
來看，阮籍之「言必玄遠」未必是明哲保身的處世策略，也無意於開清談風
氣之先，「其言必玄遠」乃因爲他思考的是人之存在的根源性問題，而當其跨
越名教空間的界域，投向域外之思，乃與《莊子》相遇，產生精神的默會與
思想的交錯。

第二節　〈大人先生傳〉的表意方式

　　「阮籍在玄學史上的貢獻主要是以文學和音樂的形式來烘托一種形上的
精神境界，而不是直接以辨名析理的方式來構築玄學的思想體系。」（王葆玹，
1996：367）採取文學書寫的形式來闡發逍遙旨趣，固然缺乏思想體系的建構，
不過，形式本身即是一種表意實踐，充滿個人風格的文學式寫作，也是一種
接近或遠離〈逍遙遊〉的方式。〈大人先生傳〉作爲紹《莊》之作，其表意方
式的選擇與安排，乃是穿過歷史疊層的語言之流與個人取向的思想風格交織
協調的產物。以下筆者將嘗試從「大人」的命題上、對話的運作機制以及空
間意象的隱喻等三方面，追蹤阮籍與《莊子》相遇而交錯的印跡。

一、「大人」的命題

　　〈大人先生傳〉既然傳達著逍遙旨趣，其命題卻捨〈逍遙遊〉原文裡的「至
人」、「聖人」、「神人」，而選用了〈逍遙遊〉所沒有的「大人」一詞，〔註 10〕
通篇文章雖然也與「至人」、「眞人」〔註 11〕等語詞互文旁通，但主要還是稱之

〔註 10〕　〈大人〉一詞在《莊子》書中凡六見，分別在〈秋水〉、〈在宥〉、〈知北遊〉、
　　　　　〈徐無鬼〉、〈則陽〉等篇出現，內七篇完全沒有使用「大人」這個語詞。
〔註 11〕　眞人、至人、大人是三名一體，都是道家所推崇的體道之人。眞人，《莊子·
　　　　　大宗師》：「古之眞人，其寢不夢，其覺無憂，其食不甘，其息深深……古之
　　　　　眞人，不知說生，不知惡死，其出不訢，其入不距，脩然而來，脩然而往而
　　　　　已矣。」（6／205、209）至人，《莊子·逍遙遊》：「至人無己。」（1／18）《莊
　　　　　子·齊物論》：「至人神矣！大澤焚而不能熱，河漢沍而不能寒，疾雷破山風
　　　　　振而不能驚。」（2／80）《莊子·田子方》：「得至美而游乎至樂，謂之至人。」
　　　　　（21／782）「夫至人者，上窺青天，下潛黃泉，揮斥八極，神氣不變。」（21

為「大人」，這樣的選擇是隨意的，還是別有用意呢？在當時流行的經典文本「三玄」之中，《老子》完全沒有使用「大人」一詞，《莊子》出現了六次，《周易》則有二十四次。將阮籍的〈通易論〉、〈大人先生傳〉與《周易》、《莊子》加以參照比對，從其互為文本的關係可見「大人」的命題恰恰反映了阮籍一貫的基本關懷以及思想流變的重要轉折。

阮籍在〈通易論〉裡，對《周易》裡的「大人」〔註12〕作了以下的詮釋：

「大人」者何也？龍德潛達，貴賤通明，有位無稱，大以行之，故「大過」滅示，天下幽明，大人發揮重光，「繼明照於四方」，萬物仰生，合德天地，不為而成，故「大人虎變」，天德興也。（128）

在此「大人」是無為而治，文章彪炳的儒家聖人。「無為而治」本來就是儒家傳統的政治理想，《論語・衛靈公》載：「子曰：無為而治者其舜也與？夫何為哉，恭己正南面而已矣。」又《周易・繫辭》上：「易無思也，無為也。」（154）在儒家傳統的脈絡裡，「無為而治」是以「聖人──百姓」之間「支配──被支配」的關係為前提的，聖人乃有目的意識地採取「無為」的態度，他依循自然規律來調節人間秩序，使其運行於正常的軌道。聖人之創造人文理想，設置政教機制，看似自然天成，實乃極深以通天下之志，研幾以成天下之務的工夫修為所致。《周易・乾》說：「與天地合其德，與日月合其明，與四時合其序，與鬼神合其吉凶。先天而天弗違，後天而奉天時。天且弗違，而況於人乎！況於鬼神乎！」（17）這也就是〈通易論〉所謂的「萬物仰生，合德天地」，上與天地四時同流，下能曲成萬物的生命目的，這樣的「大人」既契合儒家傳統的聖人形象，也傳達了對充滿創造性與生命力的人文化成所懷抱的理想期許。

然而，在〈大人先生傳〉裡，所描述的「大人」則是另一種形象：

────────────────

（/795）

〔註12〕「大人」一詞，在《周易》裡凡24見，指稱統治階層的上層人物，如乾九二「見龍在田，利見大人」，升「元亨，用見大人，勿恤，南征吉」。「大人」與「小人」對言，表明「大人」是治人者，如否六二「包承，小人吉，大人否，亨」。「大人」與「君子」對言，表明「大人」與「君子」相通，但不相同。「大人」必是「君子」，「君子」不必是「大人」，如革九五言「大人虎變」，上六言「君子豹變」。「大人」有時與「聖人」屬於同一概念，如乾〈文言傳〉：「夫大人者與天地合其德，與日月合其明，與四時合其序，與鬼神合其吉凶，先天而天弗違，後天而奉天時。」此「大人」顯然就是德知修養皆高的「聖人」。（《周易辭典》，1992：39）。

　　大人先生蓋老人也，不知姓字。陳天地之始，言神農黃帝之事，昭
　　然也；……其視堯、舜之所事，若手中耳。以萬里爲一步，以千歲
　　爲一朝。行不赴而居不處，求乎大道而無所寓。（161）

這位大人先生以「智慧老人」的形象出現，他是歷史的見證者，人類古老智
慧的象徵。「以萬里爲一步，以千歲爲一朝」，他的心靈視域超越了人文世界
的時空維度，向著無限的宇宙開放，大人先生以追求大道爲生命唯一的任務，
其生命圖景與大化流行的宇宙圖式疊合爲一：

　　先生以應變順和，天地爲家，運去勢隤，魁然獨存。自以爲能足與
　　造化推移，故默探道德，不與世同。（161～162）

　　夫大人者，乃與造物同體，天地並生，逍遙浮世，與道俱成，變化
　　散聚，不常其形。（165）

而大人從「默探道德」達致「與道俱成」，所憑藉的是「專氣一志」的工夫：

　　太初眞人，唯大之根。專氣一志，萬物以存。退不見後，進不睹先，
　　發西北而造制，啓東南以爲門。微道德以久娛，跨天地而處尊。夫
　　然成吾體也。是以不避物而處，所睹則寧；不以物爲累，所逌則成。
　　彷徉是以舒其意，浮騰足以逞其情。故至人無宅，天地爲客；至人
　　無主，天地爲所；至人無事，天地爲故。無是非之別，無善惡之異。
　　故天下被其澤，而萬物所以熾也。（173）

在此，我們看到〈大人先生傳〉與《老》、《莊》互爲文本的清晰印跡：「大」，
《老子》第二十五章：「有物混成，先天地生……吾不知其名，字之曰道，強
爲之名曰大。」（1985：64～65）「專氣」，《老子》第十章云：「專氣致柔。」
（1985：25）「一志」，《莊子・人間世》云：「若一志，無聽之以耳，而聽之
以心，無聽之以心，而聽之以氣。聽止於耳，心止於符。氣也者，虛而待物
者也。唯道集虛，虛者，心齋也。」（4／130）「唯大之根」、「專氣一志」的
眞人就是〈知北遊〉裡「貴一」、「復根」的大人；而「不避物而處」，「不以
物爲累」的眞人就是〈徐無鬼〉中「不以物易己」的大人；「無是非善惡之別，
使天下被其澤，萬物所以熾」的至人，就是〈秋水〉裡的「知是非之不可爲
分」的「無己」大人。〔註13〕

─────────────

〔註13〕　〈知北遊〉：「今已爲物也，欲復歸根，不亦難乎！其易也，其唯大人乎！生
　　　　　也死之徒，死也生之始，孰知其紀！人之生，氣之聚也；聚則爲生，散則爲
　　　　　死。若死生爲徒，吾又何患！故萬物一也，是其所美者爲神奇，其所惡者爲

　　阮籍沿用《老》、《莊》的語彙及義理來說明大人先生的體道工夫及其境界，此一「大人」與〈通易論〉的「大人」判然分途：在〈通易論〉裡的「大人」是有目的意識的採取「無爲」的態度，極深研幾以創造合乎天地秩序的人文世界，而〈大人先生傳〉的「大人」則否定任何目的意識，專氣守一，任天地萬物呈顯自然和諧的狀態。所以，大人先生「以爲中區之在天下，曾不若蠅蚊之著帷，故終不以爲事」，大人先生拒絕參與政治，因爲作爲政治建構、文化空間的中國在無限宇宙中是微不足道的，更因爲人文化成必然設定是非善惡的判準，作爲政教施爲的依據，在大人先生這位智慧老人的直觀之中，一切是非善惡都是特定環境的產物，都有相對的其條件與限制，環境不斷流變，而價值標準會僵化，更何況，運作的過程還有私欲和權力的介入，異化的機制不斷複製，就是所有存在的災難。唯有不再以人爲尺度，解消一切是非善惡的區分，才能真正使天下被其澤，而萬物遂其生。這一點，嵇康的〈釋私論〉表達了相同的旨趣：「夫稱君子者，心無措乎是非，而行不違乎道者也。……矜尚不存乎心，故能越名教而任自然；情不繫於所欲，故能審貴賤而通物情。物情順通，故大道無違；越名任心，故是非無措也。」（1997：466）「天下被其澤，萬物所以熾」這是「士」傳統的精神所在，也是儒道兩家「大人」的共同歸依，然則兩者的問題意識畢竟分殊：儒家的思想始終關懷著如何成就一個以人爲尺度的現實世界；道家的思想則把人放在無限時空的至大之域，思索著人如何存在的根源性問題。從〈通易論〉到〈大人先生傳〉，「大人」一詞意涵的轉變，我們看到阮籍始終不變地堅持「士」的傳統精神〔註14〕，也看到從區內的人文關懷到域外的終極關懷之轉變。大人先生

　　臭腐；臭腐復化爲神奇，神奇復化爲臭腐。故曰：『通天下一氣耳。』聖人故貴一。」（22／809）〈徐無鬼〉：「是故生無爵，死無謚，實不聚，名不立，此之謂大人。狗不以善吠爲良，人不以善言爲賢，而況爲大乎！夫爲大不足以爲大，而況爲德乎！夫大備矣，莫若天地；然奚求焉，而大備矣。知大備者，無求，無失，無棄，不以物易己也。反己而不窮，循古而不摩，大人之誠。」（24／963）〈秋水〉：「是故大人之行，不出乎害人，不多仁恩；動不爲利，不賤門隸；貨財弗爭，不多辭讓；事焉不借人，不多食乎力，不賤貪污；行殊乎俗，不多辟異；爲在從眾，不賤佞諂；世之爵祿不足以爲勸，戮恥不足以爲辱；知是非之不可爲分，細大之不可爲倪。聞曰：『道人不聞，至德不得，大人無己。』約分之至也。」（17／594）

〔註14〕有些學者認爲嵇阮實在並非真正要破壞名教，如魯迅指出「嵇阮的罪名，一向說他們毀壞禮教。但據我個人的意見，這個判定是錯的。魏晉時代，崇奉禮教的看來似乎很不錯，而實在是毀壞禮教，不信禮教的，表面上毀壞禮教

「極意乎異方奇域，遊覽觀樂非世所見，徘徊無所終極」，異方奇域就在眼前，只是儒家聖人與大人先生所看見的景觀是迥然不同的了。

二、對話的運作機制

〈大人先生傳〉採用了對話以豁顯「大人」的逍遙旨趣，《莊子》一書半數以上都是對話組成的，然則，〈大人先生傳〉的對話與《莊子》的對話，其運作機制是否一致呢？

《莊子》中的對話不只是修辭策略，對話的表意形式與思維模式相應，都指向本體論視野的「道通爲一」。因此，如同滕守堯（1997）所指出的：莊周的哲學本質上即是對話哲學，一種本體論視野的對話，對話的運作機制是「反者道之動」、「兩行」的原則。道家關於本體的對話，都在對立兩極之間進行，在老莊看來，這種兩極模式是人們觀察、思考和解決問題的大背景，問題出在人們容易受到這種二元背景之強大「磁力線」的磁化。而一當人被這塊大「磁鐵」「磁化」，他自己的行爲就會有意無意地趨向兩極中的一極，其表現是爭高避低，如是躲非，爭強難弱，直到這種趨向成爲人的不學而會的第二本性。老子和莊子不主張一成不變地固著於兩極，兩極中的每一極都必須離開自己的極地，到它們的邊緣領域匯合並相互對話。所謂對話，就是指對立的兩極遭遇時相互作用，最後達到一種具有再生能力的和諧狀態。兩極對立但永遠不對峙，以反向作用克服自己的「極性」後，進入兩極之間的邊緣地帶，接合成一個動態平衡的整體，而產生更新的境界或性質。

以〈逍遙遊〉莊周與惠施的對話爲例，當惠施站於功利實用的立場，以大樗喻大言無用的時候，莊周首先針對功利實用予以反向思考：狸狌是夠聰明靈活的，屈著身子埋伏起來，一等到鼠雞一類的小動物出來，東跑西跳，高來高去，結果中了機關，死在網羅裡。惠施從現象經驗取例，莊周也是，就在變動不居的現象界裡，提取了相反的例證，這使得人對於經驗對象的認

者，實則倒是承認禮教，太相信禮教。」（轉引自高晨陽，1994：318）唐長孺則引〈通易論〉「先王何也，大人之功也⋯⋯」論證阮籍肯定從事制作的聖人，認爲「嵇阮在原則上並不反對儒家所規定的倫理秩序，只是反對虛僞的名教；他們理想中眞率自然之人格仍然與封建道德不可分割」。（1955：327～329）如果從文本脈絡來看，阮籍始終不變地堅持「士」的傳統精神，但是把這種堅持並不必然以肯定儒學理想爲前提，從〈達莊論〉及〈大人先生傳〉裡我們已經看不到儒家聖人的身影了。

識就在反向作用力之中，離開既有的視點而擴大了視域，認識到實用價值的相對性；然而，就莊周來說，駁倒惠施不是目的，在對話情境裡他並沒有以居高臨下的姿態壓倒惠施，對於實用價值並沒有抹消其作為現實生活之必要的事實，而且接著回過頭來思考：「大言」究竟有用無用？進而逼顯「用」的設準問題，在世俗的實用價值的視野裡，經驗對象完全異化為被使用之物，這種世俗的眼光只看見自我的欲求，看不見存有的整體界域；「大言」之用，則在於轉換了唯利是圖的世俗眼光，敞亮存有的整體界域，這種由存有的整體界域來觀照生命全景的智慧，才可以成全一個充滿無限生機的世界，在這個世界裡，萬物都像是樹於廣莫之野，無何有之鄉的大樗一樣，完成其真實自我的安頓與成長。對話至此，在現象與本體之間，在實用與存有之間，「無用之用」的智慧觀景於焉呈現。

　　回到〈大人先生傳〉，其對話的運作機制又如何呢？在文本的語言設計上，首先出現的是大人先生與君子的對話，然而，對話其實是在各自表述中進行，結果並沒有達到任何溝通的效果：

　　　先生既申若言，天下之喜奇者異之，慷愾者高之。其不知其體，不
　　　見其情，猜耳其道，虛偽之名。莫識其真，弗達其情，雖異而高之，
　　　與嚮之非怪者，蔑如也。（172）

其次，大人先生與隱士的對話，隱士見大人而喜，「自以為均志同行也」（172），但大人先生則表明「子之好何足言哉？吾將去汝」（173），這一場對話表面上在否定名教這點上取得共識，事實上志不同道不合，大人者揚長而去，殉名者孤獨而死：

　　　（大人先生）乃揚眉而蕩目，振袖而撫裳，令緩彎而縱策，遂風起
　　　而雲翔。彼人者瞻之而垂泣，自痛其志；衣草木之皮，伏於巖石之
　　　下，懼不終夕而死。（173）

最後是大人先生與薪者的對話，雙方在窮達生死的通透上，彷彿可以彼此唱和，事實上，大人先生依然扮演智慧老人的角色，給被「世之名利」所累的薪者上了一課，然後飄然遠去：

　　　先生從此去矣，天下莫知其所終極。蓋駿天地而與浮明遨遊無始終，
　　　自然之至真也。（1997：144）

除了這三組對話之外，君子、隱士、薪者三者代表了現實世界裡不同類型的生命樣態，這三種生命樣態兩兩相對，隱含著對話關係：隱士的清高與君子

的污濁相對，薪者的順時安命與隱士的憤世疾俗相對，這兩組隱性的對話關係通過大人先生與三者的直接對話而予以顯題化，也因為大人先生的逐一否定而成為根本無法交涉轉化的死地。

　　總而言之，〈大人先生傳〉裡對話的運作機制並不是「兩行」的莊子式對話，在《莊子》，對話裡相遭遇的兩極形成動態平衡的整體，兩極都與整體維持一種聯盟關係，取消任何一部分，也就取消了整體，兩極以「道」為軸心反向作用於彼此，各自亦不斷地返身自照，整體的新境界因此得以完成與實現，此一整體境界在道樞的圓轉之中，呈現為無限、靈活、生機勃勃的景象；在〈大人先生傳〉裡，對話則是以破顯立的修辭手法，展示一種獨立而全面的觀點，這樣的對話其實並不具有本體論視野的對話意識，兩極的動態平衡不是目的，對話用以展示現成的觀點，而非發展再生的觀點。在這樣的對話機制裡，我們看到一種靜態的、凝固的、構造的框架，大人先生與世俗之人，各自歸屬於不同的世界，理想與現實之間的存在著永恆的斷裂，個體的自由和群體的共謀分立兩橛，彼此無法辯證轉化，而大人先生、理想世界、個體自由在這樣的框架裡具有價值的優先性。

　　因此，由鳥瞰整體視野的制高點而發出的批判，乃是價值判斷上的否定，而非意識的轉換或深化，並不具有實踐的旨趣。戴璉璋曾指出：「〈大人先生傳〉，經由對君子、隱者及薪者的批判而凸顯一大而化之的人格境界。對於君子的批判，表示自我的一步超越，從世俗的功名利祿、僵化的禮儀法制及虛妄的智巧造作中超越。這是人在現實生活中回歸自然的第一步。對於隱者的批判，表示另一層次的超越，從自是非人的偏執、厭棄人文的激憤及抗志自高的驕矜中超越。這是人在現實生活回歸自然的第二步。對於薪者的批判，表示自我的一步解放，從自我一念中解放。人必須這樣層層超越，連忘懷得失、順時安命的意念也完全放掉，才能真正回歸到自然而然、與物渾然相忘、和諧一體的境界。」（2002：96）在這段論析中，以大人先生對君子等三者的批判對應於回歸自然的工夫歷程，然則，從前文的分析來看，大人先生對於君子等三者的批判，乃是立足於鳥瞰整體視野的制高點，對名教社會的非存在性格予以揭露，這種社會批判乃是論述場域中的話語實踐，而不具有工夫義的實踐旨趣。何況〈大人先生傳〉並沒有觸及「回歸自然」的工夫歷程之相關討論，依其文本脈絡，大人先生的逍遙境界之體現乃是「神通自然」，所謂「神」乃自然性分，由內在的「神貴之道」而體驗「自然一體」的原始和

諧，與逆覺體證式的「回歸自然」是不同的進路。

三、空間意象的隱喻

　　〈大人先生傳〉一文充滿空間意象的隱喻，其主要的作用有兩個方面：一是作爲策略運用，一是存在體驗的演現，前者解構空間的權力意涵，後者彰顯逍遙境界所涵有的空間意識。後者與「自然」、「神」等核心觀念相關，留待第三節討論，在此先討論作爲策略運用的空間意象之隱喻。

　　空間，不是靜態的物質，也非純粹的想像，而是人身心活動的所在，人，怎麼可能活著而沒有立足容身的空間？空間，本該是自我認同滋養的所在，它本該具有邀人棲居的詩意本質，它的意義本該由「身體／主體」的存在實踐所給出。在〈大人先生傳〉裡，一再出現空間意象的書寫，反映的正是自我認同、詩意安居、整全存有等在現實世界的闕如，這種闕如引發主體的存在焦慮，書寫本身把焦慮外化，通過意象，否定這樣的現實世界，並且建構一個與現實世界分庭抗禮的理想世界。〔註15〕且看，〈大人先生傳〉對於現實世界的否定：

　　Ⅰ　先生以爲中區之在天下，曾不若蠅蚊之著帷。（162）

　　Ⅱ　往者天嘗在下，地嘗在上，反覆顛倒，未之安固。焉得不失度式而常之？天因地動，山陷川起，雲散震壞，六合失理，汝又焉得擇地而行，趨步商羽？往者群氣爭存，萬物死慮，支體不從，身爲泥土，根拔枝殊，咸失其所，汝又焉得束身修行，磬折抱鼓？（165）

　　Ⅲ　且汝獨不見夫虱之處於褌中，逃乎深縫，匿乎壞絮，自以爲吉宅也。行不敢離縫際，動不敢出褌襠，自以爲得繩墨也。饑則齧人，自以爲無窮食也。然炎丘火流，焦邑滅都，群虱死於褌中而不能出。汝君子之處區內，亦何異夫虱之處褌中乎？（165～166）

　　Ⅳ　鳩鴿不逾濟，貉不度汶，世之常人，亦由此矣。曾不通區域，又

────────────

〔註15〕魏晉的文學作品中，經常出現游離自現實生活世界，並與現實生活世界構成雙元相對的幻象空間，如酒國、仙界、異域、世外桃源等，這些豐富的空間書寫，爲在世存有的生命創設出多元且又不斷深入的空間層次。相關的分析討論可參考尤雅姿，2002：347～412。不過，本文並不是從文學意象的角度來分析〈大人先生傳〉的空間書寫，而是從哲學隱喻的角度來切入。如後文所示，〈大人先生傳〉的理想世界是一個內在的精神世界，而非彼岸的幻象。

況四海之表、天地之外哉！若先生者，以天地爲卵耳。（192）

第Ⅰ例以蠅蚊之著帷貶低禮法君子以「中區」爲世界中心的觀點，這種反中心（去中心）的立場，揭露「中區」（中國、中原）作爲權力空間的表述，是一種狹隘的本位主義。第Ⅱ例以「天崩地坼」的景象顛覆禮儀表演的空間，揭露禮法論述所隱含的權力本質──其「眞理性」乃是話語權力的操作。第Ⅲ例接合《莊子》與《論衡》的比喻〔註16〕，對君子主體性之喪失，名教空間之異化，極盡降格反諷之能事。第Ⅳ例以動物意象比擬，諷刺世俗之人身陷不通區域，空間作爲人類意識的居所，空間的異化乃至封閉，反映的正是主體的貧乏。

〈大人先生傳〉所否定的是「名教羅網」〔註17〕這個異化的空間：統治階層以名教威脅利誘來控制被統治者，被統治者以名教作爲晉身求榮的工具，這個空間裡，浮動著追逐利欲與權勢的身影，矗立著表徵身份地位的毫宅華屋，社會關係、權力脈絡錯綜交疊，從宇宙的整體和諧中抽離，形成一個不斷自我分裂、殘害萬物的封閉系統。相對於這個封閉系統，〈大人先生傳〉描述了理想的存在空間：

> 登乎太始之前，覽乎忽漠之初，慮周流於無外，志浩蕩而自舒，飄颻於四運，翻翱翔乎八隅。欲從而彷彿，洸瀁而靡拘，細行不足以爲毀，聖賢不足以爲譽。變化移易，與神明扶。廓無外以爲宅，周宇宙以爲廬，強八維而處安，據制物以永居。（185～186）

〔註16〕《莊子・徐無鬼》：「濡需者，豕蝨是也。擇疏鬛自以爲廣宮大囿，奎曲隈，乳間股腳，自以爲安室利處。不知屠者之一旦鼓臂布草操煙火，而己與豕俱焦也。此以域進，此以域退，此其所謂濡需者也。」（24／976～977）王充《論衡・奇怪》：「人雖生於天，猶蟣蝨生於人也。人不好蟣蝨，天故無欲（生）於人。」（1955：34）〈變動〉：「人在天地之間，猶蚤蝨之在衣裳之內，螻蟻之在穴隙之中。」（1955：146）錢鍾書《管錐編》：「（阮籍此文）歷來傳誦，蓋集古而增新者。……阮（籍）合莊（子）與王（充）而引申之，遂成一警策。」（1979，volⅢ：1084）

〔註17〕名教成爲羅網？漢代儒學建構了一個統合自然法則與名教禮法的理論系統，通過政治的建置，落實爲定制的網羅綱紀，如《白虎通義・三綱六紀》所指出：「人皆懷五常之性，有親愛之心，是以綱紀爲化，若羅網之有紀綱而萬目張也。」（1994：374）這樣的羅網綱紀在漢晉之際由於政治權力的爭鬥，工具性格益發被強化，所謂「法無常則網羅當道路」，「網羅當道路則不可得而避」（仲長統《昌言》），家國天下，別無他路，魏晉士人如嵇、阮者，感觸尤深，阮籍〈詠懷詩〉四十三有云：「抗身青雲中，網羅孰能制」（332）；而嵇康〈答二郭詩〉亦云：「坎懍趣世教，常恐嬰網羅」（1997：326）。

在這段文字裡，以「宅」、「廬」、「處安」、「永居」等反射了對於理想家園的渴望，這個理想家園展現為一個源初的、無邊際的空間意象，這樣的空間意象給出遼闊的宇宙感，使人的心靈意識向外舒放，抵達無外的域外，與自由相遇，也使人的心靈意識向內收斂，抵達最私密而深邃的內在，彷彿聽見由遠古祖先遺留下來的召喚迴盪起來，這個意象喚起了人對於源初的整體和諧最深的眷戀。然而，這個意象只是彼岸的幻象嗎？如果不是，那麼，就在世存有的生命來說，人如何擴大「身體／主體」的存在空間以契合於遼闊的宇宙，而不致成為漂泊宇宙的遊子？飄飆翻翱於無邊際的宇宙是一種怎樣的空間體驗呢？在世存有的生命之自我認同、詩意安居、整全存有能夠落實於這種空間體驗所達到的境域嗎？阮籍在「自然」與「神」的相關論述，試圖提供一個肯定的答案。

第三節　〈大人先生傳〉的核心觀念

一、自　然

在〈大人先生傳〉的文本裡，直接言及「自然」者有四處：

I　（大人先生）養性延壽，與自然齊光。（161）

II　不通於自然者，不足以言道。（171）

III　時不若歲，歲不若天，天不若道，道不若神。神者，自然之根。
　　（185）

IV　蓋陵天地而與浮明遨遊無始終，自然之至眞也。（192）

在這四個文例裡，「自然」顯然與大人的逍遙境界密切相關。在第一例，「自然」可與「宇宙」、「天地」等互用；第II例、第III例，與「道」相提並論，此一「自然」屬於形而上的範疇，但究竟何所指，「道」與「自然」有何關係，都沒有進一步闡述；第IV例，「自然之至眞」是用以描述逍遙境界的價值語言，此一價值語言的意涵亦無法直接從文本確定。要如何確定「自然」的概念內涵？綜觀阮籍的思想性著作〈樂論〉、〈通易論〉、〈通老論〉、〈達莊論〉及〈大人先生傳〉等，可以發現「自然」這一概念在各篇中都居於思想的核心地位，「自然」的概念內涵究竟為何，可以鏈結其他文本來互文定義。〔註18〕

〔註18〕關於阮籍的「自然」概念，論者的說法相當紛歧。湯一介認為『『自然』是一

首先，看〈樂論〉中所提到的「自然」：

> 夫樂者，天地之體，萬物之性也。合其體，得其性，則和；離其體，
> 失其性，則乖。昔者聖人之作樂也，將以順天地之體，成萬物之性
> 也。故定天地八方之音，以迎陰陽八風之聲，均黃鍾中和之律，開
> 群生萬物之情。……乾坤易簡，故雅樂不煩；道德平淡，故五聲無
> 味。不煩則陰陽自通，無味則百物自樂，日遷善成化而不自知，風
> 俗移易而同于是樂。此自然之道，樂之所始也。（78～79、81）

這段文字討論的是雅樂，而不是一般的音樂。雅樂是聖人所作，具有教化的
功能，以達致潛移默化的目標。為了達致這個目標，聖人作樂以自然之道為
起點，所謂的「自然之道」，即天地萬物的體性，天地萬物的體性為何？乾坤
易簡，道德平淡。聖人所制作的雅樂，表現為不煩無味的形式風格，讓群生
萬物自通自樂而不自覺受到影響。音樂以感人為目的，平淡無味如何感人？
所謂簡易平淡，應該是指音樂不煩無味的形式風格所表達的是普遍的、超時
空的、高度概括的情感基型，因此，能夠觸發人們內在深處的感受，彷彿那

和諧的有秩序的統一整體。嵇康、阮籍認為『自然』之所以是和諧的，由於
它是混沌無分別的存在著，因此是『和』；由於它是有秩序的變化著，因此是
『諧』。『自然』的和諧性是根據其統一性和規律性而來的。」（1987：50）陳
戰國則把所謂的「和諧統一的整體」放在唯物主義的框架裡解釋：「阮籍對『自
然』的這種理解在中國哲學史上是前無古人的，它的意義在於把整個世界看
成了一個和諧統一的整體，消除了世界之外的神祕原因和根據」，「阮籍的自
然觀是一種很典型的古代樸素唯物主義的自然觀。這種自然觀把世界的統一
性歸結為某種具體的物質形態。」在這種唯物主義的解釋框架裡，〈大人先生
傳〉所云「神者，自然之根」無從解釋，只好當作是阮籍自然觀的明顯錯誤。
（1989：236、237、238）李澤厚、劉綱紀也持「物質性的統一整體」的說法：
「阮籍論述了各各不同的萬物，都是由『自然』生出的，彼此相互依存聯繫，
因此『自然』是一個既有殊異而又合規律地存在著的統一整體。『自然一體』、
『萬物一體』，是阮籍對物質世界統一性的一種深刻的、唯物的看法。」（1987：
194）但是李、劉將「神」解釋為「『自然』的微妙的運動變化的力量」，而不
是把「神者，自然之根」當作是阮籍的錯誤。與以上現象整體說不同的，任
繼愈所主編的《中國哲學發展史》指出：所謂「自然」，「是指支配著自然界
的那種和諧的規律」，「阮籍所說的『自然』、『天道』、『太極』，都是指宇宙的
最高本體。」（1988：157、166）戴璉璋則在現象的整體或宇宙的本體兩說之
外，提出「天地萬物的體性」之說，並指出阮籍早期以乾坤易簡為萬物體性
來說自然之道，後期以自然直指萬物的體性，自然即道，道即自然。（2002：
88）此說甚有啟發性，尤其順著原典脈絡解讀，有一定的說服力。不過阮籍
之於「自然」與「道」的關係，有不同於老莊的幽深轉折，這點將於本文中
進一步討論。

本來就是人們自己的旋律。由此可見,〈樂論〉以天地萬物的體性來定義「自然」,然而「天地萬物的體性」落實於人文化成的脈絡裡,強調的是可以實現「中和」價值的共性(在人,即共同的人性),這樣的「自然之道」才是政教系統化成天下的起點。

在〈通易論〉裡,「自然」共出現了三次,所指涉的意涵與〈樂論〉一致:

> 《易》之爲書也,覆燾天地之道,囊括萬物之情,道至而反,事極而改。反用應時,改用當務。應時,故天下仰其澤;當務,故萬物恃其利,澤施而天下服,此天下之所以順自然,惠生類也。(116)

> 「后」者何也?成君定位,據業修制,保教守法,畜履治安者也。故自然成功濟用,已至大通。后「成天地之道」,「以左右民也」。(127)

> 「上」者何也?日月相易,盛衰相及,「致飾」則利之未捷受,故王后不稱,君子不錯,「上以厚下」,道自然也。(128)

「天下之所以順自然」,《易》所提供的智慧可以應時當務,利澤天下萬物,使天下萬物順成其體性;「后」是承繼、守成先王創制,治政安民的君主,「自然成功濟用」,在先聖先王的創制下,天下萬物順其體性成就功能有利使用,已達到大通的境界,君主依天地的法則完成教化,支配萬民。「上」是在上位的人,他們明白世界現象變動不居,極度修飾奢華會使自己來不及接受有利的事物,所以聖明的王后,有德的君子在上位而不自居爲上,不過度修飾,「上以厚下,道自然也」,在上位者厚待民下,因順萬物體性。總而言之,在〈樂論〉與〈通易論〉裡,「自然」指天地萬物的體性,既是先王創作的依據,也是後王必須遵循的法則;既肯定人文教化足以順成萬物體性,也強調順成萬物體性就是人文教化的目的。這樣的理論脈絡所表述的是一種價值論立場,人群的和諧乃爲最高價值,順自然、道自然是實現此一價值的手段。在這種以人文價值爲優位的視域裡,所謂「自然」是以功用性取得價值的承認。

至於〈通老論〉,全篇散佚過甚,目前只保存了三段不連貫的文字,其中有兩小段提到「自然」:

> 聖人明於天人之理,達於自然之分,通於治化之體,審於大慎之訓,故君臣垂拱,完太素之樸;百姓熙怡,保性命之和。(159)

> 道者,法自然而爲化,侯王能守之,萬物將自化。(159)

在第一段文字裡「自然」的涵義似乎與〈樂論〉、〈通易論〉沒有多大的出入,

「天人之理」、「自然之分」、「治化之體」,「理」、「分」、「體」都是法則體制的意思,強調政治施為以敬慎素樸為原則,與〈樂論〉易簡平淡,〈通易論〉不致飾等主張是一貫的。〔註19〕然而,儒家禮樂的人文價值乃在「聖人→百姓」的支配關係中完成,「自然」是通過聖人制作而實現出來,聖人的「易簡」、「不致飾」是有目的意識而採取的態度或方法;在《老子》的思想脈絡裡,如第二段文字所脫胎的《老子》第二十五章:「人法地,地法天,天法道,道法自然。」以及三十七章:「道常無為而無不為,侯王若能守之,萬物將自化。」在《老子》,「道」的實現不必然是人文價值的實現,而是萬有存在的整體實現。在《老子》的文本脈絡裡,「道」是最高的形上範疇,「道法自然」,「自然」作為後設語言以描述道,描述萬有的存在狀態,天地萬物的體性是「自然而然」、「自己如此」的,其體性的實現在沒有任何干預之下由其自身完成──此所謂「萬物自化」。「聖人──百姓」不是支配性的因果關係,聖人不必「順」、不必「道」,只是無為,什麼也不做,其意識狀態連「無為」的設定也撤除,只是一片「太素之樸」的混沌狀態。不過,由於文字散佚過甚,我們很難看到〈通老論〉裡接合《老子》語彙的整體語境,也就很難斷言阮籍自然觀就此改變,較清晰的變化軌跡是在〈達莊論〉裡頭。

在〈達莊論〉裡,阮籍以「自然一體」闡發「齊物」的思想,所謂「自然一體」強調天地萬物源初的自然和諧狀態:

> 天地生於自然,萬物生於天地。自然者無外,故天地名焉。天地者有內,故萬物生焉。當其無外,誰謂異乎?當其有內,誰謂殊乎?地流其燥,天抗其濕。月東出,日西入。隨以相從,解而後合。昇為之陽,降謂之陰。在地謂之理,在天謂之文。蒸謂之雨,散謂之風。炎謂之火,凝謂之冰。形謂之石,象謂之星。朔謂之朝,晦謂之冥。通謂之川,迴謂之淵。平謂之土,積謂之山。男女同位,山澤通氣。雷風不相射,水火不相薄。天地合其德,日月順其光。自

〔註19〕 李玲珠指出〈通老論〉明顯提出形上本體作為萬物存在的依據,顯然極可能受到何、王貴無論的影響,故應當在正始玄風日熾、老學盛行的年代所作。其中標舉天人之理,也是正始玄學所欲探討的新義。〈通老論〉立論以道家為主,透過無為自化的方式,希冀達到的目標固然是道家理想,但君、臣仍是有分,顯示了有原則性地支持名教的立場。(2004:148〜149)在文本的語言脈絡之中,可以看到當時玄學關鍵語彙的置入與接合,不過由於文本散佚過甚,其會通《易》、《老》及玄學的具體脈絡無從把握,因此,將〈通老論〉斷為阮籍思想由儒家過渡到道家的作品,筆者持保留的立場。

然一體，則萬物經其常。入謂之幽，出謂之章。一氣盛衰，變化而不傷。是以重陰雷電，非異出也；天地日月，非殊物也。故曰，自其異者視之，則肝膽楚越也；自其同者視之，則萬物一體也。（138～139）

在〈達莊論〉和〈大人先生傳〉二個文本裡，都是設對行文，清楚地對顯兩造不同的問題視域、不同的思想路徑，如前文所言，一方關懷著如何成就一個以人為尺度的現實世界；一方則把人放在無限時空的至大之域，思索著存在的根源性問題。這段文字「先生」回應「客」從人文觀點提出的質疑，一開始把問題視野拉到無限時空的至大之域：「天地生於自然，萬物生於天地」，萬物是形下世界分殊的個體，「天地者」是形下世界的總體概念（與後文與其他日月星辰山川風雨……等等相提並論的天地不同），「自然」是形下世界之生成存在的形上依據。形上自然者無封無畛，「天地」這個總體概念相對於形上的自然而命名，所以說「自然者無外，故天地名焉」；形下世界有畛有域，有形體有定質的萬物得以落實在此生成變化，所以說「天地者有內，故萬物生焉」。形上自然無封無畛，混沌不分，所以「當其無外，誰謂異乎？」形下世界有畛有域，萬物共生，所以「當其有內，誰謂殊乎？」

相對於〈樂論〉和〈通易論〉就天地萬物的體性來講「自然」，〈達莊論〉的「自然」具有明顯的形上性格，一種宇宙整體和諧的形上秩序，使得形下世界芸芸萬物各在自己卻又形成動態平衡的狀態：「地流其燥，天抗其濕。月東出，日西入。隨以相從，解而後合。」相對來看，人文始作，為萬物命名，「物謂之而然」，把握到的是個性特徵，區別了萬物的殊異，卻遺忘了整體存在的本真狀態。阮籍強調萬物的流行變化就體現著宇宙整體和諧的形上秩序：「男女同位，山澤通氣。雷風不相射，水火不相薄。天地合其德，日月順其光。自然一體，則萬物經其常。入謂之幽，出謂之章。一氣盛衰，變化而不傷。是以重陰雷電，非異出也；天地日月，非殊物也。」在這段文字裡，阮籍從「一氣」〔註20〕說明形下世界的流行變化，這樣的現象正是自然和諧

─────────

〔註20〕 牟宗三批評阮籍這段話粗疏而不成熟，「自一氣之化言萬物一體，亦非莊生言『一』之意」（1985：298），謝大寧之說近於此，將阮籍所謂的自然解為陰陽氣化的自然，自然一體只是氣化一體，「在這樣的一體中，萬物固皆在氣化流轉中因緣變滅」，此義的自然「適成『他然』」，「則至人之恬靜，亦衝向天地自然這一氣化之蒼茫而已，這裡面其實不並涵著任何精神上的實踐義」（1997：141～142）；大陸學者如陳戰國則就「一氣之盛衰」而認為「在阮籍

的形上秩序之體現。「自然一體，則萬物經其常」，當自然和諧的形上秩序得以體現時，形下世界的天地萬物都保持其恆定的常態。

「自然」在阮籍的眼中不只是實然，更是價值上的應然，而成為批判名教世界的支點——任何人為妄作，使「自然之理」無法運作實現，便給世界帶來災難：

> 是以作制智巧者害於物，明著是非者危其身，修飾以顯潔者惑於生，畏死而榮生者失其貞。故自然之理不得作，天地不泰而日月爭隨，朝夕失期而晝夜無分，競逐趨利，舛倚橫馳，父子不合，君臣乖離……是以名利之途開，則忠信之誠薄；是非之辭著，則醇厚之情爍也。（145）

在阮籍看來，「自然之理」作為形上秩序顯然是獨立而絕對的存在，人為的名教世界則是非存在。那麼，人生天地中該如何處己處人呢？人作為天地萬物的一分子，在實然上，分享著此一自然和諧的形上秩序：

> 人生天地之中，體自然之形。身者，陰陽之精氣也。性者，五行之正性也。情者，遊魂之變欲也。神也，天地之所以馭者也。（140）

人是體現著「自然」的有形，「身」、「性」、「情」、「神」是人稟受的獨特體性，尤其，「神者，自然之根也」，人有「天地之所以馭者」的「神」，乃可以通於「自然」，體現宇宙整體的自然和諧。因此，在價值取向上，人應該認同「自然一體」，所以說：「夫山靜而谷深者，自然之道也；得之道而正，君子之實也。」人不妄作，專氣一志，由「神貴之道」通向太初世界的原始和諧。

阮籍以「自然」作為天地萬物生成存在的形上依據，以及對此形上依據的一些描述，與《莊子》所言「道」相當接近，如其言「自然者無外」，形上自然者無封無畛，《莊子・齊物論》有云「夫道未始有封」（2／72）；又如，相對於形下世界以「天地」命名，形上自然者無以命名，「自然」乃是一描述

看來，整個世界是一個由氣構成的，既千差萬別，又和諧統一的、不斷運動變化的統一整體」（1989：237）筆者認為上述的解讀忽略上下文的脈絡，過度詮釋了「一氣之盛衰，變化而不傷」，周大興提出的看法應該是比較中肯的：「一氣之盛衰，變化而不傷」，其實並沒有脫出傳統以來言天地自然與生命根源之氣的範疇，這樣的氣論，充其量意味著「氣是恆常，所以不能增減」，乃是古代大部分知識分子的共識。（2002：316）在這段文字中的「一氣盛衰」是現象的描述，而不是本質的分析，乃用以描述萬物的流行變化終將超化其形下的限制，而合為一整體的存在流行，而不是將「自然」講成「元氣」，「自然一體」講成「一氣之化」。

語，描述其自然而然，自己如此的狀態，此形上自然者近乎《莊子·大宗師》所說的「自本自根」、「生天生地」的「道」，〔註21〕然而，阮籍並未遽以「道」指稱「自然者」，這實在是因為阮籍的形上悟解有迥異於莊子之「道」的深微轉折，略言之：莊子由「道通為一」而開示「心齋」「坐忘」的體道工夫，阮籍由「自然一體」而開啟「神貴空間」（詳下一小節）。而且，阮籍所謂的「自然」亦與《莊子》有所不同。以太初世界為自然和諧的狀態，《莊子·繕性》有同樣的說法，但在文本脈絡裡，「自然」沒有形上意味，僅用以描述原始和諧的自然狀態：

> 古之人，在混芒之中，與一世而得澹漠焉。當是時也，陰陽和靜，
> 鬼神不擾，四時得節，萬物不傷，群生不夭，人雖有知，無所用之，
> 此之謂至一。當是時也，莫之為而常自然。（16／569）

在《莊子》其他篇章裡，「自然」或指涉萬物內在受之於天的稟性，如：

> 水之於汋也，無為而才自然矣。（21／783）

自然稟性既受之於天，於是有不得不然的命定義：

> 吾又奏之以無怠之聲，調之以自然之命，故若混逐叢生，林樂而無
> 形。（14／518）

因順調應，是人接受生命中不得不然，以成全存有本真整全的智慧，所以說：

> 吾所謂無情者，言人之不以好惡內傷其身，常因自然而不益生也。（5
> ／200）

> 遊心於淡，合氣於漠，順物自然而無容私焉，而天下治矣。（7／281）

> 夫至樂者，先應之以人事，順之以天理，行之以五德，應之以自然，
> 然後調理四時，太和萬物。（14／512）

> 真者，所以受於天也，自然不可易也。故聖人法天貴真，不拘於俗。
> （31／1240）

由自然性分一超直入於原始和諧，固然被老莊所肯定，卻不是體道的終點，《莊子》承認自然性分是生命中的不得不然，實現存有的本真整全離不開自然性分的成全，然則《莊子》所開展的存在智慧涵有對生命可以層層轉進提昇，

〔註21〕〈大宗師〉：「夫道，有情有信，無為無形，可傳而不可受，可得而不可見；自本自根，未有天地，自古以固存；神鬼神帝，生天生地：在太極之先而不為高，在六極之下而不為深，先天地生而不為久，長於上古而不為老。」（6／230）

存在可以創造更新的信任，因此並不直接從「自然一體」言「逍遙」或「齊物」，而是強調「因之」、「順之」、「行之」、「應之」等玄智道化的工夫，意識不斷深化擴延，使在世存有趨近於「逍遙」的境界。然而，這種對生命轉化及存在更新之可能的信任，在阮籍的意義框架中被取消了，阮籍將人文世界視為非存在，而「自然一體」為一獨立而絕對的存在，存在真實與整全的唯一可能於是落在由內在的「神貴之道」一超直入於「自然一體」的原始和諧。

二、神

由以上的分析可見「自然」意涵的轉變是清晰的：在〈樂論〉和〈通易論〉裡，就天地萬物的體性說「自然」，而天地萬物的體性又是普遍的、超時空的共性，且通過聖人制作而得以實現；到了〈達莊論〉，「自然」，作為天地萬物的形上依據，體現為一存在流行的和諧整體，在這個「自然一體」的世界裡，儒家聖人再也無用武之地。而把「自然一體」的價值絕對化，反對一切人為妄作，那麼，理想的世界圖式便只能是人文始作之前的泰初世界，如〈大人先生傳〉所描述的：

> 昔者天地開闢，萬物並生。大者恬其性，細者靜其形。陰藏其氣，陽發其精，害無所避，利無所爭。放之不失，收之不盈；亡不為夭，存不為壽。福無所得，禍無所咎；各從其命，以度相守。明者不以智勝，闇者不以愚敗，弱者不以迫畏，強者不以力盡。蓋無君而庶物定，無臣而萬事理，保身修性，不違其紀。惟茲若然，故能長久……夫無貴則賤者不怨，無富則貧者不爭，各足於身而無所求也。恩澤無所歸，則死敗無所仇。奇聲不作，則耳不易聽；淫色不顯，則目不改視。耳目不相易改，則無以亂其神矣。此先世之所至止也。（169～170）

在阮籍的描述裡，有一個先於此世而存在的太初世界，這個世界所提供的原始和諧之自然秩序，就是生命得以恬靜自在的存在狀態，而體現這種存在狀態，契於原始和諧的理想人物形象是天下人「不知乃貴」、「不見乃神」、「不知其用」的「至人」：

> 至人者，不知乃貴，不見乃神。神貴之道存乎內，而萬物運於外矣。
> 故天下終而不知其用也。（172）

阮籍自然觀的理論終點落於人內在生命的「自然之根」——「神」。人體自然

之形，本具有「天地之所以馭者」的「神」，至人者就是從內在生命開出「神貴之道」以通於自然的人。至人，出離人爲設定的、非存在的名教空間，以其內在的神貴之道，直觀萬物自行運作的自然秩序。

〈大人先生傳〉以神貴之道作爲「自然」的通路，運用了許多浩瀚的空間意象來描述這種神通於自然的境界，例如：

以萬里爲一步，以千歲爲一朝。（161）

太初眞人，唯大之根。專氣一志，萬物以存。退不見後，後不睹先，發西北而造制，啓東南以爲門。微道德以久娛，跨天地而處尊。（173）

登其萬天而通觀，浴太始之和風。漂逍遙以遠逍，遵大路之無窮。遺太乙而弗使，陵天地而徑行。超濛鴻而遠跡，左蕩瀁而無涯，右幽悠而無方，上遙聽而無聲，下修視而無章，施無有而宅神，永太清乎遨翔。（188～189）

蓋陵天地而與浮明遨遊無始終，自然之至眞也。（192）

這些描述裡使用了神話裡常見的人物或意象，幾乎是一種寄情仙境的幻想，一種孤離現實世界之外，向外投射的心理調節機制，[註22] 其實不然，以「神貴之道」打通區域，乃是超脫出有限的名教空間，通向至大無外的宇宙意識，這是一種向內深潛的特殊時空體驗，一種在心靈視域裡拓展無限時空意識的體驗。

這種無限的空間體驗，如果和另一位「大人先生」所展現的空間體驗互

[註22] 阮籍的終極理想國度是仙界嗎？阮籍的胸懷本趣歸依於宗教實踐嗎？戴璉璋認爲「阮籍與莊子的理想人物都可澤被天下。莊子的至人是對現實作轉化，轉化成道化世界。阮籍的大人則是對世俗作接引，接引到仙界。道化世界可以當下即是；而仙界則總是在彼岸。」（2002：112）謝大寧引述《世說新語‧棲逸》所載阮籍往觀孫登之事，勾勒出孫登深撼阮籍的「存在體驗」以導致其思想劇變的「客觀性之理路」。（1997：143）〈大人先生傳〉的寫作緣起於阮籍遇孫登之後，或以爲孫登即大人先生的原型，再加以〈大人先生傳〉運用大量神話意象，因此，將大人逍遙境界理解爲仙界，似乎是順理成章的。然則，筆者認爲這個問題仍有值得商榷的餘地，理由主要有二：其一，如同《莊子》引用許多神話題材及意象一般，其表意實踐不能從字面上理解，從〈大人先生傳〉所設定的框架來看，「自然」作爲「名教」的反話語，其意義仍屬於在世存有的探問，將神話意象視爲隱喻或許更貼切些；其二，據《晉書‧阮籍傳》阮籍懂得「棲身導氣之術」，但是，作爲流行於當時知識階層的養生術，與其「採藥無旋返，神僊志不符」（〈詠懷詩〉四十一：327）等線索來看，阮籍的涉及道教並不宜放在自我形象和終極理想的高度來理解。

相參照，可看出其同中之異：

> 有大人先生，以天地爲一朝，萬期爲須史，日月爲扃牖，八荒爲庭
> 衢。行無轍跡，居無室廬，幕天席地，縱意所如‧止則操巵執觚，
> 動則挈榼提壺，惟酒是務，焉知其餘。（1997：576）

對於劉伶在〈酒德頌〉藉由「大人先生」的身體書寫所展現的空間體驗，尤雅姿有段精彩的論述：「他憧憬著一種以他自身的能動體積爲中心的主觀世界結構圖式，他決定以裸身和酒精爲助，在現實的空間中拓展他身體和精神所能自由企及的安全領地；裸身開放了全身的膚觸，以最極限的面積體驗四面八方的空間；酒精催化了精神的馳騁速度，使他在醉眼迷離中，依照視覺距離的比例，構架出他和空間的親密關係：依序是屋室爲褌衣，天地爲棟宇、日月爲庭衢，於是乎，劉伶就在現實空間的直接視野中，縱意所如，將自己的生命體積想像成一個作爲宇宙符號的有限空間，其意義就如同繪畫的圖景雖在畫幅之內，但卻能籠萬物於其中，尺寸千里，攝無限於有限，這是『現實空間』，也是『藝術空間』，是以劉伶爲例的魏晉士人們所經常遊走於其間的空間意識與體驗。」（1997：68～69）乍看之下，劉伶筆下這位「大人先生」似乎與阮籍的「大人先生」有異曲同工之妙，不過，劉伶的大人先生借酒精和裸身之助來經歷這種拓有限於無限，攝無限於有限的空間體驗，而阮籍的大人先生則是經由「默探道德」、「專氣一志」、「施無有而宅神」的工夫歷程而達到「與道俱成」、「與道周始」的逍遙境界，與劉伶式的「藝術體驗」畢竟不同。

然而，阮籍的大人先生的工夫歷程爲何呢？在其著作裡並沒有完整的論述，只有片段的陳述，如上文所引的「默探道德」、「專氣一志」、「施無有而宅神」等，這些陳述乍看與老莊虛靜工夫似乎同調，但是，如果放在阮籍「自然」的理論脈絡來看，則有深微的轉折：在老子的「致虛極，守靜篤」、「專氣致柔」，以及莊子的「心齋坐忘」等工夫，基本上都涵有本體論視野的對話意識，就莊子來說，《莊子‧人間世》：「若一志，無聽之以耳，而聽之以心，無聽之以心，而聽之以氣。聽止於耳，心止於符。氣也者，虛而待物者也。唯道集虛，虛者，心齋也。」（4／130）這種「心齋」的工夫，乃中止耳目感官心思等運作，擱置知覺與記憶的設定狀態，讓意識歸於中性化狀態，但意識並未停止其意向性活動，而是依純粹可能的條件，直觀事物存在的本質，達到虛室生白、道通爲一的整全存有境界；阮籍則以原始和諧爲「自然一體」，

「自然一體」爲一出離於現實世界而獨立的絕對存在，通於「自然一體」的進路是內在的「神」，所謂「默探道德」，「專氣一志」、「施無有而宅神」等工夫都以斷離世俗爲前提，將心識向內收攝於靜默的狀態，這種完全向內收攝而「泊然無感」的靜默狀態取消了意識的意向性，此時浮現於意識領域的，固然是遼闊無限的時空意識，卻只能是原始和諧的圖像了。換言之，大人先生的逍遙境界並不是沒有工夫進路，而是其工夫進路走向個體式的私密體驗，遂使得大人的逍遙境界只能內化於個體的精神領域，太初世界的原始和諧雖然召喚著嚮往自由的心靈，卻無法成爲「身體／主體」實踐其整全存有的立足之地，它所提供的既不是「超越」，也不是「轉化」，而是「退轉」。如此看來，〈大人先生傳〉的逍遙境界以神貴空間爲起點，以太初世界爲終點，前者極私密，後者極遙遠，雖然出於對現實世界深刻的凝視，對生命自由忠誠的嚮往，卻注定了它成爲精神烏托邦的命運。

結　語

在本文的最後，筆者根據以上的分析論述，分兩方面總結性地說明〈大人先生傳〉的詮釋效果。其一、從莊學史的發展來看詮釋文本的歷時性意義；其二、從文本的當代性來看詮釋景觀的共時性意義。

關於〈大人先生傳〉在莊學史上的意義，約而言之，有二點值得注意：一、〈大人先生傳〉以深刻清晰的問題意識，以及生動的喻象、犀利的批判，將《莊子》的域外之思帶入魏晉知識階層的公共論域裡，爲莊學開闢了論述空間，莊學之所以走出陰闇地帶，以經典文本的形式站上思想史的舞台，這當是一個關鍵性的起點。就這個角度看，牟宗三批評阮籍以文人生命衝向原始之混沌蒼茫，只是四無掛搭之虛無主義（1995：305～306），姑且不論其理論高度如何，但此「文人之衝向」對於思想活力的激化，實有不容忽視的影響，誠如余敦康所說的：「他們（按，指阮籍、嵇康）在思辨哲學上所達到的高度是比不上王弼的，但是他們通過種種求索充分地揭露了名教與自然、必然與自由、自在與自爲、現實與理想的各種矛盾，要求自我在這一系列的矛盾中作出負責的選擇，就認識的深化而言，是要超過王弼的。他們沒有編織成一個完整的體系，從而也沒有建立起一個牢固的精神支柱，但是就在他們持續不斷的痛苦的求索之中，把自我意識本身的問題突出出來，這對當時具

有高層次精神需要的知識份子是一個很大的啓發,在中世紀的歷史條件下開創了一個自我意識的覺醒運動。」(2004:311)二、〈大人先生傳〉作爲一個詮釋文本,對於經典原文的主要話語,常常予以挪用,以接合個人的次要話語,如「自然一體」實爲阮籍新鑄語彙,「自然」脫離了《莊子》原典的文本脈絡,而成爲一種反話語,以挑戰名教世界的權威,並以之爲終極語彙構作理想圖式與現實世界相抗衡。這種極大尺度的詮釋自由,幾乎成爲日後解《莊》的常例,《莊子》在詮釋中之所以敞開爲花園風景,除了其原文世界是一個迴盪詩意、充滿縫隙的召喚結構之外,在歷史起點上,嵇阮向郭的詮釋方法也造成了一定的效應。

很明顯地,〈大人先生傳〉絕對不是〈逍遙遊〉最對或最好的詮釋,但是,就一個思想家必須答覆什麼是特屬於他本身的當代性來說,〈大人先生傳〉所提供的大人逍遙義就是阮籍的答覆。這個答覆具有以下的意義和價值:自然與名教的問題並不是一個知識分子依其理論興趣選擇道家思想或儒家思想的問題,而是一個特殊形態的「士」由所屬社群與個體的緊張關係而逼顯的對存在狀態的反思。〈大人先生傳〉對於個人與社會之自我形象的反思,傾向於個人存在自由的肯定與維護,以及社會權力本質的反諷與抵制。對權力的抵制終歸無效,存在的自由也就無以實現,然而,這並不減損其烏托邦功能——那種超拔現實的心靈力度本身就是一種價值,而一個反主流意識形態的烏托邦,當其在人們的心靈視域形構呈顯時,心靈的自由和思想的超越也就體現於其中。

然則,大人逍遙義對現實世界而言,體現了思想的流變力量及其超越向度,回到其理論脈絡來看,則必須面對其中的裂罅:原始和諧的「自然一體」作爲現成的、靜態的、恆定的絕對存在,如何體現人之存在的意義與價值?由個體的「神貴之道」所通向的「自然」,如何保證就是源初的和諧整體?大人逍遙義是阮籍對時代問題的答覆,但是由其理論裂罅之處所引起的回音,尤其是阮籍和劉伶的大人先生變形爲後來「去巾幘,脫衣服,露醜惡,同禽獸。甚者名之爲通,次者名之爲達」(《世說新語・德行》廿三條引王隱《晉書》),以「自然」將所有心性欲求合理化,而形成另一種對人性和存在的異化時,重新思考「自然」的意義,成爲下一波思想家回應時代問題的焦點之一。

第四章　郭象的逍遙義

前　言

　　郭象之注解《莊子》〔註1〕是莊學史上的重要事件，其重要性主要表現於三個方面：

　　（一）郭象所注的三十三篇本，成為《莊子》傳世的定本。魏晉時期諸家注本大致上可分為兩大系統：一是司馬彪及孟氏所注的五十二篇本，一是郭象所注的三十三篇本。司馬彪等五十二篇本頗顯蕪雜，言多詭誕，因而注者以意取捨，形成諸注本篇數不同的現象。諸家注本以郭象注本影響最大，郭象注本出，歷代相承而終成定本。（尚永亮，2000：221～222）〔註2〕。

　　（二）據《晉書・向秀傳》云：「莊周著內外數十篇，歷世才士雖有觀者，莫適論其旨統。秀乃為之隱解，發有奇趣，振起玄風，讀之者超然心悟，莫不自足一時也。惠帝之世，郭象又述而廣之，儒墨之跡見鄙，道家之言遂盛焉！」（1986：159）向、郭《莊子注》一出，「振起玄風」，「道家之言遂盛焉」，可見對當時學術思想的影響甚大。

　　（三）郭《注》對於《莊子》某些觀念的顯題化，深遠地影響莊學與後代思潮交匯的脈絡。例如適性逍遙義不僅成為東晉名士清談議題之一，且為

〔註1〕對於郭象剽竊向秀或述而廣之的公案，學者看法紛紜，相關研究成果的綜合
　　　　簡介，可參考康中乾，2003：231～235。本文的論述基本上就目前所見的詮
　　　　釋文本而開展，對於此一公案採取存而不論的態度。
〔註2〕不過，今天所見的郭《注》是否即魏晉時期的面貌呢？王葆玹指出郭注本在
　　　　唐代遭改竄，有許多唐人的修訂的成分。（1996：520～527）

佛教般若學格義所附會（湯用彤，1992：183；陳寅恪，1992：86～89）。《世
說新語‧文學》有載：「《莊子‧逍遙遊篇》舊是難處，諸名賢所可鑽味，而
不能拔理於郭、向之外。支道林在白馬寺中，將馮太常共語，因及〈逍遙〉。
支卓然標新理於二家之表，立異義於眾賢之外，皆是諸名賢尋味之所不得。
後遂用支理。」（1989：220）又《高僧傳‧支遁傳略》云：「遁常在白馬寺，
與劉系之等談《莊子》，〈逍遙篇〉云，各適性以為逍遙。遁曰：『不然，夫桀
跖以殘害為性。若適性為得者，彼亦逍遙矣。』於是而注〈逍遙篇〉，群儒舊
學莫不嘆伏。」（1976：237）〔註3〕

　　郭《注》之所以成為莊學史的重要事件，在於此一詮釋文本所展現的思
想活力和意義視域，既應答了當代性的召喚，且標誌了新的理論制高點，而
適性逍遙義無疑是最具代表性的核心理論之一。關於適性逍遙義，學界相關
的研究大多聚焦於是否吻合《莊子》原意，〔註4〕本文所關注的則是適性逍遙
義如何從原文世界的詮釋活動中，將詮釋自由最大化，而開展具有當代性問
題意識的理論形構。

第一節　郭象逍遙義的問題視域

　　首先，本文要追問的是適性逍遙義所對應的問題視域是什麼？〈逍遙遊
注〉在解題的注文裡就透露著對於個體自由在生活世界裡實現的現實關懷：

> 夫小大雖殊，而放於自得之場，則物任其性，事稱其能，各當其分，
>
> 逍遙一也，豈容勝負於其間哉！（1／1）

這段文字以「自得」為「逍遙」的前提，而「自得」乃指「物任其性，事稱其
能，各當其分」，「性」、「能」、「分」指涉著個體在世存有的生活脈絡，這種逍

〔註3〕　又例如對「理」範疇的詮釋，錢穆指出「郭之注《莊》，喜言『理』，而宋儒
　　　　承襲之，此亦郭象注《莊》在中國思想史上有絕大貢獻之一端。」（1991：428）
　　　　陳少峰、陳鼓應亦認為郭象關於「理」的詮釋對宋明理學中「理一分殊」的
　　　　命題發展有所影響。（陳少峰，2001：87～88；陳鼓應，2004：57～61）郭象
　　　　莊學與佛學、理學的關係是大題目，具絡絡脈皆有待深入探究，非本文所能
　　　　化約概括。不過「理」在〈逍遙遊注〉的文本脈絡中必須扣緊其自然義來理
　　　　解，筆者在第三節將對其意涵進行深入的討論。
〔註4〕　牟宗三認為郭象「此注甚美」，「大體皆恰當無誤」（1985：187、196），蘇新
　　　　鋈（1980）及高柏園（1992：30）亦承其說加予闡述；其餘各家則持否定的
　　　　看法，相關的論點可參考李美燕的整理歸類（1995：280～286）。

遙顯然不是〈逍遙遊〉所彰顯的個體不斷超越昇華而與道同化的精神境界，而是在整體的生活世界裡，殊異的個體都能夠依其自然本性當分地實現自己的存在狀態，這樣的適性逍遙義傳達出對於政治自由的要求。又，〈莊子序〉有云：

> 通天地之統，序萬物之性，達死生之變，而明內聖外王之道，上知
> 造物無物，下知有物之自造也。（前／3）

這段文字概括了郭象《莊子注》的中心旨趣，〔註5〕「明內聖外王之道」一語道出郭象的主要關懷，然則，郭象對於「內聖外王之道」的思考實有迥異於前人的特出面向。

余英時曾經指出：郭象所謂「內聖外王之道」，「實即在消融個體自覺與群體自覺之衝突，使獲得一更高之綜合也。向、郭既主名教與自然不異，則不能不肯定君臣尊卑等有關群體之綱紀。……西方近代政治思想家嘗有『政府為必要之罪惡』之說，影響甚大。而郭子玄固已於千餘年前暢論斯義，誠可謂『孤明先發』者矣。子玄之意既不在推尊綱紀秩序，其所望於政府者則在無為。……子玄之無為則是當政者鼓勵民之自為，亦即要求個體之積極自由。……依子玄之意，人人皆當守其本分，不可逾越，此即重群體之綱紀而遵名教也。然人在其本分之內則當放任其性，以逍遙自適，此即倡個體之自由而宗自然也。」（1980：317、318、319）余氏這段話提供了兩個中西比較視野的詮釋觀點，很有啟發性，對於其內容的深入辨析，恰恰可以凸顯郭象政治思維的特殊取向：

其一、郭象的確是承認群體綱紀之必要，但是群體綱紀並不等於名教禮法。〔註6〕茲引郭象注文為證：

〔註5〕余英時認為「據此則子玄實欲將王、何以來所有關於宇宙、自然、人事之抽象理論為一總集結，而成一首尾完具之思想體系。無論就時代或思想內容而論，老莊玄學發展至郭子玄，確已達到此種大綜合之階段。」（1980：317）湯一介據此段序文指出郭《注》包含兩個重要思想，一是「明內聖外王之道」，另一是論證「上知造物無物，下知有物之自造」。前者是郭象對社會問題的總看法，或者說是解決「自然」與「名教」關係的總命題；後者是他對宇宙的總看法，或者說是解決「有」和「無」關係的根本思想。（1999：18）這大約也是目前魏晉玄學研究領域的共同看法：郭象作為玄學之殿軍，《莊子注》為玄學思想的集大成著作，名教與自然、貴無與崇有等主要的玄學論爭在此得到理論的圓滿解決。這個共同看法常常從推演論斷變成先在預設，影響對於郭《注》的理解與評價，本文於此存而不論，而盡量試圖從詮釋文本所提供的線索勾勒其特定的問題視域以及理論形構。

〔註6〕王葆玹在《玄學通論》將社會秩序與名教禮法加以區分：「所謂『名教』乃是關於某種級秩序的名分的規定，以及與名分有關的倫理觀念，如仁義孝慈等。

> 夫時之所賢者爲君，才不應世者爲臣。若天之自高，地之自卑，首自在上，足自居下，豈有遞乎！（2／58）
>
> 千人聚，不以一人爲主，不亂則散。故多賢不可以多君，無賢不可以無君。此天人之道，必至之宜。（4／156）
>
> 夫先王典禮，所以適時用也。時過而不棄，即爲民妖，所以興矯效之端也。（14／513）
>
> 夫仁義者，人之性也，人性有變，古今不同也。故遊寄而過去則冥，若滯而係於一方則見，見則僞生，僞生而責多矣。（14／519）

前兩段注文皆是現象描述，承認人類文明社會需要有秩序，群體需要有綱紀。後兩段注文則肯定名教禮法的合理性，但否定其絕對化，名教禮法是一種賦予社會群體以秩序綱紀的形式制度，雖然出於人性，但是並非唯一而絕對的，所以主張名教禮法貴在合乎時宜，因時而制，隨時而變，當其失去時效即廢棄，反對以僵固異化的名教禮法殘害社會。總之，郭象承認政治之必要，承認名教出於自然，但不認爲名教具有永恆、絕對的價值，其所謂「無爲」要保住的不是名教禮法，而是性分之適，所以說「無爲者，非拱默之謂也，直各任其自爲，則性命安矣」（11／369）。

其二、郭象的確提倡個體自由，但並不是要求「積極自由」。依以撒‧柏林〈自由的兩種概念〉一文中「消極自由」和「積極自由」的著名區分，所謂「消極自由」具有以下的特徵：（1）和強制行爲相反的不干涉，雖然不是唯一的善，但就它不阻遏人類的欲望而言，它卻是好的；（2）基於隱私權意識、私人領域自有其神聖性的意識，把個人自由當成是一種有意義的政治理想的主張；（3）在這個意義上的自由，所涉及的主要是「控制的範圍」，而不是它的「來源」問題。與之相對的所謂「積極自由」則包含以下的內涵：（1）自由不僅僅是缺乏外在干預的狀態，而同時意味著以某種方式行爲的權力或能力；（2）自由是一種理性的自我導向（rational self-direction）；（3）自由還意味著集體自治，每個人都透過民主參與的方式控制自己的命運。（以撒‧柏

這種理論的建樹和現實中的秩序，尚非一事，因爲兩者可以是相合的，也可能是不合的。在我們所設想的理想社會到來之前，文明社會總要有尊卑的差別，各種差別總要構成某種等級秩序。……我們不能要求中古的思想家否定或拒斥任何的等級秩序，而應分析他們所主張的等級秩序屬於何種形態。」（1996：562～563）

林 Isaiah Berlin，陳曉林譯，1986：225～295；應奇，2000：139～140）「積極自由」和「消極自由」是近代產生的概念，與現代社會的法律保障個人權利、隱私權的意識等等相關連。在古代中國，並沒有將公共生活與私人生活區分開的「自由」概念，何況，「積極自由」的核心是「自主」，我是自己的主人，都要自我導向、自我實現，而古代中國也沒有這樣的「自我」概念。因此，以「積極自由」來詮釋郭象的「無為」恐怕並不妥切。

那麼，郭象所提倡的個體自由，具有什麼特徵呢？首先，肯定個體價值多元性和不可通約性，其注文有云：

> 既稟之自然，其理已足。⋯⋯物無妄然，皆天地之會，至理所趣。（5／219）

> 夫物各有足，足於本也。付群德之自循，斯與有足者至於本也，本至而理盡矣。（6／239）

> 少多之差，各有定分，毫芒之際，即不可相跂，故各守其方，則少多無不自得。（8／313）

郭象並不是從滿足人類欲望的角度出發，也還沒有私人領域自有神聖性的意識，他肯認個體的存在價值乃根源於「自然」，強調萬物各有其存在的自然規律，以及生成變化的必然性和合理性。理想的政治社會秩序的建構應該以「自然」為其理論基礎。郭象對「自然」的思考獨具慧解，從中引申的「適性逍遙」成為其政治理想的核心價值。

其次，把個體自由當成一種有意義的政治理想主張，要求的是和強制行為相反的不干涉：

> 所貴聖王者，非貴其能治也，貴其無為而任物之自為也。（11／364）

> 聖人在上，非有為也。恣之使各自得而已耳！自得其為，則眾務自適，群生自足。（14／500）

這是一種反面自由，亦即「免於被干涉」的自由。和柏林一樣，這個意義上的自由涉及的不是「來源」的問題，而是「控制範圍」的問題，不是「誰在統治（或控制、或干預）」，而是「有多少扇門向我敞開？」（以撒·柏林、雷敏·亞罕拜格魯，1994：51）在什麼限度以內，某一個主體（一個人或一群人），可以，或應當被允許，做他所能做的事，或成為他所能成為的角色，而不受別人的干涉？在郭象，政治社會秩序的理想狀態乃是「適性逍遙」，此一

理想要求在個體的性分範圍之內得以實現最大化的自由，而此一理想必須轉型爲政治菁英的社會實踐，在當時的政治環境裡，此一個體自由如何在群體生活之中獲得實現與保證的問題，最終的答案落在政治領袖——聖人的政治智慧上，郭象於是提出其聖人論，強調「遊心於玄冥之境」的聖人「玄同彼我」、「不治治之」，才能成全「同於大通」的理想境界。

在郭象的政治意識裡，直接從個體自身的存在，來認取個體自由的價值，乃是一種迴異其他思想家的思路，不論是貴無的王弼，還是崇有的裴頠，其政治關懷的面向裡，個體自身無法實現眞實存在的價值，他們致力於形構本體論話語，在個體自身的存在之上，尋找更高的存在依據與價值根源。然而，在郭象形構其問題意識所依憑的世界圖式裡，並沒有形上終極存在的位置，而是以生活世界爲其整體視野。在其文本脈絡之中，明顯可見其轉換玄學本體論範式的意向，茲引一段〈齊物論〉的注文以便進一步討論：

> 夫天籟者，豈復別有一物哉？即眾竅比竹之類，接乎有生之類，會而共成一天耳。無既無矣，則不能生有；有之未生，又不能爲生。然則生生者誰哉？塊然而自生耳。自生耳，非我生也。我既不能生物，物亦不能生我，則我自然矣。自己而然，則謂之天然。天然耳，非爲也，故以天言之。（以天言之）所以明其自然也，豈蒼蒼之謂哉！而或者謂天籟役物使從己也。夫天且不能自有，況能有物哉！故天者，萬物之總名也，莫適爲天，誰主役物乎？故物各自生而無所出焉，此天道也。（2／50）

在這段注文裡，或經由反詰，或假設「或者謂」，他者的聲音折射出來，這個他者是傳統哲學的本體論話語——「天」指向一具有創生、支配萬物作用的超驗存在。對於這種本體論話語，郭象如何予以批判、否定呢？他把「天」從宇宙本體論範疇轉換爲一般概念。首先，否定有一超越的主宰，強調一切萬有的存在都是塊然而生，自己而然。萬有自己而然的存在狀態「謂之天然」，「天」這個名詞加上「然」這個形容詞，內部構成主謂關係，在句中「天然」則作謂語來形容萬有自己而然的存在狀態，也就是說，「天然」之所以「以天言之」乃是修辭而已，而不是指稱外在於萬物而使萬物如此的絕對他者；然後，又指出「天者，萬物之總名」，「天」是一個「名」，用來總稱萬物，不是眞實存在，只是一個抽象設定的概念名稱。簡言之，「天」，作爲一個抽象設定的概念名稱也好，一個修辭用語也好，都不是眞實存在，更沒有創生、支配萬物的作用。

在郭象的批判之中，「無即無矣，則不能生有；有之未生，又不能爲生」，
涉及了當時玄學的有無之辨。「有生於無」的觀念出現在《老子》第四十章：
「天下萬物生於有，有生於無。」（1985：107）在這樣的敘述中，「有」、「無」
脫離了日常用法，而成爲哲學話語。日常用法裡「無」（或作「亡」）是「有」
的闕如，對它的使用是以對「有」的確認爲前提的。在《老子》，「有」、「無」
成爲描述宇宙生成過程的概念語言，「無」抽象化而先於「有」存在，「無」
是對形上終極存在的後設規定。這樣的觀念經由王弼的顯題化，成爲玄學本
體論的主題，王弼提出了「本末」的理論框架予以詮說：

> 天下之物，皆以有爲生。有之所始，以無爲本。將欲全有，必反於
> 無。（樓宇烈校釋，1980：110）

> 用夫無名，故名以篤焉；用夫無形，故形以成焉。守母以存其子，
> 崇本以舉其末，則形名俱有而邪不生，大美配天而華不作。故母不
> 可遠，本不可失。（樓宇烈校釋，1980：95）

> 夫無不可以無明，必因於有。（《周易正義》，《十三經注疏》，1981：
> 152）

明「無」必因於「有」，全「有」必返於「無」是王弼玄學思想中的核心觀念
（戴璉璋，2002：62），王弼的本體思維所豁顯的並不是「無」獨立於有之外，
先於有而存在的實體義，而是從本體、現象、過程等的整體關係，以「無」
作爲「有」的形上本體，並強調即體即用，在實踐面向上，著意彰顯實踐義
的「無」對於「有」所具有的積極援助功能。

然則，元康時期王衍等的「貴無」主張與裴頠的「崇有」觀點針鋒相對，
王衍等人沒有著述傳世，其觀點內容無從得之，但是從裴頠的〈崇有論〉來
看，論爭的焦點落在「有生於無」的命題上，那麼，一個合理的推論是，「貴
無」派有將「無」這個形上本體予以「實體化」的傾向，所謂「實體化」就
是割裂本體與現象、過程等的關係，抽離成一固定的、現成的、在現象之外、
自足而獨立的超驗存在，如前文所提及的「天」一樣，指向一具有創生、支
配萬物作用的超驗存在。當「無」被「實體化」，它就具有了出離生活世界的
性質，「無名」、「無形」對於「名」、「形」失去了積極援助的功能，而只是對
「名」、「形」的否定。「上及造化，下被萬事，莫不貴無」（裴頠〈崇有論〉，
1978：367）天道與人事的接軌本就是玄學論題的核心焦點，論道之士的有無
之辨，不純然是形上學的理論興趣，往往是據以尋求人事作爲的正當性，貴

無者如王衍者既強調「天地萬物皆以無爲本」（《晉書・王衍傳》，1986：143），對應於人事世務，遂產生外形、遺制，乃至於忽防、忘禮，導致生活任誕放蕩，政務怠忽失序。這種「貴無」主張，恰恰顛覆了眞實的存在。

於是，裴頠的〈崇有論〉提出了如此批判：

> 夫至無者，無以能生；故始生者，自生也。自生而必體有，則有遺而生虧矣，生以有爲己分，則虛無是有之所謂遺者也。故養化之有，非無用之所能全者；理既有之眾，非無爲之所能循也。……濟有者皆有也；虛無奚益於已有之群生哉？（1978：377）

對於「有生於無」的否定，裴頠的論點與郭象看來並無二致，他們都把「無」還原到「有」之闕如的意義，取消「無」的本體論意涵。然而，把眞實存在從「虛無」的深淵拯救出來之後，裴頠從「體有」的角度認取眞實的存在：

> 夫總混群本，宗極之道也；方以族異，庶類之品也；形象著分，有生之體也；化成錯綜，理跡之原也。夫品而爲族，則所稟者偏；偏無自足，故憑乎外資。是以生而可尋，所謂理也；理之所體，所謂有也，有之所須，所謂資也；資有攸合，所謂宜也；擇乎厥宜，所謂情也。識智既授，雖出處異業，默語殊塗，所以實生存宜，其情一也。（1978：374）

〈崇有論〉開宗明義就說「總混群本，宗極之道」（1978：374），最根本的道，是統括萬有的，道是萬有的總合，萬有的總合是一個萬有相資相依交互作用的有機整體，這是唯一的眞實存在，個體無法獨立自足，離開此一有機整體也無法存在。因此，裴頠強調「偏無自足，故憑乎外資」（1978：374），就「已有的群生」而言，「無爲」不足以「濟有」，這是裴頠立論最核心的宗旨所在，其關懷的基本問題是如何在現實世界成就理想的秩序，此一秩序即已有的群生所體現的總體規律，而成就這樣一個群生互資共濟的理想社會，有賴於賢人君子的有爲。

可見裴頠以「崇有」抵制「貴無」，以「有」易「無」，表面上針鋒相對，事實上以萬有總合的「宗極之道」保證了儒家禮制與賢人政治的合理性和必要性，其建宗立極的意向是一致的，換言之，二者都認爲現象界的萬物自身不具有內在價值，無法實現其眞實存在，而以「有」或「無」提供一個存在的終極依據，以「有爲」或「無爲」爲世界提供一個最終和諧與完美的理想藍圖，爲萬物決定他們的「眞實存在」。

郭象的思維模式迥異於此，在他看來，「存在」本身塊然自生自存，無所謂「有」或「無」，「有」、「無」都是自然的流轉變化，存在物之聚集顯現為「有」，存在物之消散隱蔽為「無」，在其注〈庚桑楚〉「天門者，無有也，萬物出於無有」時清楚地說道：「死生出入，皆欻然自爾，未有為之者也。然有聚散隱顯，故有出入之名；徒有名耳，竟無出入，門其安在乎？故以無為門，則無門也。」（23／801）「死生」、「出入」、「有無」等都只是人為設定的概念語詞，從流轉變化的聚散顯隱之任一端認取存在的依據是荒謬的，以人為設定的語詞概念虛擬存在的終極根據更是荒謬的，所以他從概念範疇的釐清上著手，批判「無」作為概念語詞錯置為本體論範疇的謬誤。對於裴頠的「體有」，他也同樣予以批判：「有之未生，又不能為生」，「有」也一樣還原到日常用法，不具有本體論意涵。既然撤除一切關於終極存在的設定，郭象也不認可任何「宗極之道」足以提供萬物同一性、世界最終和諧與完美境界的主張。在郭象看來，道既不是萬有的總合，不是統括萬有的總體規律，道在萬物，﹝註7﹞萬物自生自化就是道，「物各自生而無所出，此天道也」，他把目光轉移到個體本身，「物各有足」（6／239），強調每一個體的生命具現其真實存在的自然和必然性，物「自得而獨化」，並不外資於道：

> 道，無能也。此言得之於道，乃所以明其自得耳。自得耳，道不能
> 使之得也；我之未得，又不能為得也。然則凡得之者，外不資於道，
> 內不由於己，掘然自得而獨化也。（6／251）

依此「獨化」之說，郭象肯認個體的真實存在，而裴頠以群有總體的存在為真實，於是二者的政治主張亦分道而揚鑣，裴頠在其自生體有的理論基礎上，肯定禮教有益群生的價值，主張有為；郭象在其自生獨化的理論基礎上，雖然也肯定禮教出於自然，但是所強調的是順物適性，而力主無為。因此，論者﹝註8﹞如錢穆有言：「郭象乃謂天地常存，竟無未有之時，則天地萬物徹頭

﹝註7﹞　葉維廉認為「郭象對道家思想中興的最大貢獻，是肯定和澄清了莊子『道無所不在』，道是『自本自根』的觀念」（1992：92）郭象是否「肯定和澄清」了莊子，筆者持保留的態度，但是綜觀郭象注《莊》，的確把「道」這個終極語彙（還有「自然」）從形上學範疇轉換為存有論範疇，這是郭注的一大特色，也是莊學玄學化的一大關鍵，正如葉維廉從郭象注「天籟」處鏈結王羲之〈蘭亭詩〉而指出的：「這首詩可以說是郭注『天籟』和『吹萬不同』的轉述。山水自然之值得瀏覽，可以直觀，是因為『目擊而道存』（『寓目理自陳』），是因為『萬殊莫不均』，因為山水自然即天理，即完整。」（1992：92）

﹝註8﹞　湯用彤說：「王、何『貴無』，向、郭『崇有』。」（1984：133）湯一介說：「郭

徹尾惟一有。郭象此說殆亦有所本，乃本之其同時裴頠崇有之旨也。」（1991：426）本文則認為就思想的發生程序而言，裴頠〈崇有論〉與郭象的自生之說當然具有互文性關係，然則其思想的理論內涵實在大異其趣。

　　總結上文的分析，可見郭象對於個體自由的政治關懷乃是其「內聖外王之道」的核心，此一政治關懷主要表現於兩個方面：一是肯定個體價值多元性以及不可通約性，一是要求最大可能的不干涉。這種對個體自由的問題意識出於與貴無者或崇有者迥然有別的世界圖式。關注著個體如何在生活世界實現其最大化的自由，萬物的適性自得以及聖人的玄冥之境，成為郭象詮釋〈逍遙遊〉所要豁顯的兩大焦點，其理論形構乃從本體論的高度論證個體性分自足的自然和必然性，進而肯定個體各依其性分而實踐存在的合理性，在前者的基礎上，就政治實踐的面向，建構跡冥圓融的聖人論。這樣的理論形構與〈逍遙遊〉的原文世界顯然存在著極大的間距，以下本文所要探問即是：郭象運用什麼詮釋方法，在經典文本與詮釋文本的間距之中將詮釋自由最大化，把自己的理論接合於原文世界？

第二節　〈逍遙遊注〉的詮釋方法

　　郭象對於自己的詮釋活動，不像王弼那樣撰寫〈老子指略〉和〈周易略例〉，系統地闡述自己的文本意識和詮釋方法，儘管如此，郭象的詮釋文本展現為一個主旨明晰、條理貫通、辯證統合的有機整體，其詮釋方法的基本原則和操作程序乃是有跡可尋的。〔註9〕本節將針對〈逍遙遊注〉在語詞、句式、

象和裴頠一樣，他們的哲學都被稱為『崇有』。」（1999：31）李中華說：「魏晉玄學以有無關係為中心，形成了崇有與貴無兩派，郭象繼裴頠之後，全面構建了崇有論學說。」（許抗生等，1989：319）這樣的說法恐怕都忽略了郭象力圖解消「有無」本體論話語的意向。與視郭象為「崇有」者相反的，認為「郭象之否定形上並不徹底，自然固可以即萬物之自爾而言，但也可以上昇而為萬物存在之理，如王弼所謂：『自然者，無稱之言，窮極之辭。』，所以雖然郭象所建構的玄學的理論間架不同於王弼，而精神是相承繼的。」（莊耀郎，1998：147）「郭象的自然觀基本上可以說遙契老、莊，近承王、嵇的。」（戴璉璋，2002：266）這部分在第三節深究郭象自然觀時再作進一步的討論。

〔註9〕湯一介在所著《郭象》一書中專章討論郭象的「哲學方法」，將其歸納為三：（1）寄言出意（2）辯名析理（3）否定的方法。（1999：86～117）前兩項與本節所要討論的詮釋方法有關，湯氏以出自郭象《莊子注》的「寄言出意」和「辯名析理」為標題，對於二者的理論基礎、運作程序及實際效果作了切要的分析，頗有參考之處；然則，由於聚焦於「自然」與「名教」問題上，

意義的增生或轉移等方面所展現的詮釋實踐，分別就「辨名言理」、「寄言出意」等兩種方法進行具體的探究。

一、辨名言理

本文在此所標示的「辨名言理」，有別於郭象注〈天下〉評惠施段所提到的「辯名析理」，郭象注文有云：

> 昔吾未覽《莊子》，嘗聞論者爭夫尺棰連環之意，而皆云莊生之言，遂以莊生爲辯者之流。案此篇較評諸子，至於此章，則曰其道舛駁，其言不中，乃知道聽塗說之傷實也。吾意亦謂無經國體致，眞所謂無用之談也。然膏（梁）之子，均之戲豫，或倦於典言，而能辯名析理，以宣其氣，以繹其思，流於後世，使性不邪淫，不猶賢於博奕者乎！故存而不論，以貽好事也。（33／1114）

在這段文字裡，郭象提到三個重點：（1）指出論者以莊生爲辯者的錯誤；（2）思想言說必須「經國體致」，否則便是「無用之談」；（3）「辯名析理」雖然無用於經國體致，但有益於宣氣繹思，使性不邪淫。第二點恰恰與〈莊子序〉「明內聖外王之道」相呼應，第三點所提出的「辯名析理」是既指惠施等名家的辯論，亦指向前文「論者」的爭辯。馮友蘭據郭象注文而以「辨名析理」爲玄學的方法，「魏晉的名士們，見面總是要辯論，辯論的方法總是『辯名析理』。他們所用的理是抽象的概念，不是事，不是實際的問題。所以他們的辯論稱爲『清談』或『玄談』」，「名理和玄遠本來就是玄學的兩個方面，名理是一種學問，玄遠是一種境界，名理是方法，玄遠是目的」。（1991：35、37、42）湯一介承此說，也認爲「辯名析理」是魏晉玄學的一重要方法，「玄學」爲「名理之學」（1999：81）。這樣的說法是有待商榷的，除了混淆「辨名析理」與「名理」、「清談」與「玄學」之外〔註10〕，與本節相關切的問題，首先是郭

對於詮釋實踐的細節描述或有未逮。至於最後一項所謂「否定的方法」實與辯證式思維相表裡，關於郭象的辯證式思維方式，莊耀郎作了如此的分析：「在郭象的《莊子注》中，有他一貫的思維方式，即先認定有一組相對的觀念，通過辯證的發展，層層遞進，終而達致玄冥獨化之境，將前面相對觀念的偏執、矛盾、衝突、異化在發展的過程中一一解消，最後達到圓融的境地。」這種思考方法不僅運用於論有無、是非、死生等觀念，「而且靈活運用於更高層次之儒道會通，自然與名教的理論上」。（1998：40、45）這一項不在本節討論的範圍，暫時擱置不論。

〔註10〕馮、湯等人的說法，除了與本節相關的問題之外，還涉及更大的問題：二者

象本身雖然認為「辯名析理」是一種有益宣氣舒思的精神遊戲，卻終歸於不能經國體致的無用之談，郭象以自己指陳的無用之談來論證所謂「內聖外王之道」，不是自相矛盾嗎？其次，郭象注文並未涉及任何方法的理論說明，如果以「辯名析理」作為一種方法，那麼其理論基礎為何？操作程序為何？從郭象注文顯然這兩個問題都找不到恰當的答案。

　　因此，本節不取「辯名析理」來標示郭象的詮釋方法，而把焦點轉移到王弼運用於《老子》注釋的「辨名言理」，據〈老子指略〉云：

> 夫不能辨名，則不可與言理；不能定名，則不可與論實也。凡名生
> 於形，未有形生於名者也。故有此名必有此形，有此形必有其分。
> 仁不得謂之聖，智不得謂之仁，則各有其實矣。夫察見至微者，明
> 之極也；探射隱伏者，慮之極也。能盡極明，匪唯聖乎？能盡極慮，
> 匪唯智乎？校實定名，以觀絕聖，可無惑矣。

這段論述指出「名」在理論言說中的關鍵性地位，名詞術語由事物的「形」（現象特徵）所決定，而「形」（現象特徵）是「實」（真實本質）所造就，因此校實必須定名，言理必須辨名。就理解與詮釋的活動來說，可以引申出以下的意思：對於創作者一方來說，通過事物的「名」來反映事物的「形」，進而表現事物的「實」。對於解釋者一方來說，則憑藉事物的「名」來檢驗事物的「形」，進而辨析事物的「實」。這樣在「名」的引導下，經典的創作者與解釋者就可能有「共同的語言」，就可能在同一個「視域」裡接觸、交流乃至融洽。（周光慶，2002：399）這種「辨名言理」的詮釋方法，「不同於漢儒的『訓詁』。『訓詁』主要是知識性的解釋，注重詞在語言學上的音義，注重訓釋代表具體事物的名詞，而『辨名』則是一種思辨性的解釋，注重詞的形而上的意義，注重辨析代表抽象概念的名詞。」（周裕鍇，2003：139）就相關的理

皆以「辯名析理」即名理之學，那麼「名理」是一種學問，還是一種方法？又，清談等於玄學嗎？「名理」、「清談」、「玄學」三者的關係是一個大題目，超出本節所討論的範圍，實在無法兼及，但對於「名理」、「清談」、「玄學」等三者，筆者認為戴璉璋的分辨值得參考，戴氏於〈魏晉清談的思想旨趣與語言風格〉指出，清談的內容包括「名理」與「玄理」，清談玄理並不就等於玄學──理由有三：（1）著名的玄學家如嵇康、張湛等人未見有清談的紀錄；（2）玄理談家以析理精敏，因應善巧見長，立場可以隨時改變，而玄學家必須有一貫主張以成一家之言；（3）清談可以只提結論，而不作論證，而玄學家卻不可能如此。（2002：377～390）

論闡述以及王弼的詮釋實踐〔註11〕，約而言之，這種辨名言理的詮釋方法有以下幾個特徵：（1）在理論預設上，以每一個關鍵詞語都是一個展開了的思想為前提；（2）在操作程序上，深入語言符號所組合的特定語境中，辨析語詞的用法及意義，然後在此基礎上進行思辨性的義理闡發；（3）在表達形式上，則以關鍵詞的義訓和因果邏輯關係的句式為其特徵。

　　這種「辨名言理」的在郭象〈逍遙遊注〉中，是如何運用的呢？且看對於「乘天地之正，而御六氣之辯，以遊無窮者」的注釋：

> 天地者，萬物之總名也。天地以萬物為體，而萬物必以自然為正。
> 自然者，不為而自然者也。故大鵬之能高，斥鷃之能下，椿木之能
> 長，朝菌之能短，凡此皆自然之所能，非為之所能也。不為而自能，
> 所以為正也。故乘天地之正者，即是順萬物之性也；御六氣之辯者，
> 即是遊變化之塗也。如斯以往，則何往而有窮哉！（1／20）

郭象注《莊》對於原文的語詞往往不作知識性的解釋，如「六氣」一詞甚至存而不論，而關鍵詞的選擇往往取決於可否接合自己的理論脈絡，因此直接認取「天地」為關鍵性的詞語，關鍵詞「名」如「天地」者所指向的「理」不是現成不變的，因此郭象得以在關鍵詞的義訓中，把原文的「名」詞消融於自己的「理」路之中，先以「萬物之總名」來解釋「天地」，隨之接合上「萬物以自然為正」的重要命題，接下來運用原文所提及的大鵬之高、斥鷃之下、椿木之長、朝菌之短等，作為「皆自然之所能」的例子，以強化「萬物以自然為正」的論證。然後以此為前提，以因果邏輯關係的句式強化其表達效果，推導出「故乘天地之正者，即是順萬物之性也；御六氣之辯者，即是遊變化之塗也。如斯以往，則何往而有窮哉」的結論。郭象這段注文運用「辨名言理」的詮釋方法，固然有接合己意的痕跡，但畢竟扣緊原文的「名」進行詮釋，而且其所接合的「理」──「故乘天地之正者，即是順萬物之性也；御六氣之辯者，即是遊變化之塗也。如斯以往，則何往而有窮哉」，雖然不是〈逍遙遊〉的旨趣所在，但是與《莊子》的自然義畢竟也有交集。〔註12〕於是，

〔註11〕關於王弼運用「辨名言理」的方法所作的詮釋實踐，可參考周光慶和周裕鍇分別就《老子》第一章及第六章的文例所進行具體分析（周光慶，2002：399～400；周裕鍇，2003：139）。

〔註12〕《莊子》書中六次提及「自然」，以「自然」為萬物內在受之於天的稟性，如：「水之於汋也，無為而才自然矣。」（21／783）「自然」與「命」連結，而有不得不然的命定義：「吾又奏之以無怠之聲，調之以自然之命，故若混逐叢生，

此段注文「順理成章」地完成一段理解視域的融合,整個詮釋脈絡結合原文的材料,有清晰的定義,有邏輯的推演,又言之成理,彷彿其義理本來就是原文所展現的。

二、寄言出意

除了「辨名言理」之外,郭象更從言內之意,走向言外之意,超越於原文的語言脈絡之外進行詮釋。言外求意的詮釋方法從王弼以後已成為魏晉時期詮釋各種經典的通則,王弼在《周易略例‧明象》中結合了《周易‧繫辭》「立象以盡意,繫辭焉以盡其言」以及《莊子‧外物》的筌蹄之喻,提出了以下關於言、象、意的論述:

> 夫象者,出意者也。言者,明象者也。盡意莫若象,盡象莫若言。言生於象,固可尋言以觀象;象生於意,故可尋象以觀意。意以象盡,象以言著。故言者所以明象,得象而忘言;象者所以存意,得意而忘象。猶蹄者所以在兔,得兔而忘蹄;筌者所以在魚,得魚而忘筌也。是故存言者,非得象者也;存象者,非得意者也。象生於意而存象焉,則所存者乃非其象也;言生於象而存言焉,則所存者乃非其言也。然則,忘象者,乃得意者也;忘言者,乃得象者也。得意在忘象,得象在忘言。故立象以盡意,而象可忘也;重畫以盡情,而畫可忘也。(樓宇烈校釋,1980:609)

這段論述可分為三個層次:(1)描述言、象的表意功能,肯定「尋言以觀象,尋象以觀意」;(2)描述言、象的工具性質,強調「得象忘言」、「得意忘象」;(3)描述象之於言、意之於象的超越性,主張「忘象乃得意」、「忘言乃得象」。這段論述最容易引起爭議的是第三個層次,或以為「所謂『忘言』、『忘象』,當然不是摒棄言與象而根本不用的意思,而是在『尋言』、『尋象』而有所得之後,超越這言與象,化除對於言與象的執著。必須有這步超越、化除的工

林樂而無形。」(14/518)因順調應,是人接受生命中不得不然,以成全存有整全的智慧:「吾所謂無情者,言人之不以好惡內傷其身,常因自然而不益生也。」(5/200)「夫至樂者,先應之以人事,順之以天理,行之以五德,應之以自然,然後調理四時,太和萬物。」(14/512)而政治領袖亦當以「順物自然」、「法天貴真」為最高原則:「遊心於淡,合氣於漠,順物自然而無容私焉,而天下治矣」。(7/281)「真者,所以受於天也,自然不可易也。故聖人法天貴真,不拘於俗。」(31/1240)

夫，所得的象與意才能保存得住，才不至於變質，才不至於得而復失。所以
在王弼的玄思中，根本沒有先得而後忘抑或先忘而後得的問題。在他看來，
得與忘有一個辯證的歷程，得而後當忘，忘而後可以眞得。」（戴璉璋，2002：
57）另一種解讀則認爲象超越於言，可於言外求之，意超越於象，可於象外
求之，所以「忘象乃得意，忘言乃得象」，是指超越言、象而直接去領悟體驗
聖人之意。（汪裕雄，1996：368；周光慶，2002：400；周裕鍇，2003：128）

　　對於這個引起兩極化看法的問題，還是要回到王弼的相關論述裡尋找答
案，王弼立意在於「擯落象數」，因此在提出「忘象」、「忘言」的方法後，他
舉例說明了漢代易學執著於言、象的荒謬性：

> 是故觸類可爲其象，合義可爲其徵。義苟在健，何必馬乎？類苟在
> 順，何必牛乎？……而或者定馬於乾，案文責卦，有馬無乾，則僞
> 說滋漫，難可紀矣。互體不足，遂及卦變；變又不足，推致五行。
> 一失其原，巧愈彌甚。從復或値，而義無所取。蓋存象忘意之由也。
> 忘象以求其意，義斯見矣。（樓宇烈校釋，1980：609）

從這段文字可知，所謂「忘象」相對於漢儒的「存象」而言。問題的主要焦
點在於「象」特殊的表意功能，「象」的表意功能並不是以概念指稱具體事
物，而是如戴璉璋所說：「卦象，爻象，都是運用象徵的方式來表達意念的。
所謂象徵，是一種比擬，是一種設定。它在意念的表達上則是一種指點，一
種啓發。」（2002：54～55）「象」以象徵功能表意，可見「意」本來就不在
「象」之中，而在「象」之外，漢儒「存象忘意」，把符號與意義的虛擬關
係固定下來，而加以推演比附，反而遺失了《周易》的本義。王弼主張「忘
象」，體認到「象」作爲象徵符號，指向象外之意，因此，如果把「象」當
作認知的對象，不斷地以各種知識條件予以分解推演，並不能抵達它所指向
的「意」；唯有忘掉「象」的工具性，「象」不再以認知的對象呈現於眼前，
而還原爲活潑靈動的物象，然後我們才能從物象的瞬間直觀中瞥見整體意義
界域。

　　因此，「忘象乃得意，忘言乃得象」，並不是在「得意」、「得象」之後，
不執泥於「象」、「言」，而是一種從分解認知轉換爲直觀悟解的過程：「忘言」，
撤除「言」對於「象」的各種概念化設定，讓「象」回復其多向度的象徵功
能；「忘象」，撤除意識中對於「象」的工具性、對象化之設定狀態，直觀其
本質意義。王弼的論述，不僅廓清了漢儒易學的象數迷霧，而且強調將本義

的探求視爲經典文本的理解與詮釋的首要任務，爲「忘言得意」的經典詮釋方法奠立了理論基礎，雖然一般經典不像《周易》以「象」爲「言」與「意」的中介，但是強調直觀慧解的理解方式，卻使「忘言得意」同樣具有普遍性的方法意義。綜觀王弼的詮釋實踐，「忘言得意」的操作方式主要是就經典文本的「無言」之處，闡發自己對於「本義」的慧解，例如其注《周易・蒙・卦辭》：「利貞」曰：「蒙之所利，乃利正也。夫明莫若聖，昧莫若蒙，蒙以養正，乃聖功也；然則養正以明，失其道也。」（樓宇烈校釋，1980：239）「蒙以養正」，原指使童蒙的人培養正道，而王弼將之詮釋爲用蒙昧的態度來培養正道。又如其注《論語・述而》「志於道」曰：「道者，無之稱也，無不通也，無不由也。況之曰道，寂然無體，不可爲象。是道不可體，故但志慕而已。」（樓宇烈校釋，1980：624）孔子未具體說明的「道」，王弼根據「聖人體無」而加以發揮。

與王弼「忘言得意」的詮釋方法相近，郭象所用的方法是「寄言出意」，「寄言出意」一語出於〈山木〉：「（莊周曰）今吾遊於雕陵而忘吾身，異鵲感吾顙，遊於栗林而忘眞，栗林虞人以吾爲戮，吾所以不庭也」郭注：

> 夫莊子推平於天下，故每寄言以出意，乃毀仲尼，賤老聃，上掊擊
> 乎三皇，下痛病其一身也。（20／699）

所謂的「寄言」是別有寄託的言說，《莊子》一書「以謬悠之說，荒唐之言，無端崖之辭，時恣縱而不儻，不以觭見之也。以天下爲沈濁，不可與莊語，以巵言爲曼衍，以重言爲眞，以寓言爲廣。」（《校詮》：33／1344）正因爲《莊子》本身的確每每「寄言以出意」，所以郭象往往標舉「夫莊子之言，不可以一途詰。故當遺其所寄而錄其絕聖棄智之意焉」（12／424），爲其別闢蹊徑的詮釋行動合理化、正當化。不過，作爲詮釋方法與作爲表意方式的「寄言出意」並不是同一回事。在莊子，「寄言」是其表意的方式，在郭象，「寄言」是予以「遺」、「忘」的對象；在莊子，「出意」乃由「寄言」的辯證豁顯其意，在郭象，「出意」則是以理論語言表出己意。

在郭象的詮釋實踐裡，其操作方式是將《莊子》以意象語言作爲表意方式的段落，標示爲「寄言」，強調「遺其所寄」，使經典文本出現空白地帶，而成爲其自由論述的空間。在〈逍遙遊注〉，開篇就運用這種詮釋方法，將「適性逍遙」之義立主以定：

> 鵬鯤之實，吾所未詳也。夫莊子之大意，在乎逍遙遊放，無爲而自

得。故極小大之致，以明性分之適。達觀之士，宜要其會歸而遺其
所寄，不足事事曲與生說，自不害其弘旨，皆可略之耳。（1／3）

然而，詮釋的自由並非是完全脫離原文的自由，郭象雖然言明「鵬鯤之實，
吾所未詳也」，對於後文大鵬怒飛的意象，並未略而不注，而予以因果邏輯的
推論，更進一步強化「理固自然」，將前段注文立定之主，自上而下予以貫通，
前後呼應，如：

非冥海不足以運其身，非九萬里不足以負其翼，此豈好奇哉？直以
大物必自生於大處，大處亦必自生此大物，理固自然，不患其失，
又何厝心於其間哉！（1／4）

此皆明鵬之所以高飛者，翼大故耳。夫質小者所資不待大，則質大
者所用不得小矣；故理有至分，物有定極，各足稱事，其濟一也。
若乃失乎忘生之生而營生於至當之外，事不任力，動不稱情，則雖
垂天之翼不能無窮，決起之飛不能無困矣。（1／7）

二蟲，謂鵬蜩也。對大於小，所以均異趣也。夫趣之所以異，豈知
異而異哉？皆不知其所以然而自然耳。自然耳，不為也。此逍遙之
大意。（1／10）

如此一來，「自然」、「理有至分」、「物有定極」等詞語一再集結，成為詮釋空
間裡的理論主軸，原文世界的隱喻與反諷等等意指功能都消失，原有的詞彙
用語在新詞語集結而成的意義共同體裡，以新的「身分」被安置於相對位置，
整個意義視域於焉重新組構。

郭象運用「寄言出意」的方法，製造出自由詮釋的空間，往往用以形構
自己的核心理論，甚至逆向轉移原文的意義指涉，如注「藐姑射之山，有神
人居焉」以及「堯往見治天下之民，平海內之政，往見四子藐姑射之山」曰：

此皆寄言耳。夫神人即今所謂聖人也。夫聖人雖在廟堂之上，然其
心無異於山林之中，世豈識之哉！徒見其戴黃屋，佩玉璽，便謂足
以纓紱其心矣；見其歷山川，同民事，便謂足以憔悴其神矣；豈知
至至者之不虧哉！今言王德之人而寄之此山，將明世所無由識，故
乃託之於絕垠之外，而推之於視聽之表耳。處子者，不以外傷內。（1
／28）

夫堯之無用於天下為，亦猶越人之無所用章甫耳。然遺天下者，固

天下之所宗。天下雖宗堯，而堯未嘗有天下也，故宵然喪之，而嘗遊心於絕冥之境，雖寄坐萬物之上而未始不逍遙也。四子者蓋寄言，以明堯之不一於堯耳。夫堯實冥矣，其跡則堯也。自跡觀冥，內外異域，未足怪也。世徒見堯之為堯，豈識其冥哉！故將求四子於海外而據堯於所見，因謂物同波者，失其所以逍遙也。然未知至遠之跡所順者更近，而至高之所會者反下也。若乃厲然以獨高為至而不夷乎俗累，斯山谷之士，非無待者也，奚足以語至極而遊無窮哉！（1／34）

有時雖未標出「寄言」，但強調「宜忘言以尋其所況」，目的及作用也是一樣的，如注「許由曰：『子治天下，天下既已治也。』」：

夫能令天下治，不治天下者也。故堯以不治治之，非治之而治者也。今許由方明既治，則無所代之。而治實由堯，故有子治之言，宜忘言以尋其所況。而或者遂云：治之而治者，堯也；不治而堯得以治者，許由也。斯失之遠矣！夫治之由乎不治，為之出乎無為也，取於堯而足，豈借之許由哉！若謂拱默乎山林之中而後得稱無為者，此莊老之談所以見棄於當塗。當塗者自必於有為之域而不反者，斯之由也。（1／24）

在這三段注文裡，原先不在場的聖人通過「寄言出意」而現身在場。「堯」其實一直不曾在歷史現場出現過，他就像一個容器，自古以來不斷容受各種立場、欲望、權力、理想所編織的意象，而現身於知識分子的論述空間裡。廟堂即山林，莊子並不反對，「堯」與「許由」也不過是表意符號，而郭象必得翻轉原文的意義指涉，並且在行文中一再出現批判的語句：「世豈識之哉！」「世徒見堯之為堯，豈識其冥哉！」「而或者遂云：治之而治者，堯也；不治而堯得以治者，許由也。斯失之遠矣！」「若謂拱默乎山林之中而後得稱無為者，此莊老之談所以見棄於當塗。當塗者自必於有為之域而不反者，斯之由也。」這些語句並非設對以加強論說的修辭策略，而實在與郭象嘔欲將《莊子》改造成應世的思想體系有關──對郭象來說，其詮釋作為一種實踐，是一場與當代的政治、文化菁英的思想對話，是一個知識分子身處變世情境形構其「內聖外王之道」的行動。從這個角度看，整部《莊子注》可說是郭象之「寄言」──理想寄託之所在。

第三節　郭象逍遙義的理論形構

　　第一節曾經討論到，郭象對於個體自由的政治關懷乃是其「內聖外王之道」的核心，此一政治關懷主要表現於兩個方面：一是肯定個體價值多元性以及不可通約性，一是要求最大可能的不干涉。對應於這兩個面向，適性逍遙義涵有「適性說」和「聖人論」兩個向度的理論形構：前者賦予「適性逍遙」以本體論與價值論的理據，論證個體性分自足的必然性，進而肯定個體各依其性分而實踐存在的合理性；後者是關於實踐的理論，論述跡冥圓融的聖人如何達致「適性逍遙」的理想目標。以下分別就「適性說」和「聖人論」，通過文本的分析，探究郭象適性逍遙義所抵達的理論制高點。

一、適性說

　　郭象的「適性說」，依〈逍遙遊注〉的文本脈絡來看，不斷集結以形構理論的關鍵詞主要是「自然」。由「自然」而說「理」而說「性」，構成「適性說」的理論主軸。「自然」一詞，在《老子》書中凡五見，在《莊子》書中凡六見。〔註13〕錢穆認為「似莊子心中，自然尚未成一特定之觀念」，在老子「已有漸成一特定名詞之象」，「則自然二字，在先秦道家觀念中，尚未成熟確立，因亦不占重要之地位可知。」「後世遂謂莊老盛言自然，實由王弼故也」，「必俟有郭象之說，而後道家之言自然，乃始到達一深邃圓密之境界。」（1991：411、413、421）然而，劉笑敢的看法完全不同，他詳細分析《老子》書「自然」的意涵，強調「自然」是老子哲學，也是道家哲學的中心價值。（1997：第三章）莊耀郎亦分析《莊子》書中的「自然」有理則義、本有義、自己如此義等而皆統攝於主體修為之無為、無執的沖虛心靈的自然義下，構成一價值意義的宇宙觀人生觀。（1998：78～79）

　　筆者認為在《老》、《莊》二書中，「自然」固然逐漸發展為重要的哲學概念，且其涵義的確與道家價值論相終始，不過，就哲學思想史發展的角度來看，有意識地、明確地以「自然」作為理論核心觀念，使先秦道家的自然義

〔註13〕《老子》所見「自然」的條文分別是：(1)「功成身退，百姓皆謂我自然。」（十七章，1985：45）(2)「希言自然。」（二十三章，1985：60）(3)「人法地，地法天，天法道，道法自然。」（二十五章，1985：67）④「道之尊，德之貴，夫莫之命而常自然。」（五十一章，1985：131）⑤「以輔萬物之自然而不敢為。」（六十四章，1985：45）《莊子》的部分參見注12。

顯題化的，應該還是王弼、郭象等魏晉思想家。然則，王、郭等人的自然義有何新的發展呢？戴璉璋認為魏晉玄學家如王弼、向秀及郭象諸人，所謂「自生」與「自然」大致都不違老、莊本意（2002：257）。據錢穆等人所列舉王弼注文，〔註14〕其言曰：「萬物以自然為性，故可因而不可為，可通而不可執也。」（「為者敗之，執者失之」注），「用夫自然，舉其至理，順之必吉，違之必凶。」（「人之所教，我亦教之」注）《老》、《莊》並未將「自然」與「性」、「理」關連而論，可見王弼的自然義固不違老、莊本意，而更有超出老、莊者；至於郭象的自然義則又在王弼的基礎之上獨造新論，此即筆者欲通過〈逍遙遊注〉的文本分析所要加以闡明的。

　　作為「適性逍遙」理論基礎的自然義具體內容為何？首先，讓我們把焦點放到「萬物必以自然為正」的重要命題上，先看注文：

> 天地者，萬物之總名也。天地以萬物為體，而萬物必以自然為正。
> 自然者，不為而自然者也。故大鵬之能高，斥鷃之能下，椿木之能
> 長，朝菌之能短，凡此皆自然之所能，非為之所能也。不為而自能，
> 所以為正也。（1／20）

在這段注文中，郭象將「天地之正」詮釋為「萬物必以自然為正」，把「自然」提昇到本體論高度，論證萬物以「自然」為存在的依據。在其論述中，「天地以萬物為體」是一個重要的關鍵句，充分顯示了郭象的「自然」並非取先秦道家的「道」或王弼的「無」而代之，因為郭象的本體論架構根本不同。在先秦道家，「道法自然」、「真者，所以受於天也，自然不可易也」，「自然」是「道」或「天」所體現的最高原則和價值；在王弼，「自然者，無稱之言，窮極之辭。……道順自然，天故資焉」（樓宇烈校釋，1980：65），「自然」與「道」、「無」三名相通，可以互訓。不論先秦道家或王弼所論的「道」內容為何，是創生的根源，或是存在的依據，在他們的宇宙論或本體論模式中，萬物以道為體，以無為體，「道」或「無」都具有超越於萬物之上的形而上性格。郭象則逆轉此一模式，不是萬物以道為體，也不是以無為體，而是天地以萬物為體，萬物以自然為正，所以「天者，自然之謂也」（6／224），〔註15〕「道

〔註14〕錢穆曾列舉王弼注《老》用「自然」文例二十七條加以分析，詳 1991：413
　　　　～418；又陳黎君補錢穆所遺漏四條引文，詳 1997：101。

〔註15〕錢穆指出「莊書常言無，常言道，又常言天。凡莊書之言及天者，郭象亦每
　　　　以自然釋之。故曰：『天者，自然之謂也。』（〈大宗師〉「知天之所為者，天
　　　　而生也」注）又曰：『凡所謂天，皆明不為而自然。』（〈山木〉「仲尼曰：有

在自然」（22／731），萬物以自然生、以自然化：

> 無既無矣，則不能生有；有之未生，又不能爲生。然則生生者誰哉？
> 塊然而自生耳。自生耳，非我生也。我既不能生物，物亦不能生我，
> 則我自然矣。（2／50）
>
> 天地萬物，變化日新，與時俱往，何物萌之哉？自然而然耳。（2／
> 55）

在其論述裡完全沒有形而上實體的位置，萬物的存在依據、原理就是萬物的
「自然」，萬物自己而然，郭象強調「不必往前追求所以存在的來源和根據，
直下以現象的個體物爲觀照點，視其種種生發的現象和能力，皆是本身所固
有，不用借助於他者的存在，這就是『物自生』的道理」（林朝成，1992：26）。
郭象領引我們把目光從形而上的遙望轉移到生活世界的直觀，其自然義首先
彰顯的是一種「本體／現象」相即一如的存在圖式，在此一圖式之中，對於
萬物的存在問題的思考，不採取因果邏輯的推論模式，而採取現象學的還原
方法 —— 回到事物本身，從事物直接呈現於我們的純粹可能之中直觀「存
在」。難怪傅偉勳將郭象哲學規定爲「徹底的自然主義者」，說他破除整個道
家的形上學，一切還原爲萬事萬物自然獨化的現象過程。（1991：415）〔註16〕

　　其次，郭象以「不爲」來詮說「自然」，彰顯了萬物存在的自然狀態乃是
無意志性和無目的性的。「自然」就是萬物未經任何意志和目的的支配，而以

人，天也，有天，亦天也」注）故在莊書，往往以天與人對立。天與人之對
立，猶之道與物之對立也。在郭象則物外無道，人外無天，天即人之所不爲
而自然之義。故曰：『天者，萬物之總名。』（〈齊物論〉「吹萬不同而使其自
己也」注）。」（1991：434）

〔註16〕莊耀郎曾質疑此一說法，指出「西方哲學中的『自然主義』思想中所依據『自
然』，是以客觀物理世界的自然作爲解釋世界的依據，其論述重點在於對反於
精神、或對反於超自然的物理世界作爲其哲學主張，且以物理或生物學作爲
基準，解釋人的活動，視人的精神及歷史的發展爲物理的延續。如果這個理
解不差，則以之論郭象，恐怕有相當大的距離。」（1998：102）這個理解恐
怕是差多了，傅氏以上述「西方哲學中的自然主義」來論郭象，傅氏在文中
就指出：「在郭象的世界裡，連自然律則或科學定律都應看成萬物萬象的變化
過程上套加的『理』，與萬物萬象的『自然無爲』仍隔一層。」（1991：420）
依筆者陋見，傅氏所謂「徹底的自然主義」的還原，比較接近所謂「現象學
還原」——現象學還原至少可分成三個方面：（1）中止我們對存在的精樸信
念，使事物作爲純粹現象地呈現於我們。（2）把文化世界還原爲直接經驗所
形成的「生活世界」。（3）把現象界的我接引到超越主體性的「超越還原」。（杜
夫潤 Mikel Dufrenne，岑溢成譯註，1984：58）

其各自的純粹可能直接呈現出來的存在樣態，就像大鵬的高飛，大椿的長壽……等，個體的純粹可能既非由一超越的他者所使然，亦非由自我心識所主宰，所以郭象注云：

> 二蟲，謂鵬蜩也。對大對小，所以均異趣也。夫趣之所以異，豈知異而異哉？皆不知其所以然而自然。自然耳，不爲也。此逍遙之大意。（1／10）

> 自得耳，道不能使之得也；我之未得，又不能爲得也。然則凡得之者，外不資於道，內不由於己，掘然自得而獨化也。（6／251）

> 此皆不得不然而自然耳，非道使然也。（22／473）

「獨化」這個詞語未見於《莊子》，〔註17〕乃是郭象自鑄新詞，此一私人語彙更能夠表達其獨創的思想內涵，其理由有二：其一、「獨」更能夠強調郭象重個體、重性分的思想，王弼的「道」有超越個體的本體義，郭象的「道」就是個體中的道，或說「道的個體化」，用「獨」字更能強調其個體性與空無依傍的意義；其二、「化」有動詞義可凸顯其非拘限於一定規則下的作用義、活動義，也可防止將「自然」實體化爲一「造物主」的效果。（林朝成，1992：29）「掘然自得而獨化」、「不得不然而自然」、「不知其所以然而自然」都在強調自然狀態的無意志性和無目的性，然而，這種無目的性的存在其結果和趨向卻即是「逍遙」的境界，換言之，「不爲而自然」具有無目的的合目的性。

對於「自然」的無目的的合目的性，郭象以獨創的「自」式概念系統〔註18〕以及「理」式概念系統〔註19〕予以闡述。首先，在《莊子注》的詮釋文本裡，

〔註17〕《莊子》書中無「獨化」，而有「見獨」，見於〈大宗師〉：「聖人之道……參日而後能外天下；已外天下，吾又守之，七日而後能外物；已外物矣，吾又守之，九日而後能外生；已外生矣，而後能朝徹；朝徹，而後見能獨；見獨，而後能無古今；無古今，而後能入於不死不生。」（《校詮》：6／237）「見獨」之「獨」指絕對絕待、泯然爲一的體道境界。又有「獨志」，見於〈天地〉：「大聖之治天下也，搖蕩民心，使之成教易俗，舉滅其賊心，而皆進其獨志，若性之自爲，而民不知其所由然。」（《校詮》：441）「獨志」，指「自得之志」（王叔岷案語）。又有「立於獨」，見於〈田子方〉：「形體掘若槁木，似遺物離人而立於獨也。」（《校詮》：21／779）「立於獨」之「獨」指超然物外、純粹獨一的存在狀態。

〔註18〕李玲珠指出郭象以這些「自」式概念建立了一套以自然爲核心的哲學系統。（2004：201）筆者受其啓發，而說法稍異。

〔註19〕《莊子注》言及「理」多達百餘次，錢穆將其一一檢索條列，並指出「理」字觀念之重要提出，其事實始於道家。莊子與孟子同時，其書亦曾用「理」

隨處可見「自」式的概念語彙，例如：

> 凡物云云，皆自爾耳，非相爲使也，故任之而理自至矣。（2／56）

> 無爲者，因其自生，任其自成，萬物各得自爲。（33／1097）

> 造物者無主，而物各自造，物各自造而無所待焉，此天地之正也。（2／112）

> 待彼不足以正此，則天下莫能相正也，故付之自正而至矣。（2／108）

> 捐聰明，棄知慮，魄然忘其所爲而任其自動，故萬物無動而不逍遙也。（17／593）

「自爾」、「自造」、「自生」、「自動」、「自正」、「自成」、「自爲」……這些概念語彙組構了一個以「自然」爲中心詞的語義空間，在在描述個體本身具有自律自發的機能，使其在各自的存在處境之中，可以自然地選擇，自然地調節，自然地實現其圓滿至足的存在。換言之，具有無目的的合目的性的「自然」，指向一個由萬物個體多樣性及其自然機轉維持動態平衡的繽紛世界，這個世界沒有現成的、靜態的、最後的完美與和諧，只要每一個體各自具足的自然機轉得以充分發揮，就能逍遙於一個動態平衡的生活世界裡。

其次，郭象《莊子注》還大量運用「理」字，並新鑄許多名詞，如「全理」（3／116）、「直理」（5／205）、「生理」（5／222）、「正理」（15／539）、「理分」（17／563）……等等，描述個體的生成變化有一定的自然規律，如〈逍遙遊注〉有云：

> 非冥海不足以運其身，非九萬里不足以負其翼，此豈好奇哉？直以大物必自生於大處，大處亦必自生此大物，理固自然，不患其失，

字。〈養生主〉有曰：「官知止而神欲行。依乎天理，因其固然。」「天理」二字，始見於此。……惟特別重視此「理」字，一再提出，以解說天地間一切自然之變化，而成爲思想上重要之一觀念，則其事當始於魏晉之王弼與郭象。弼注《周易》與《老子》，象注《莊子》，乃始時時提出此「理」字，處處添入「理」字以解說此三書之義蘊。……此一「理」觀念之鄭重提出，若謂於中國思想史上有大功績，則王郭兩家當其元勳。（1991：368、372）與錢穆相反，傅偉勳則認爲：「郭象的『理』字如依他那徹底的自然主義本意，即可有可無，蓋『理』也者原不過是一種現象主義的方便名目而已，並非有別於（超越）萬事萬物獨化現象的一種『實理』。因此，不僅『道體』與『道原』，連『道理』一辭，在郭象的哲學也是多餘的。……此『理』亦如『道』或『無』，祇是虛字，而無實義。」（1991：419～420）筆者認爲把「理」當作虛字，此說恐怕太粗略，不過郭象的「理」字有無本體論意涵，的確有待商榷。

又何厝心於其間哉！（1／4）

此皆明鵬之所以高飛者，翼大故耳。夫質小者所資不待大，則質大者所用不得小矣；故理有至分，物有定極，各足稱事，其濟一也。（1／7）

這兩條注文，以大鵬爲例，強調個體的運動變化有其特定的自然規律，自然規律的體現，確證了個體存在的必然與價值，所以說：

既稟之自然，其理已足。……物無妄然，皆天地之會，至理所趣。〔註20〕（5／219）

郭象以「理」闡述「自然」的合目的性的，不僅確證每一個體獨特的存在價值，也提供了一種實用性的、合理性的眼光，「物物有理，事事有宜」（2／48），「物各有宜，苟得其宜，安往而不逍遙」（1／39），他所強調的是分殊的、至當的、合宜的理則，這樣的「理」之所以是「全理」、「至理」，並不是因爲它由唯一的、絕對的、終極的眞理派生而出，而是當其爲個體的自然性分得以全幅實現時，便是圓全的、至極的。因此，郭象言「理」常與「性」對舉，例如：

任其天性而動，則人理亦自全矣。（19／638）

患去而性得者，達理也。（19／654）

苟知性命之固當，則雖死生窮達，千變萬化，淡然自若，而和理在身矣。（5／213）

「性」與「理」對舉，如錢穆所說，乃「此自爾獨化，各足無待者，由其外

〔註20〕 王弼《周易略例・明象》有云：「物無妄然，必由其理。統之有宗，會之有元，故繁而不亂，眾而不惑。」（樓宇烈，1980：591）錢穆因此皆以郭象之言「至理」乃承王弼之說，指出「弼始言事理，象又足之以物理。理有至分，宋儒謂一理一分殊。物有定極，宋儒則謂一物一太極，萬物一太極。此皆從王弼統宗會元之說來。」（錢穆，1991：380）陳鼓應亦說：「王弼肯定了各類事物個別存在發展的有序性及合理性，並提出『宗』及『元』作爲統貫於各類事物間的最高原理。因此，王弼論『理』也即在殊理與共理的關係上展開。不過，相較於殊別事理，王弼顯然更著眼於統宗會元之『至理』、『理極』等共理層域的討論。」郭象《莊子》以來性、理二者的關係，帶到一個建立在一般與特殊關係的連接點上：自性是特殊的，卻蘊含、體現一般之至理於其中；或者說一般之至理，同時內蘊在特殊之自性中。」「郭象雖繼承王弼『至理』之論而在共理層面有所提示，卻更著重於闡發分殊之理，並以此成爲其詮釋理範疇時的特色。」（2004：57、61）筆者則認爲郭象雖然沿用了王弼的「至理」一詞，但是其詮釋脈絡大異其趣，並無以之爲統宗會元之共理的用法。

而言之則曰理」、「由其內而言之則曰性」（1991：436、437），所謂「任性全理」、「性得達理」亦即是每一個體得以充分發揮其內在的自然性分，就能體現其外在的自然規律，而完成其整全眞實的存在。

郭象之言「性」，著眼於萬物殊異的自然稟賦，強調其不由他然、不假人事、各有本分等特徵：

> 不知其然而自然耳，非性如何？（25／881）

> 言自然則自然矣，人安能故有此自然哉？自然耳，故曰性。（20／694）

> 天性所受，各有本分，不可逃，亦不可加。（3／128）

> 物各有性，性各有極，皆如年知，豈歧尚之所及哉！（1／11）

就「生之謂性」的角度來看，無法也不必追問「性」根源或往後探索其本體，而且「性」也不是人可以造作佔有的，無法增加、縮減或替換。「性」作爲生命中的必然，設定了個體存在的藍圖。每一張生命藍圖都是爲一個個體量身定做的，個體的生命樣貌因此是殊異的，也是獨特的，是多元的，也是不可通約的，而就其存在的完成實現而言，都是圓滿至足的，所以說：「理雖萬殊而性同得，道通爲一。」（2／71）然則，「性」作爲生命必然，並未使生命成爲純物理的撞球遊戲，它不是生命的枷鎖鐐銙，而是個體「本質自由」〔註21〕誕生之源，每一張生命藍圖都有個體形塑其最後樣貌的奧祕，接納它、了解它、開展它，是個體本身的使命，生命的自由與精采，存在的眞實與完整都在這個過程裡體現。郭象這樣描述「性」並不代表他主張宿命論，「我們可以說郭象是主張『因無盡而果自然』，『因無盡』，因爲意義的滿盈難爲人所盡知，郭象不採取單向式的因果關係，拋棄了『充分理由律』的思考方式，把它存而不論，讓物成爲自己的主角，向我們呈現其意義的自足性和豐富性。」（林朝成，1992：31）因此，郭象一再闡述「安性」、「得性」、「盡性」的觀點：

> 苟足於其性，則雖大鵬無以自貴於小鳥，小鳥無羨於天池，而榮願

〔註21〕「自由就像一群白蝴蝶，當你走進林子裡，驚擾了路上的牠們，牠們成群起舞，卻一哄而散，各往各的方向分飛。羅倫・艾斯里寫道：『一旦用了「自由」這個字眼，反而直接解消了它本來要描述的東西。』」（羅洛・梅 Rollo May，龔卓軍、石世明譯，2001：78）雖然如此，我們還是不得不使用「自由」一詞，只好勉力予以界定。羅洛・梅把自由區分爲「行動的自由」和「生命的自由」，前者指涉的是行爲，後者指沒有特定行爲要向的生活脈絡，又稱之爲「本質的自由」〈詳《自由與命運》第三章〉。在此借用羅洛・梅「本質的自由」一語，以凸顯「自由」誕生於「命定」的弔詭性格。

有餘矣。故小大雖殊，逍遙一也。（1／9）

夫年知不相及若此之懸也，比於眾人之所悲，亦可悲矣。而眾人未嘗悲此者，以其性分各有極也。苟知其極，則毫分不可相歧，天下又何所悲乎哉！夫物未嘗以大欲小，而必以小羨大，故舉小大之殊各有定分，非羨欲所及，則羨欲之累可以絕矣。夫悲生於累，累絕則悲去，悲去而性命不安者，未之有也。（1／13）

各以得性為至，自盡為極也。向言二蟲殊翼，故所至不同，或翱翔天地，或畢志榆枋，直各稱體而足，不知所以然也。今言小大之辯，各有自然之素，既非歧慕之所及，亦各安其天性，不悲所以異。（1／16）

安其天性，接受命定，累去悲絕，不向外行馳羨欲，這種轉身回頭是生命獲得自由的重要一步。向內覺察命定的性分，充分發揮到極致，成就獨特的生命造型，存在的價值於焉體現。這也就是政治自由的基礎，理想的政治社會應該尊重、順成個體「安性」、「得性」、「盡性」的存在自由。

在郭象，這樣的個體自由應該被視為一種有意義的政治主張，所以他一再強調「適性逍遙」是政治實踐的理想目標、核心價值：

夫莊子之大意，在乎逍遙遊放，無為而自得，故極小大之致，以明性分之適。（1／3）

故乘天地之正者，即是順萬物之性也；御六氣之辯者，即是遊變化之塗也。如斯以往，則何往而有窮哉！（1／20）

無己，故順物而至矣。（1／21）

夫物未嘗有謝生於自然者，而必欣賴於針石，故理至則跡滅矣。今順而不助，與至理為一，故無功。（1／22）

聖人，物得性之名耳，未足以名其所以得也。（1／22）

然而，這種理想目標的達致並不容易，因為，人，可以成全一個自然機轉順利運作的逍遙世界，也可以製造使自然機轉崩潰的災難，身處魏晉變世情境，親眼目睹政治血腥殺戮的郭象，以冷智的眼光透析了唯一會違反自然的生物體，他說：

人在天地之中，最能以靈知喜怒擾亂群生而振蕩陰陽也。（11／366）

夫物情無極，知足者鮮。故得此不止，復逐於彼。皆疲役終身，未

厭其志，死而後已。故其成功者無時可見也。（2／60）

物之生也，非知生而生也，則生之行也，豈知行而行哉！故足不知
所以行，目不知所以見，心不知所以知，倪然而自得矣。遲速之節，
聰明之鑒，或能或否，皆非我也。而惑者因欲有其身而矜其能，所
以逆其天機而傷其神器也。（17／593）

作為萬物之一的人，一旦純任外向欲動，往往逐物不反，用之蕩之，乃至「逆
其天機而傷其神器」，不僅是虧損自己的生命，當其所居的地位愈高，所掌的
權勢愈大，為世界帶來的災難就愈慘烈。然則，在君主專制時代，「適性逍遙」
的理想目標能否達致，關鍵仍然在於「聖人」，郭象強調「天下若無明王，則
莫能自得」，因此賦予君王如此的期待：「功在無為而還任天下，天下皆自任，
故似非明王之功。夫明王皆就足物性，故人人皆云我自爾，而莫知恃賴於明
王。」（7／296）不只是期待而已，郭象在〈逍遙遊注〉裡發展了聖人境界及
其實踐的理論。

二、聖人論

　　要達致「適性逍遙」的理想目標，首要的問題是如何把干涉減到最低。
郭象主張擁有最高政治權力的帝王應該「因眾之自為」（11／393），而不能「以
一己而專制天下」（11／394），理想的治國之道是「不治治之」，在〈逍遙遊注〉
裡，他刻意誤讀原文，而通過許由與堯的對立辯證，闡述了這個主張：

夫能令天下治，不治天下者也。故堯以不治治之，非治之而治者也。
今許由方明既治，則無所代之。而治實由堯，故有子治之言，宜忘
言以尋其所況。而或者遂云：治之而治者，堯也；不治而堯得以治
者，許由也。斯失之遠矣！夫治之由乎不治，為之出乎無為也，取
於堯而足，豈借之許由哉！若謂拱默乎山林之中而後得稱無為者，
此莊老之談所以見棄於當塗。當塗者自必於有為之域而不反者，斯
之由也。（1／24）

在這段文字裡，郭象既否定「治之而治」的「有為」，也否定拱默乎山林之中
的「無為」，雙重否定之後，提出辯證式的綜合：肯定「不治治之」、「無為為
之」為聖人境界。在郭象看來，許由式的「無為」只是把「為之」取消，對
於「有為之域」並沒有任何作用，取消問題並不能解決問題，問題的解決要
回到「有為之域」，「無為」乃是有為者的「無為」。所以郭象又通過對「神人」

的詮釋，駁斥一般人以居廟堂之上與處山林之中兩種行跡來區分「有爲」、「無爲」的俗見：

> 夫神人即今所謂聖人也。夫聖人雖在廟堂之上，然其心無異於山林之中，世豈識之哉！徒見其戴黃屋，佩玉璽，便謂足以纓紲其心矣；見其歷山川，同民事，便謂足以憔悴其神矣；豈知至至者之不虧哉！今言王德之人而寄之此山，將明世所無由識，故乃託之於絕垠之外，而推之於視聽之表耳。處子者，不以外傷內。（1／28）

〈逍遙遊〉的「神人」在郭象以應世爲目的的理解和詮釋中出現了世俗化的意義：神人即居廟堂而其心無累的聖人，居廟堂而其心無累，這才是眞正能夠成全聖人自身的逍遙，以及天下人適性逍遙的「無爲」。

「堯」是郭象論述中的聖人典範，他一再闡述「堯」有天下而不與焉，完全化跡於無形，乃至於史籍無可記載其事功。〔註22〕通過對於「堯」之治道的議論，郭象提出了這種化跡於無形的跡冥圓融論：

> 夫堯之無用於天下爲，亦猶越人之無所用章甫耳。然遺天下者，固天下之所宗。天下雖宗堯，而堯未嘗有天下也，故宜然喪之，而嘗遊心於絕冥之境，雖寄坐萬物之上而未始不逍遙也。四子者蓋寄言，以明堯之不一於堯耳。夫堯實冥矣，其跡則堯也。（1／34）

郭象以「絕冥之境」指稱聖人化跡於無形的境界，此一境界又稱「玄冥之境」，如〈莊子序〉所云：「至仁極乎無親，孝慈終於兼忘，禮樂復乎己能，忠信發乎天光。用其光則其樸自成，是以神器獨化於玄冥之境而源流深長也。」（前／3）這是聖人復返自然而開顯的境界，在這種境界中萬物以其自然狀態實現存在。郭象把萬物自爾獨化的自然狀態，也稱之爲「玄冥」，如〈齊物論〉注所云：「故明眾形之自物而後始可與言造物耳。是以涉有物之域，雖復罔兩，未有不獨化於玄冥者也。」（2／111）

在《莊子》書中，「冥」或「玄冥」用以描述形上性格的「道」之玄妙寂默，如〈在宥〉：「至道之精，窈窈冥冥。」（《校詮》：11／390）〈天地〉：「視

〔註22〕 〈天地〉注有云：「夫禹時三聖相承，治成德備，功美漸去，故史籍無所載，仲尼不能聞，是以雖有天下而不與焉，斯乃有而無之也。故考其時禹爲最優，計其人則雖三聖，故一堯耳。」（12／424）同樣的意思也出現在郭象《論語隱》「子曰：禹吾無間然矣」注文之中：「舜、禹相承，雖三聖故一堯耳。天下化成，則功美漸去，其所因循，常事而已。故史籍無所稱，仲尼不能間，故曰：禹吾無間然矣。」（轉引自湯一介，1999：4）

乎冥冥！聽乎無聲。冥冥之中，獨見曉焉；無聲之中，獨聞和焉。」（《校詮》：
12／421）〈知北遊〉：「視之無形，聽之無聲，於人之論者，謂之冥冥，所以
論道，而非道也。」（《校詮》：22／833）〈秋水〉：「始於玄冥，反於大通。」
（《校詮》：17／627）〈大宗師〉：「聞諸副墨之子，副墨之子聞諸洛誦之孫，
洛誦之孫聞之瞻明，瞻明聞之聶許，聶許聞之需役，需役聞之於謳，於謳聞
之玄冥，玄冥聞之參寥，參寥聞之疑始。」（《校詮》：6／240）亦用以指稱萬
物復情，渾然同化的境界，如〈天地〉：「致命盡情，天地樂而萬事銷亡，萬
物復情，此之謂混冥。」（《校詮》：12／456）。郭象之使用「冥」字與《莊子》
不同者明顯有二：其一是用以描述萬物的「自然」，在郭象自然義的理論脈絡
中，不論「玄冥之境」指涉的是「原始的渾沌」，還是「再度的渾沌」，〔註23〕
都沒有冥契於道的形上意味，而更強調的是此一境界的人間性和合理性，所
謂「夫物有自然，理有至極。循而直往，則冥然自合，非言也。」（2／99）
冥然或玄冥之境或絕冥之境，並不是向上超昇而冥契於道的境界，而是在日
常的生活脈絡裡，循理直往所體現的存在狀態。

其二、在《莊子》書中，「冥」字並無實踐方法的意涵，而郭象以「冥」
字指稱聖人抵達「然冥」或「玄冥之境」的實踐方法，或稱之爲「返冥極」：
「雖復貪夢之人，進躁之士，暫而攬其餘芳……遂綿邈清遐，去離塵埃而返
冥極者也。」（〈莊子序〉，前／3）「冥極」一詞，在〈養生主注〉作了如此的
說明：「冥極者，任其至分而無毫銖之加。」（3／115）萬物殊異，但理有至極，
性有至分，與物相冥，即「循理直往」、「任其性分」，冥萬物自然的性、理之
至極，所以稱爲「（返）冥極」。在〈逍遙遊注〉中，郭象則直接以「冥」的
動詞用法，揭示此一實踐方法落實於生活脈絡的特徵：

遺彼忘我，冥此群異，異方同得而我無功名。（1／11）

夫唯與物冥而循大變者，爲能無待而常通。（1／20）

「冥」是玄同彼我，但是並不追求「同一性」，而是「冥此群異」，尋求差異
相容性的最大化；「冥」不是主體內在心理調節機制的運作，而是與外物互爲
主體性的相因相成，萬物不僅殊異，且充滿各種相互的影響變化，所以「與
物冥」必然是一個「循大變」的動態過程。「冥」作爲一尋求最大差異相容性，
以及互爲主體性的動態歷程，由「遊外以宏內」、「無心以順有」二命題構成

〔註23〕此用戴璉璋語，戴氏把物之自爾獨化於玄冥者，稱之爲「原始的渾沌」，工夫
後的玄冥，稱之爲「再度的渾沌」。（2002：282）

了方法論的完整環節：

> 夫理有至極，外內相冥。未有極遊外之致而不冥於內者也；未有能冥
> 於內而不遊於外者也。故聖人常遊外以宏內，無心以順有。（6／268）

「理有至極，外內相冥」，理有至極，性有至分，循理直往，任分而至，則遊方之內者與遊方之外者亦可冥然相合，說明了廟堂（方內）與山林「方外」並非不可溝通的兩橛，依自然規律，二者可以共存相容。「遊外以宏內，無心以順有」則說明了「遊外」、「無心」對於「宏內」、「順有」的積極積援助作用，此亦即郭象「內聖外王」之道：「遊外」、「無心」，冥於萬物自然的性之至分、理之至極，故能神器獨化於玄冥之境，而達致「內聖」境界；既冥於萬物自然的性之至分、理之至極，故能順萬物之性，遊變化之塗，而成就「外王」功業。

在《莊子注》的詮釋文本裡，郭象尤著意於闡明「無心」的意涵，[註24] 其〈莊子序〉以及〈人間世〉、〈大宗師〉、〈應帝王〉三篇的解題，都提到「無心」：「夫應而非會，則雖當無用；言非物事，與夫寂然不動，不得已而後起者，固有間矣，斯可謂知無心者也。夫心無為，則隨感而應，應隨其時，言唯謹爾。故與化為體，流萬代而冥物。」（前／3）「與人群者，不得離人。然人間之變故，世世異宜，唯無心而不自用者，為能隨變所適而不荷其累也。」（4／131）「雖天地之大，萬物之富，其所宗而師者無心也。」（6／224）「夫無心而任乎自化者，應為帝王也。」（7／287）在郭象奠基於自然義的跡冥論之中，作為境界的「玄冥之境」，既不具有冥契於道的形上意味，而充滿人間性和合理性，作為實踐方法的「無心」也不具有開顯道心的作用，而是一種合理性的自我節制與體化合變的政治智慧：「寂然不動，不得已而後起」、「不自用」、「隨變所適」意謂主體克制一己之私念欲動，而順應生活世界中事事物物的自然變化。在〈逍遙遊注〉裡，郭象更清楚地闡述了「無心」的妙用：

〔註24〕傅偉勳留意到《莊子》罕用「無心」一詞，在內篇未曾出現，而郭象的內篇注中，「無心」至少出現了二十次。（1991：425）的確，經筆者檢索《莊子》全書，內篇未曾出現「無心」，而在《莊子》外雜篇也只出現了三次，分別是〈天地〉：「《記》曰：通於一而萬事畢。無心得而鬼神服。」（12／413）「凡有首有趾無心無耳者眾，有形者與無形無狀而皆存者盡無。」（12／437）以及〈知北遊〉：「媒媒晦晦，無心而不可與謀。」（22／813）從這三個文例來看，在《莊子》，「無心」只是一般概念，尚未發展為哲學概念。

夫與物冥者，故群物之所不能離也。是以無心玄應，唯感之從，汎乎若不繫之舟，東西之非己也。故無行而不與百姓共者，亦無往而不爲天下之君矣。（1／24）

夫聖人之心，極兩儀之至會，窮萬物之妙數，故能體化合變，無往不可，旁礴萬物，無物不然。世以亂故求我，我無心也。我苟無心，亦何爲不應世哉！然則體玄而極妙者，其所以會通萬物之性，而陶鑄天下之化，以成堯舜之名者，常以不爲爲之耳，孰弊弊焉勞神苦思，以事爲事，然後能乎！（1／31～32）

郭象言及感應，不同於漢代的天人感應模式，而是以「寂然不動」的「無心」爲前提，「唯感之從」、「體玄極妙」，所體所極所感應者爲萬物自然的性與理，所成就的是會通萬物之性、陶鑄天下文化，與萬民共命共業的「內聖外王之道」。

　　然則，由聖人「無心玄應」、「體玄極妙」而達致「適性逍遙」的理想目標，在政治實踐上，必然涵有一客觀面向的實踐歷程，所謂「物任其性，事稱其能，各當其分」（1／1），「用得其所」（1／42），涉及了政制治術的問題，而〈逍遙遊注〉並未多予著墨。關於這個面向，郭象貫徹其「自然無爲」的理念，提出「上之無爲用下，下之無爲則自用」（13／466）的主張，這樣的「無爲」落實於制度面，必須有完善的分工，關於這部分，郭象接受了兩漢政治哲學及其實踐關於「君臣、上下、尊卑」等概念與價值的共識及成就，〔註25〕然而其精神意趣仍在強調君王統治時「因」、「任」、「冥」等「無心」、「無爲」的基本理念，反對「以一己而專制天下」，抑制政治權力的過分干涉，乃是郭象的一貫立場，因此即使郭象將自然與名教的統合直接指涉於儒家亟欲內化於人心的諸多德目與價值，如「至仁」、「孝慈」、「禮樂」、「忠信」等等，終以「自然無爲」爲其依歸，所謂「恣其天機，無所與爭，斯小不勝者也。然乘萬物御群材之所爲，使群材各自得，萬物各自爲，則天下莫不逍遙也。」（17／594）此中透顯對於政治權力宰制的反對以及對於個人存在價值的尊重，其人本主義思維的色彩是很濃厚的。

〔註25〕林俊宏指出「君臣、上下、尊卑」等概念和價值，經過整個兩漢的政治思想變遷，配合整體國家建構與國家意識形態的一體化，《黃帝四經》中標榜的陰陽與政治位階已然從與自然的比附中成就了某種特定的對應架構。（2002：54）

結　語

　　適性逍遙義作爲應世的思想，呈現了充分的「大地性、日常性與即時落實性」（傅偉勳，1991：431）。郭象改造《莊子》，使其與生活世界接軌，乃是出於「重建秩序」的現實關懷。這樣的適性逍遙義爲魏晉時期自然與名教的統合，提供了一個新的理論視野。

　　然而，自然與名教的統合並不直接對應於儒道的會通，莊耀郎曾指出郭象之論跡冥圓融，亦即是論儒道會通，然其會通不徹底。莊氏以名教之跡歸諸儒，自然之冥代表道，而認爲郭象只取道之內冥，以合儒之外跡。莊氏強調儒道各有體用，郭象只單純地把跡冥的關係以內外分，而非體用分，因而質疑：名教之跡若失適時之用，如何損益？依儒？依道？（1998：46～47）針對莊氏的說法，我們要反問：首先，儒家與道家既然各有體用，那麼所謂的徹底會通，究竟有沒有可能？再者，如前文所論及，在郭象奠基於自然義的跡冥論之中，作爲境界的「玄冥之境」，既不具有冥契於道的形上意味，而充滿人間性和合理性，作爲實踐方法的「無心」也不具有開顯道心的作用，而是一種合理性的自我節制與體化合變的政治智慧，那麼，在實踐的面向上，在作爲實踐場域的生活世界中，以「自然」作爲調節人間秩序的依歸，並不涉及本體論議題，也就無所謂依儒或依道的問題。

　　回過頭來，我們要追問：郭象的適性逍遙義所開展的詮釋景觀，眞的能夠應答其當代性的召喚？就重建秩序的政治思維角度來看，不得不承認適性逍遙義終究只具有烏托邦功能，因爲在政治理念的形構上，並無法轉移舊有典範而形成新的正統：因爲適性逍遙的實踐最後訴諸對於聖人的期待，而跡冥圓融的聖人不世出，此一實踐的理論無法提供普遍有效性；而更爲根本的問題在於，作爲治國之道不能沒有制度層面的建構，而自然無爲的理念所具有的反宰制的精神，與任何的專制政治的權力結構都是不相容的，要達致「適性逍遙」的理想目標，在當時的政治背景下，是一個幾乎不可能的任務。儘管適性逍遙義無法落實於政治場域之中，然而其烏托邦功能是不容忽視的，對於個體存在價值的尊重與強調，對於個體自由的深切關懷，延續了道家思想的精神，不斷地對現實進行批判而體現著思想的活力和影響力。

　　最後，就理論本身的周延及深度來看，適性逍遙義以「任性當分」的創意，在〈逍遙遊〉的詮釋史上標誌了新的理論制高點，使道家思維模式的自然主義達到高峰（錢穆，1991：421；傅偉勳，1991：415；李玲珠，2004：

211）；然而，在理論的論證上不無縫隙，以萬物的自然性分與自然規則作為存在價值的依據，乃基於對「獨化自爾」之自然機轉調節功能的肯定，然則此一肯定的理據何在呢？如何確證「獨化自爾」是具有普遍性的「事實」呢？再者，取消了「有」、「無」的本體論話語，並不等於取消了「終極存在」，一如傅偉勳所質疑的：郭象有什麼充分的理據，能夠斷定有關「終極存在」的哲學或宗教問題根本不存在，更用不著去探討與解決呢？（1991：426、427）

第五章　船山的逍遙義

前　言

　　明清之際，〔註1〕一個「天崩地解」（黃宗羲語）的變世，值此劇變之世，王夫之以知識份子的使命感，投入學術思想傳統的批判與重建，遺民時空的存在感受逼顯了超越當下、穿透古今的深銳目光，質問著、追索著個人生命的意義與價值，以及整個民族文化的存續之道，船山的生命形態與學術取向因此呈現鮮明的「遺民性格」：〔註2〕在國族認同方面，既在「明」之內，又在「明」之外——以明朝遺民自我定位，但又超越了「存明」的狹隘帝王之統觀念，而以「存天下」爲終極理想所在；在文化認同方面，既在傳統之內，又在傳統之外——既以承續文化慧命爲己任，又以「六經責我開生面」自我期許，而致力於「推故致新」以「通之於道」的重建工作。因此，其學術思想既具有現實品格，又超越門戶囿限，基於思維邏輯的明晰與一貫，建立獨當一面的意義系統。這樣的學術性格使得船山雖然不餘遺力地批判釋老，卻能別具隻眼而通解《莊

〔註1〕「明清之際」作爲一個特定的歷史範疇，其歷史內涵和跨度，多有歧解。本文採用狹義的理解：僅指明末到清初數十年，大體以南明（1645～1661）到康熙（1662～1722）爲跨度。

〔註2〕所謂「遺民性格」依趙園所說：「遺民學術的『遺民性格』，自然取決於其人的時空意識與自我定位：在『明』之中又在其外。遺民（在一個時期）不以『明』爲『故』，這種歷史知覺，決定了他們的態度；其批判之激切，倒更應由此而說明的。因尚在『明』中，才有如廷爭似的『現場感』，義形于色，其言論挾有十足的情緒性。在其外，則使批判有可能學術化……經由批判……而『承啓』，尤應視爲遺民學人的積極貢獻。」（1999：411）

子》。然則，這位出入險阻、歷盡憂患的遺民學者，在怎樣的問題視域裡與《莊子》進行對話呢？通過怎樣的詮釋方法，在《莊子》之內抉隱探微，又在《莊子》之外吐納鎔鑄呢？本著深刻的現實關懷進行詮釋，〈逍遙遊〉這個遊意識的經典文本又展現出如何的詮釋景觀呢？筆者將深入詮釋文本的脈絡及其相關的鏈結，探討船山的逍遙義究竟如何別開生面。〔註3〕

第一節　船山通解〈逍遙遊〉的詮釋起點

關於船山「通」、「解」〈逍遙遊〉的詮釋起點，我們的討論要從船山爲《莊子通》所作的〈自敘〉開始：

> 己未春，避兵楂林山中，麏麚之室也，眾籟不喧，枯坐得以自念；念予以不能言之心，行乎不相涉之世，浮沈其側者五年弗獲已，所以應之者，薄似莊生之術，得無大疚媿。然而予固非莊生之徒也，有所不可、「兩行」，不容不出乎此，因而通之，可以與心理不背；顏淵、遽伯玉、葉公之行，叔山無趾、哀駘它之貌，凡以通吾心也。心苟爲求仁之心，又奚不可？或曰，莊生處七雄之世，是以云然。雖然，爲莊生者，猶可不爾，以予通之，尤合轍焉。予之爲大癭、無脈，予之居「才不才之間」，「知我者謂我心憂，不知我者謂我何求」，孰爲知我者哉！謂予以莊生之術，祈免於「羿之彀中」，予亦無容自解，而無能見壺子於「天壤」之示也久矣。凡莊生之說，皆可因以通君子之道，類如此。故不問莊生之能及此與否，而可以成其一說。是歲伏日，南嶽賣薑翁自敘。

由這篇〈自敘〉我們清楚地看到船山之著作《莊子通》涵有自我詮釋的意向。

〔註3〕船山的莊子學，備受當代學者錢穆的推崇：「船山論老、莊，時有創見，義趣宏深……學者當治其書。上較阮、邵，足以長智慧，識流變。大抵嗣宗得莊之放曠，康節得莊之通達，船山則可謂得莊之深微。」（1993：〈序目〉4）然而，在船山廣博高深的學術成就之中，其通解《莊子》的部分，尚未受到充分的關注，就筆者所見的專論，只有林文彬的《王船山莊子解研究》（1985）。關於船山逍遙義的討論，則更是有如鳳毛麟角，如羅光從認識論角度討論《莊子通》「多寡、長短、輕重、大小，皆非耦也」一段（1990：129），而楊自平就「兼兩」的思考方式，討論《莊子解・逍遙遊》「寓形於兩間，遊而已矣……小大一致，休于天鈞，則無不逍遙矣。」以及《莊子通・逍遙遊》「多寡、長短、輕重、大小，皆非耦也」一段。（1999：883～884）筆者認爲船山固然以「兼兩說」化解分別心，但這還不是船山逍遙義最核心的理論意涵。

「以不能言之心，行乎不相涉之世，浮沈其側者五年弗獲已」，在船山隱居衡陽二十年後的 1674 年至 1678 年間，吳三桂以興明爲號召起兵反清，船山作爲期待恢復的遺民，從積極參與到失望走避，深深體味到「有待者終無可待，到末後無收煞處」（《全書》：12／627）的尷尬。1679 所著的《莊子通》以及 1681 所作的《莊子解》恰恰反映了船山徹底從「有待」到「無待」的轉變，此一轉變是船山超越遺民眼界，擴展歷史人生視野，爲存在的意義和價值找到更堅實根據的過程。

　　易代之際，船山選擇了「遺民」的身份，此一選擇把自己的在世存有置入一個相對於現實政治世界的幽闇向度，在這個幽闇向度裡，船山把傷逝內化爲一種倫理承擔，在在堅持著身處變世的積極態度。對於遺民的自我形象以及存在意義，船山在其關於隱逸的論述中作了嚴正的分判：

> 夫隱，非漫言者。考其時，察其所以安於隱，則其志行可知也。以其行求其志，以其志定其品，則其勝劣固可知也。（《全書》：3／96）

> 遯非其時，則巢、許之逃堯、舜，嚴光、周黨之亢光武也；非其義，則君臣之道廢，而徒以全軀保妻子爲幸，孟子所謂小丈夫也。（《全書》：3／291）

> 遇難而恣情曠廢，無明道之心，志節雖立，獨行之士耳，非君子之所謂貞也。（《全書》：3／311）

隱者品流複雜，其跡相似而存志不同，船山強調從情境、動機及其行爲所具有的當代意義加以區分，秉持著儒者以天下爲實踐場域的理想，船山對於高尚志節，明哲保身的「隱」或「遯」予以批判，而他的自我界定以及自我期許則在對於管寧的認同之中表露出來：

> （管寧）其用之也隱，而摶捖清剛粹美之氣於兩間，陰以爲功於造化。君子自揭其才以盡人道之極致者，唯此爲務焉。有明王起，而因之敷其大用。即其不然，而天下分崩、人心晦否之日，獨握天樞以爭剝復，功亦大矣。（《全書》：9／346）

「盡人道之極致」，船山通過管寧的遺民範式揭示了超越「存明——存天下」的意義範圍，提昇至「存心——存天下」的價值境界，此一價值最終落實於文化慧命的存續發揚：「儒者之統，與帝王之統並行於天下，而互爲興替。」「帝王之統絕，儒者猶保其道以孤行而無所待，以人存道，而道可不亡。」（《全書》：15／568）

　　以其論述證諸其行事，當明朝覆亡之初，船山把民族大義置於一切正義的首位，奔走抗清，出入險阻；參與永曆朝廷，周旋政爭，幾瀕於死；每聞國變則痛泣不已，作悲憤詩凡四次。〔註4〕而不論是投身激流，或是隱遁僻野，船山對於歷史文化的使命感始終如一，就在流亡浪跡的歲月之中，確立了述作之志，自此研讀著述不斷，這是他靈根自植的精神條件。中年隱居衡陽之後，堅持的乃是隱而不逸的積極姿態，屢次婉拒好友方以智逃禪的建議，講學筆耕躬行不輟，而自題觀生居堂聯以明志：「六經責我開生面，七尺從天乞活埋。」其暮年回首平生，且寫下〈自題墓石〉曰：

> 有明遺臣行人王夫之，字而農，葬於此。左則其繼配襄陽鄭氏之所
> 祔也。自爲銘曰：「抱劉越石之孤憤，而命無從致；希張横渠之正
> 學，而力不能企。幸全歸於茲丘，固衘恤以永世。」（康和聲輯印，
> 1942）

選擇「遺民」的身份，也就自覺地承擔了此生的悲劇命運。「遺民」之遺可以有數解：遺是遺「失」——失去或棄絕；遺也是「殘」遺——缺憾和匱乏；遺同時是遺「傳」——傳衍留駐。面對失落，無法以哀悼的形式排遣傷痛，反而變本加厲，將失去的對象內化，形成主體本身此恨綿綿的憂傷，於是「傷逝成爲一種生命的姿態，甚或內容，讓有情的主體魂牽夢縈，不得安寧」。〔註5〕在船山每聞國難的痛泣之中，在其悲憤詩的字裡行間，在其自爲墓誌銘的餘韻裡，我們看見他魂牽夢縈的深情。然則，船山爲「遺民」一詞所開展的深度不止於此，船山經營其遺民人生是基於深刻反思後的生命抉擇，對於時空意識的深銳覺知，使他自覺地承擔起「推故而致新」的文化使命，而爲千古文化慧命的承啓，留下了積極的貢獻。

　　回到 1679 年船山撰寫《莊子通》的時刻，我們或可追蹤到船山從歷史現場的參與經驗之中，對於時空意識有了深銳覺知，進而強化其自我認同，並融入其學術思想的痕跡。潛居著述二十年，一旦曙光乍現，船山挺身以赴，可見其心繫國族的孤忠，也凸顯了典型的遺民心事：期待恢復；然則，在現實的局面和情勢裡，這個期待終究落空。「恢復」是遺民的情結，在參與抵抗者的經驗中，

〔註4〕　有關船山生平，主要參考蕭萐父、許蘇民所著《王夫之評傳》第二章。（2002：
　　　　38～86）

〔註5〕　在此援用王德威〈後遺民寫作〉一文對「遺民」的詮說，以及所引佛洛依德
　　　　心理學觀點。（王德威，2004：119）王氏該文的問題意識及討論範圍與本文
　　　　無涉，唯其中關於遺民心態的詮說於筆者頗有啓發。

恢復時機轉瞬即逝，於是「期待恢復」必然導致時間焦慮。〔註6〕船山選擇「遺民」的身份，對於遺民作為一種時間現象一直有著清醒的自覺，這反映在他對於出處進退的思考，從實際地參與反清的軍事活動，到選擇隱居衡陽從事講學著述，即已將自己的「遺民時空」向著歷史文化的大生命擴張加深，所謂「六經責我開生面，七尺從天乞活埋」正是他對存在意義的自我表述。然而，從生命的實踐向度來看，此在的事件性總是以非常的力量深撼生命的核心，筆者認為吳三桂的興兵反清乃是船山晚年生命史上一關鍵性的事件，船山之徹底反思「遺民時空」的意義界限，當在此時。當其避兵於櫺林山中，在歷史的特定時刻，在歷史的特定位置，在「無可待」的情境之中，面對著存在意義被崩陷的時間所剝蝕……時間以暴力之姿逼迫船山對其存在價值作更深沈思考，這次，他毅然地走出了「有待」的遺民眼界。因此，船山之解讀《莊子》，乃以生命體驗與經典文本相盪相摩，展開一場關乎存在整體界域的對話：《莊子》以「休乎天均」、「參萬歲而一成純」召喚著，船山以「合幽明於一理，通生死為一貫」（《解》：19／154）應答著……這樣一場對話，敞亮了一個萬古日新、無內無外、流動不盡的存在場域，船山凝視著這個不盡的存在場域，沈思著安身立命的所在，《莊子》把他的意識光照高度集中於天人之際，然而，船山反身一個立定：「予固非莊生之徒！」作為一個儒者，船山要以求仁之心、抱獨之情，在這個流動不盡的存在場域裡開顯「君子之道」。

　　「凡莊生之說，皆可因以通君子之道」，入乎其中又出乎其外，船山學思的獨立性和批判性如此鮮明。然則，船山所謂「君子之道」為何？前引其論管寧文，清楚地說明著：「君子自揭其才以盡人道之極致者，唯此為務焉。」「盡人道之極致」，如林安梧所指出，即是船山學的詮釋起點。（1991：19～20）然則，對於船山所論「人道」的理解，不能脫離其宇宙論脈絡：

　　　自然者天地，主持者人，人者天地之心。（《全書》：1／885）

　　　聖人賴天地以大，天地賴聖人以貞。（《全書》：1／1101）

　　　言道者，必以天為宗也，必以人為其歸。（《全書》：2／381）

<hr>

〔註6〕對於遺民的時間焦慮，趙園於〈明清士大夫研究〉有專章討論。對於「遺民」作為一種時間現象，其前言有一段精簡的闡述：「遺民本是一種時間現象。『遺民時空』出諸假定，又被作為了遺民賴以存在的條件。時間中的遺民命運，遺民為時間所剝蝕，或許是其作為現象的最悲愴的一面。正是時間，解釋了遺民悲劇之為宿命。」（1999：373）

大哉人道乎，作對于天而有功矣。夫莫大匪天，而奚以然耶。人者，
兩間之精氣也。取精于天，翕陰陽而發其同明。故天廣大而人精微，
天神化而人之識專壹。天不與聖人同憂，而人得以其憂相天之不及。
（《全書》：3／446～447）

唐君毅詮釋「聖人賴天地以大，天地賴聖人以尊」時所說的：「天道大而人道尊，
在于能尊天道；則人道尊，而天道亦尊。天道之大，大在于能生人以成聖，則
天道大而人道亦大。此船山言天人合一所隱涵之旨，其重人道即重天道。」
（1990：585）這段詮釋頗爲切中肯綮，船山一方面描述「人道」與「天道」的
依存關係，一方面強調「人道」開顯「天道」的功能，船山肯認「人」在天地
之間的「中心」地位，此一「中心」並非具宰制義的權力中心，而是作爲回應
倫理召喚、承受整個世界的基底，所謂「人道」即以天賦之「精氣」承擔起輔
助「天道」的任務。在宇宙論的脈絡內開展倫理向度的實踐智慧，既將宇宙情
懷發展於極致，又以人文關懷作爲依歸，這是船山天人之學的特色。

立基於此，船山對《老子》展開犀利的批判：

未繼以前爲天道，既成以後爲人道。天道無擇而人道有辨。聖人盡
人道，而不如異端之妄同于天。（《全書》：1／529）

君子之聖學，其不舍修爲者，一而已矣。天道自天也，人道自人也。
人有其道，聖者盡之，則踐形盡性，而至于命也。聖賢之教，下以
別人于物，上不欲人躐等于天。天則自然矣，物則自然矣。蜂蟻之
義，相鼠之禮，不假修爲矣，任天故也。過持自然之說，欲以合天，
恐名天而實物也，危矣哉。（《全書》：6／1144）

夫其所謂瑕者何也？天上之言道者，激俗而故反之，則不公；偶見
而樂持之，則不經；鑿慧而數揚之，則不祥。三者之失，老子兼之
矣。故於聖道所謂文之以禮樂，以建中和之極者，未足以與其深也。
（《全書》：13／15）

船山強調君子之學以實踐人道化成萬物以開顯天道爲諦義，認爲《老子》之
說「過持自然」、「妄同於天」，非但不足以眞正開顯天道，反而以「天」之名，
從外物認取存在的眞實，乃至流於「不公」、「不經」、「不祥」，不足以參與聖
道。船山對於《莊子》也有相近的評騭：

君子之學，不鹵莽以師天，而近思人所自生，純粹以精之理，立人
道之極；則彼知之所不察，而憚於力行者也。（《解》：22／230）

聖而不已，合一於神，神者，聖之化也。莊生欲蔑聖功，以清虛無

累之至爲神人，妄矣。(《全書》：12／92)

船山強調倫理面向的實踐，對於莊子的「鹵莽師天」、「憚於力行」有所批判，

儘管如此，船山認爲莊子畢竟有別於老子而自成一宗，有合於儒學旨歸而「可

因以通君子之道」者。

　　船山之判定莊學通於儒學，涉及幾個重要議題，其一、關於莊子的學術

本原：船山以〈天下〉爲據，直指莊子自道學術淵源：

系此於篇終者，與《孟子》七篇末舉狂獧鄉愿之異，而歷述先聖以

來，至於己之淵源，及史遷序列九家之說，略同；古人撰述之體然

也。其不自標異，而雜處於一家之言者，雖其自命有籠罩群言之意，

而以爲既落言詮，則不足以盡無窮之理，故亦曰「古之道術有在於

是者」。己之論亦同於物之論，無是則無彼，而凡爲籟者皆齊也。若

其首引先聖六經之教，以爲大備之統宗，則尤不昧本原，使人莫得

而摘焉。(《解》：33／277)

船山從著述體例判定〈天下〉爲莊子自序，並以〈天下〉開篇首引六經之教，

證說莊子自明學術本原。這樣的論證是如何成立的呢？首先，在〈天下〉爲莊

子自序的論點上，船山的論據有二：(1) 由古人撰述體例如《孟子》、《史記》

等類推。(2) 強調「其浩博條貫，而微言深至；固非莊子莫能爲也」(《解》：33

／277)。然而，這兩個論據並非不證自明的，就前者而言，先秦著作多非出於

一人之手，今日所見亦非當日原貌，且《莊子》的作者是否有「著述體例」的

觀念亦不得而知；就後者而言，從邏輯上說，莊子之說微言深至，浩博條貫，

然而，未必浩博條貫，微言深至者盡是莊子之說。船山之詮釋《莊子》，彷彿有

一莊子原作的客觀參照系統作爲判斷尺度，事實上此一參照系統乃詮釋者經由

與文本的視域融合所建構，所謂「莊子」這位「作者」乃船山通過對於作品的

解讀而確認出來的。其次，就〈天下〉首引六經之教而溯其學術本原，則不僅

莊子學術本原於儒學，凡「古之道術有在於是者」的墨、老諸家莫不然。綜觀

以上的辨析，船山關於莊子之學本原於儒學的論證並不充分；不過，儘管論證

並不充分，但是船山預設一「原作、原意、原貌」的詮釋框架卻在相關論述裡

清楚呈現出來，此關連船山詮釋《莊子》的方法問題，第二節將繼續討論。

　　其二、關於莊子與孔子的關係：在莊學史上，《史記》「詆訾孔子之徒，

明老子之術」的論斷雖然形成主流範式，但是自從韓愈首唱異議以來，歷代

皆不乏另類的論調，至於明末三教會通的時代思潮中，認定莊子「尊儒、尊孔、尊六經」的聲浪尤其高張。〔註7〕由於眾聲喧嘩，在這個議題上，衍生出兩個主要的子題：（1）莊子師承的問題（2）莊子尊孔的問題。受限於文獻史料，船山是否受到時代聲浪的影響，不得而知，〔註8〕但是船山針對以上兩個子題都提出了看法。在莊子師承的問題上，船山別具隻眼地提出了莊子出於子張氏的觀點：

> 況如子張者，高明而無實，故終身不仕，而一傳之後，流爲莊周。（《全書》：6／609）

此說固然發前人所未發，但船山並未加以論證，所據爲何乃無從考實；而子張氏的儒學並無傳世著作可供具體比對，船山似乎是以「高明而無實」、「終身不仕」等學風、志行的相似而有此說。另外，在尊孔的問題上，船山在〈天下解〉提到：

> 莊子於儒者之道，亦屢誚之矣。而所誚者，執先聖之一言一行，以爲口中珠，而盜發之者也。夫群言之興，多有與聖人之道相牴牾者。……故莊子自以爲言微也，言體也，寓體于用而無體以爲體，象微於顯而通顯之皆微。蓋亦内聖外王之一端，而不昧其所從來，推崇先聖所修明之道以爲大宗，斯以異於天籟之狂吹，是其所是，非其所非也。特以其散見者，既爲前人之所已言，未嘗統一於天均之環中，故小儒泥而不通，而畸人偏説承之，以井飲而相捽；乃自處于無體之體，以該群言，而捐其是非之私，是以卮言日出之論興焉，所以救道于裂。則其非毀堯舜，抑揚仲尼者，亦後世浮屠訶佛罵祖之意。（《解》：33／279～280）

〔註7〕 徐聖心指出在莊學史上持「莊子尊孔」之論斷者，其實是一陣容壯觀的隊伍，並列舉歷代重要的代表人物及其論點加以綜述。（2002）不過，在徐氏所擬的系譜上，船山是缺席的，不知何故。

〔註8〕 明代首唱尊孔論者是祝允明，後有楊慎、朱得之、沈一貫，明末有焦竑、徐曉、陶望齡、覺浪道盛、方以智、錢澄之等人。（徐聖心，2002：39～50）其中方以智是船山好友，方以智著有《藥地炮莊》，王敔增註《莊子解》多引其文，然「增註引方氏之說，多有背船山之旨者。此外，船山之評語及解文無一語提及方氏或引用其說」，「再者，方、王二人之學術立場與著述方式亦大不相同。方氏之炮莊，乃合三教而大炮之，鎔儒、道、釋於一爐，隨文發意，用達己說；而船山則攉莊子以出老、佛，力斥黃冠養生之附會，逐文解義，辨明原旨。二人學術立場，涇渭分明，而其解說方式，亦迥然相異。」（林文彬，1985：234）

船山將莊子對於儒者的詆誚視爲莊子的語言策略，他根據〈天下〉指出莊子實則推崇聖人之道，其所詆誚的對象是小儒，目的在救道於裂，策略是卮言日出——「誚」乃是一種雙重否定的表意實踐，先否定小儒偏執的群言，再否定自己一端的言說，以雙重否定的作用，使聖人之道的全體大用得以保存。換言之，理解莊子之「誚」不是從語義層次正面或反面去解讀其指涉，而是從語用層次把握其策略作用。於是船山把莊子的「誚」與浮屠的「訶佛罵祖」相提並論，他所強調的是通過「誚」或「訶」或「罵」的言說行動爲聖人之道揭蔽的語言策略。〔註9〕

其三、關於莊學歸趣：船山判定《莊子》歸趣於儒學，此一判定有正面表詮以及反面遮詮兩種手法，在反面遮詮的部分，船山發展出一種以思想旨趣爲判準的辨僞學——以合乎聖人之學的思想爲莊學旨趣，凡與之牴牾者皆加以分判，並指其非莊學之旨力辨莊子與各家的不同，如其〈天道解〉：

> 其意以兵刑、法度、禮樂委之於下，而按分守、執名法以原省其功過。此形名家之言，而胡亥督責之術，因師此意，要非莊子之旨。
>
> （《解》：13／117）

此辨莊子之旨非形名法術者流。又，其〈刻意解〉曰：

> 此篇之指歸，則嗇養精神爲干越之劍，蓋亦養生家之所謂「煉己鑄劍」，「龍吞虎吸」鄙陋之教，魏伯陽、張平叔、葛長庚之流，以之亂生死之常，而釋氏且訶之爲守尸鬼；雖欲自別於導引，而其末流亦且流爲爐火彼家之妖妄，固莊子所深鄙而不屑爲者也。（《解》：15／132）

此辨莊子非丹鼎養生者流。又，其〈達生解〉云：

> 世之爲禪玄之教者，皆言生死矣。玄家專於言生，以妄覬久其生；而既死以後，則委之朽木敗草，遊燐野土而不恤。釋氏專于言死，

〔註9〕　焦竑亦曾釋氏訶佛罵祖以喻莊子之詆訾孔子：「史遷言莊子詆訾孔子，世儒率隨聲和之，獨蘇子瞻謂實予而文不予，尊孔子者莫如莊子。噫！子瞻之論，蓋得髓矣。然世儒往往牽於文而莫造其實，亦惡知子瞻之所謂乎！何者？世儒之所執，孔子之跡也，其糟粕也；而莊子之所論者，其精也。……釋氏之論詶恩者，必訶佛罵祖之人。夫以訶佛罵祖爲詶恩，則皈依讚歎者爲倍德矣。又孰知夫訶與罵者，爲皈依讚歎之至也！」（焦竑，李劍雄點校，1999：193）焦竑之喻，在於強調詆訾乃是學者獨立於師承的表現，此即對其師的尊崇，如果亦步亦趨，唯師說是從，反而是辱沒師門。而船山則從「卮言日出」的語用角度立說，兩者的解讀與判斷頗異其趣。

妄計其死之得果；而方生之日，疾趨死趣，早已枯槁不靈，而虛負
其生。唯此言「能移」，而且言「能移以相天」，則庶乎合幽明於一
理，通生死於一貫；而所謂道者，果生之情，命之理，不可失而勿
守。（《解》：19／154）

此段文字一方面辨明禪玄之教的生死觀皆非莊子之旨；一方面肯定〈達生〉
所言「能移以相天」乃「合幽明於一理，通生死於一貫」的諦義。

最關鍵性的是，嚴老、莊之異以回應「莊子明老子之術」的主流論斷，
其〈天下解〉有云：

莊子之學，初亦沿于老子。而「朝徹」、「見獨」之後，寂寞變化，
皆通於一，而兩行無礙：其妙可懷也，而不可與眾論論是非也；畢
羅萬物，而無不可逍遙；故又自立一宗，而與老子有異焉。老子知
雄而守雌，知白而守黑。知者博大而守者卑弱，其意以空虛爲物之
所不能距，故宅於虛以待陰陽人事之挾實而來者，窮而自服；是以
機而制天人者也。《陰符經》之說，蓋出於此。以忘機爲機，機尤險
矣！若莊子之兩行，則進不見有雄白，退不屈爲雌黑；知止於其所
不知，而以不持持者無所守。雖虛也，而非以致物，喪我而於物無
攖者，與天下而休乎天均，非姑以示槁木死灰之心形，以待物之自
服也。（《解》：33／284）

船山承認莊子之學初沿於老學，但更強調莊子於「朝徹」、「見獨」等體道工
夫上，自成進路，終於別立一宗。船山把老莊之異聚焦於天人關係的體認以
及師天守虛的目的意識：老子之師天守虛隱藏著宰制天人的權謀機險，而莊
子的兩行、清虛都沒有宰制天人的目的意識，「通於一」，契合天道的大化流
行，「兩行無礙」，順成萬物的自在自成。

通過上述各種遮詮的手法，船山剝落了《莊子》與形名法術、丹鼎養生、
禪玄之教、老學權謀的錯雜曼衍，除此之外，船山更從正面表詮莊子之道乃
自悟於「渾天」，而「渾天」之說亦即內聖外王之道所從出：

嘗探得其所自悟，蓋得之於渾天；蓋容成氏所言「除日無歲，無內
無外」者，乃其所師之天；是以不離於宗之天人自命，而謂內聖外
王之道，皆自此出；而先聖之道，百家之說，散見之用，而我言其
全體，其實一也。（《解》：33／284～285）

船山將莊子描述爲「渾天」說的體悟者，而其會通莊、儒的理論接合點亦即

在此：由「渾天」而說生化之理，而通幽明、貫生死，而肯定生命之開顯天光的價值（其理論意涵留待第三節進行討論）。因此，船山直指莊學的歸趣合乎《周易》與《論語》，其〈則陽解〉有云：

> 讀《莊子》者，略其曼衍，尋其歸趣，以證合乎《大易》「精氣爲物，
> 遊魂爲變」與《論語》「知生」之旨，實有取焉。（《解》：19／156）

在船山的眼中，生命價值的肯認與實踐，正是學術思想的價值根源，人如何履踐一己生命，以積極參贊天地化育，開顯整體存在場域的意義，本是船山念茲在茲的學術使命，所謂「聖賢異端一大鐵界限在此」，〔註10〕而莊子之會通於儒而未流於異端，亦在於此。

　　綜結以上的論析，船山之通、解《莊子》乃以「盡人道之極致」爲其詮釋起點，此一詮釋起點的立定，既源於船山學術使命的基本關懷，亦是一決定生命核心的此在事件。而在此一詮釋起點上，船山以其生命體驗與《莊子》展開關乎存在整體界域的對話，一方面進行自我形象的確認，一方面實踐學術價值的創造，其對於《莊子》之學的價值肯定在於斯，其引而通之的詮釋實踐亦依於斯。

第二節　船山通解〈逍遙遊〉的詮釋方法

　　船山經學、子學的著作體例分明，〔註11〕其《莊子通》以篇爲單位，敷引

〔註10〕船山説：「有一刻之生，便須謹一刻之始。……何嘗喫緊將兩頭作主，而丟漾下中間一大段正位，作不生不死，非始非終之過脈乎……故夫子正告子路，謂當於未死之前，正生之日，既境現在，反求諸己，求之於『昊天曰明，及爾出王，昊天曰旦，及爾游衍』之中，以知生之命；求之於『不聞亦式，不諫亦入，不顯亦臨，無斁亦保』之中，以知生之性；求之於『直養無害，塞乎天地之間』者，以知生之氣。只此是可致之知，只此是『知之爲知之』，而豈令哼枯木，撮風聲，向回地一聲時討消息哉？此是聖賢異端一大鐵界限，走漏一絲，即成天壤，而廢仁義、絕倫理之教，皆其下游之必至矣。」（《全書》：6／752）

〔註11〕船山經學、子學著作體例，約可分兩類：其一、與《莊子通》相類者，如《詩廣傳》、《尚書引義》等，此皆截其篇章字句，敷引其義；其二、與《莊子解》相類者，如《周易内傳》、《禮記章句》、《四書訓義》、《楚辭通釋》、《張子正蒙注》、《老子衍》等，此皆逐文解義，以辨其駁雜，而以復其原旨爲主，如《楚辭通釋・序例》云：「今此所釋，不揉固陋，希達屈子之清，於意言相屬之際，疏川澮以入涇流，步岡陵而陟絕巘，尚不迷於所往乎……至於天問，一皆諷刺之旨，覆使忠告不昭，而別爲荒怪何也，凡此類，交爲正之。」（《全

其義，依其〈自敘〉所云，以「因而通之」、「以通吾心」、「因以通君子之道」爲宗旨；《莊子解》〔註 12〕則「每篇之首，冠以篇解，綜括全篇大意；每段之後，加以解說」，「志在去除前人以儒、佛之說對莊子的附會，清理出一副莊子的本來面目，同時在《解》文的字裡行間還往往隱爲指出其缺點所在。」（王孝魚，1984：前 1、2）不僅指出其缺點所在，一如王敔〈大行府君行述〉所說，船山意在「引漆園之旨于正」（《王夫之評傳・附錄》，2002：656）。或闡明本義，或因而通之，或引之於正，綜觀船山的方法意識及其通、解〈逍遙遊〉的詮釋實踐，與當代「詮釋學的循環」（Hermeneutical circle）可以互相發明，所謂「詮釋學的循環」，指「詮釋正是讀者在閱讀和瞭解時，個別部分與整體的交互連涉性的一個辯證過程。我們（主體）若要瞭解作品（客體）時，沒有一個完全天眞的起點；反之，任何一個讀者與作品接觸的時刻，都必會建基於一個預先存在的整體意念上，例如在一句話中，其整體意義的構成得靠句中的每一個字單獨的字義，但每一個字意雖能成立，卻又不得不以整句話的脈絡爲依歸。故此，意義的獲得過程，必然產生在這整體由部分組成、部分又得端賴整體而存在的循環迴合之中。」（王建元，1992：73～74）在船山的詮釋裡，「詮釋學的循環」出現於作品的整體語境與個別語言組合之間，還出現於作品與作者精神發展之間的關係中，以及詮釋者自身的先在結構與作品視域融合的過程之中。因此我們區分以下三個層次來進行相關的討論：其一、語言層次的詮釋循環；其二、心理層次的詮釋循環；其三、存在層次的詮釋循環。

一、語言層次的詮釋循環

船山之詮釋《莊子》，目的之一在於闡明莊子原意。這樣的目的預設了「原

書》：14／207）又如《老子衍・自序》：「昔之註《老子》者，代有殊宗，家傳異說，逮王輔嗣、何平叔合之於乾坤易簡，鳩摩羅什、梁武帝濫之於事理因果，則支補牽會，其誣久矣。迨陸希聲、蘇子由、董思靖及近代焦竑、李贄之流，益引禪宗，互爲綴合，取彼所謂教外別傳者以相糅雜……夫之察其誖者久之，乃廢諸家，以衍其意；蓋入其壘，襲其輜，暴其恃，而見其瑕矣，見其瑕而後道可使復也。」（《全書》：13／15）

〔註 12〕「解」的詮釋體式自先秦即有，如《管子》有〈形勢解〉、〈明法解〉，《韓非子・解老》等都是典範之作。這種體式是以針對或選定某書、某篇作專門解說的詮釋形式，著力分析和發掘詮釋對象的深層意蘊，並且對其中的某個論點加以論證，加以發揮，從而闡釋出新的觀點或思想，至於具體詞句的訓釋，則非它的主要任務。（周光慶，2002：160）

作——原意——原貌」的框架，在此框架中，作品乃作者精心籌畫而成，其
結構風格和思想組織具有內在一致性，詮釋者通過對於作品內在的聯繫，把
握到整體的目的和結構，然後詮釋其中的個別部分，而得以接近作者的原意。
這種語言層次的合理智性詮釋原則，在船山的詮釋文本裡清楚地呈顯出來，
在《莊子解》外篇的篇解裡，他說：

> 外篇非莊子之書，蓋爲莊子之學者，欲引伸之，而見之弗逮，求肖
> 而不能也。以內篇參觀之，則灼然辨矣。內篇雖參差旁引，而意皆
> 連屬；外篇則踳駁而不續。內篇雖洋溢無方，而指歸則約；外篇則
> 言窮意盡，徒爲繁說而神理不摯。內篇雖極意形容，而自說自掃，
> 無所粘滯；外篇則固執粗說，能死而不能活。內篇雖輕堯舜，抑孔
> 子，而格外相求，不黨邪以醜正；外篇則忿戾詛誹，徒爲輕薄以快
> 其喙鳴。內篇雖與老子相近，而別爲一宗，以脫卸其矯激權詐之失；
> 外篇則但爲老子作訓詁，而不能探化理於玄微。（《解》：8／76）

船山從（1）結構風格——「雖參差旁引，而意皆連屬」，「雖洋溢無方，而指
歸則約」；（2）語言效果——「雖極意形容，而自說自掃，無所粘滯」；（3）
思想旨趣——「雖輕堯舜，抑孔子，而格外相求，不黨邪以醜正」，「雖與老
子相近，而別爲一宗，以脫卸其矯激權詐之失」等方面，繫聯內七篇爲統一
體，進而以內七篇爲依據，船山判定外、雜篇各篇之眞僞：外篇俱爲後學所
作，而雜篇中〈讓王〉以下四篇斷爲贗作。〔註13〕

　　除了辨別眞僞之外，也根據內七篇的思想旨趣及語言風格作爲參照，而
評比各篇良窳，如其〈則陽解〉所說：「雜篇唯〈庚桑楚〉、〈徐無鬼〉、〈寓言〉、
〈天下〉四篇爲條貫之言，〈則陽〉、〈外物〉、〈列禦寇〉三篇皆雜引博喻，理
則可通而文義不相屬，故謂之『雜』。要其於內篇之旨，皆有所合，非〈駢拇
諸〉篇之比也。」（《解》：25／226）至於單篇的依文說解，往往著重於抉發
與內七篇相合之處：

〔註13〕《莊子解》雜篇篇解有云：「〈讓王〉以下四篇，自蘇子瞻以來，人辨其爲贗
　　　　作。觀其文詞，精鄙狼戾，眞所謂『息以喉而出言若哇』者。〈讓王〉稱卞隨
　　　　務光惡湯而自殺；徇名輕生，乃莊子之所大哀者；蓋於陵仲子之流，忿戾之
　　　　鄙夫所作，後人因莊子有卻聘之事，而附入之。〈說劍〉則戰國遊士逞舌辯以
　　　　撩虎求榮之唾餘，〈漁夫〉、〈盜跖〉則妒婦詈市，瘈犬狂吠之惡聲；列之篇中，
　　　　如蜋蜋之與蘇合，不辯而自明，故俱不釋……亦可爲道聽塗說，竊莊子之殘
　　　　渣，以爲談柄之炯鑒也。」（23／196）〈讓王〉四篇爲贗作，自東坡以來學者
　　　　多有所論，船山接受前說，而依其詮釋方法概括之。

此篇之旨，籠罩極大，《齊物論》所謂「休之以天均」也。……《莊子》之旨，於此篇而盡揭以示人：所謂「忘小大之辯」者此也，所謂「照之以天」者此也，所謂「參萬歲而一成純」者此也，所謂「自其同」者此也，所謂「目無全牛」者此也，所謂「知天之所爲」者此也，所謂「未始出吾宗」者此也。（《解》：23／197）

莊生以此見道之大圜，流通以成化，而不可以形氣名義滯之於小成。故其曰「以視下亦如此而已」，曰「天均」，曰「以有形象無形」，曰「未始出吾宗」，與《天運篇》屢詰問而不能答其故，又曰「實而無乎處者宇也」，皆渾天無內無外之環也。其曰「寓於無竟」，曰「參萬歲而一成純」，曰「薪盡而火傳」，曰「長而無本剽者宙也」，皆渾天除日無歲之環也。故以「若喪其一」、以「隨成」爲師天之大用，而「寓庸」以「逍遙」，得矣。（《解》：25／230）

在以上的解說中，船山繫聯各篇意義相關的文句而加以互文闡發，清楚呈顯出由部分理解整體，以整體詮釋部分的辯證過程。值得注意的是在上引《解》文中，船山以「道之大圜」的核心意象開展宇宙意識及存在智慧，船山以《莊子》原有的詞語「天均」來指稱此一「道之大圜」，並以之爲核心觀念，貫穿於「莊子之旨」的整體理解中。

在〈逍遙遊解〉的篇解裡船山就開宗明義地標舉出此一核心觀念「天均」：

寓形於兩間，遊而已矣。無小無大，無不自得而止。其行也無所圖，其反也無所息，無待也。無待者，不待物以立己，不待事以立功，不待實以立名。小大一致，休乎天均，則無不逍遙矣。逍者，嚮於消也，過而忘也。遙者，引而遠也，不局於心知之靈也。故物論可齊，生主可養，形可忘而德充，世可入而害遠，帝王可應而天下治，皆吻合於大宗以忘生死；無不可遊也，無非遊也。（《解》：1／1）

「小大一致，休乎天均，則無不逍遙矣」這個關鍵句的提出，繫聯了〈逍遙遊〉與〈齊物論〉，卻解消了〈逍遙遊〉「小大之辨」作爲一生命歷程的涵義──由小而大逐層昇華超拔，以抵達生命內核的絕對自由。船山之詮釋〈逍遙遊〉「小大之辨」曰：

辨也者，有不辨也。有所辨則有所擇，有所擇則有所取，有所舍。取舍之情，隨知以立辨，辨復生辨，其去逍遙也甚矣。有辨則有己，大亦己也，小亦己也。功于所辨而立，名於所辨而成；六氣辨而不

　　能御，天地辨而非其正；鵬與斥鴳相笑而不知爲神人之所笑，唯辨

　　其所辨者而已。(《解》：1／4)

在船山分析裡，「辨」這一認識活動，使事物成爲心知自我宰制的對象，人因
此陷溺於大小的執著、功名的虛榮，遂使生命不斷流蕩、割裂，根本遠離了
逍遙的可能。此義固然爲莊子所有，尤合於〈齊物論〉「和之以是非，而休乎
天均」的旨趣，但莊子「小大之辨」之「辨」卻並不是對象化的認識活動，
而是一覺察生命不同境界的智慧：由小而大，層層轉進，層層超越，而使意
識深化擴展，趨近於浩瀚無限的自由境界。在此，我們看到船山以「天均」
爲核心觀念，形構〈逍遙遊〉整體的理解──「小大一致，休乎天均，則無
不逍遙矣」，而此整體的理解在詮釋部分段落時出現了差異。

　　遵循著語言層次的合理智性詮釋原則，固然保證了詮釋的同一性，但是
並不能取消「作者──作品──讀者」存在著間距而造成差異的事實，對於
這個間距，船山是覺知的，而且正欲在此間距之中，實踐其「因而通之」、「引
之於正」的詮釋任務。換言之，其實船山並不是不能理解莊子之意，此處的
歧出實是智慧形態的質性不同所致：船山以守護生活世界爲理想，莊子以生
命的超越向度爲歸趣。然而，船山始終認爲兩者可以調適上遂爲一，在莊子
已說出的字裡行間，還有莊子可以說而未說出者。施萊爾馬赫有一個著名的
詮釋學公式：「首先，很好地理解文本；然後，甚至比作者理解得更好。」(轉
引自安延明，1999：70)相信船山也會同意這句話。

二、心理層次的詮釋循環

　　理解和詮釋具有差異性是必然的，如果理解和詮釋只是同一的複製，理
解和詮釋成爲單調的自我迴旋，也就不需要理解和詮釋了。在以部分理解整
體，以整體詮釋部分的詮釋循環之中，「作者──作品──讀者」存在著無
法克服的間距，原始作者畢竟不在場，凝固於作品世界中的意義永遠是其整
體的剩餘，而整體的理解過程中，讀者並非以零度狀態接合於作品，語言性
與歷史性的間距必然存在。所以，除了「在語言的帶有多種可能的語境中理
解被說出者」之外，還要「將被說出來者理解爲言說者思想發展中的一個事
實」(安延明，1999：72)，而後者必須訴諸心理解釋。語言層次的詮釋循環
以邏輯性保證了同一性，心理層次的詮釋循環則以非邏輯性的跳躍開拓差異
性的存在空間。

　　此一非邏輯性的跳躍在船山的詮釋脈絡裡，體現於莊子之道「所從出」的理解和詮釋之中，此一理解和詮釋不在於描述莊子之道在發生程序上的歷史淵源，而在於抉顯作為莊子之道背景的宇宙意識：

> 環中者，天也。六合，一環也；終古，一環也。一環圓合，而兩環交運，容成氏之言渾天，得之矣。除日無歲，日復一日而謂之歲，歲復一歲而謂之終古；終古一環，偕行而不替。無內無外，通體一氣；本無有垠，東西非東西而謂之東西，南北非南北而謂之南北；六合一環，行備而不溢。運行於環中，無不為也而無為，無不作也而無作，人與之名曰天，而天無定體。……觀於此，而莊子之道所從出，盡見矣。蓋於渾天而得悟者也。（《解》：25／229）

> 一者，所謂天均也。……一故備，能備者為群言之統宗，故下歸之於內聖外王之道。（《解》：33／278）……嘗探得其所自悟，蓋得之於渾天；蓋容成氏所言「除日無歲，無內無外」者，乃其所師之天；是以不離於宗之天人自命，而謂內聖外王之道，皆自此出；而先聖之道，百家之說，散見之用，而我言其全體，其實一也。（《解》：33／284～285）

以上的詮釋涵括了三個重點：（1）莊子的宇宙觀涵有渾圓意象的原型；（2）此一原型來自於對「渾天」天體現象的觀察與體悟；（3）由「渾天」的天體現象，形成對宇宙無限時空的體悟，由此體悟而開展內聖外王之道，此即聖人之學，故莊學與聖學同源。

　　在《莊子》一書中，的確有許多渾圓的象徵，陶甄、天均、天倪、道樞、環中、車輪、瓢、鏡、摶而飛、萬物運行的軌道、渾沌等等（楊儒賓，1992：133～135），都用以象徵雄渾圓轉的「道」。然則，對於此一雄渾圓轉之「道」的理解果真由「渾天」天體現象的觀察而悟入嗎？《莊子》一書並未直接言明，而兩者之間也沒有絕對的關聯性，〔註14〕因此，這樣的鏈結實乃一非邏輯性的跳躍。對於船山之理解《莊子》而言，這是一非邏輯性的跳躍，實則在船山的思想體系裡則自有其理路脈絡。綜觀船山的著作，在三十七歲所作的《周易外傳》中，即對「渾天之體」作了描述：「太極，○之實有也……天

〔註14〕在不同的文化傳統中也多有圓的象徵，正如楊儒賓所說：「圓可以說是一種最古老、最普遍的原型。」（1992：135）這普遍存在的原型象徵很難說是同樣都源自「渾天」的宇宙圖像的投射。

包地外而行乎地中……渾天之體，於斯而著。」（《全書》：1／1017）在後來的《周易內傳發例》又說：「太極一渾天之全體，見者半，隱者半，陰陽寓於其位，故戴轉而恆見其六……」（《全書》：1／658）又，所謂「專家之學，以渾天質測及潮汐南北異候驗之之為實」（《全書》：12／52），船山之著意彰顯「渾天」的宇宙圖像，與其「欲盡廢古今虛妙之說，而反之實」（王敔，〈薑齋公行述〉）的學術取向密切相關，「渾天」以質測之實贏得船山的信服，其宇宙圖像投射於船山的深層意識，「太極，○之實有也」，「陰陽寓於其位，故戴轉而恆見其六」，成為其建構以「實有」與「恆動」為特徵的形上哲學之根據，〔註15〕並由此下貫於生活世界之人文化成的積極意義。

　　因此，船山以莊子之道得悟於「渾天」，就詮釋活動而言，乃將理解過程從文字語言符號延伸到莊子的個體生命，設身於莊子作為一個體生命思考、感受和意念他的世界，而形成其世界觀的過程；而此一過程實則與船山自身思考、感受和意念其世界，而形成其世界觀的過程相互參照涵攝。在這樣的詮釋過程裡，「悟」的心理活動為個體生命理解其世界的所以然，以及詮釋者的個體生命與作者的個體生命互相理解的可能，提供了保證。在船山的相關論述裡，「悟」作為個體生命思考、感受和意念其世界的一種方式，是一種不能名言的直覺體驗：

> 隨見別白，曰知；觸心警悟，曰覺。隨見別白則當然者可以名言矣；觸心警悟則所以然者微喻於己，即不能名言，而己自了矣。知者，本末具鑒也。覺者，如痛癢之自省也。知或疏，而覺則必親。覺者隱，而知則能顯。（《全書》：6／449）

〔註15〕許多學者都從「實」與「動」來概括船山學的特色，如熊十力認為船山之學「尊生，以箴寂滅」；「明有，以反空無」；「主動，以起頹廢」；「率性，以一情欲」（1984：481～482）而羅光亦曾指出：「王夫之的哲學思想，範圍廣泛，思想深刻。然而他的哲學有一貫的精神，即是主張實有論。……清初學者雖都對王（陽明）學起反響，而主張實學；但沒有一人能像王夫之從形上方面建立實學的基礎。王夫之思想的另一特點，是『動』的觀念，動的觀念來自《易經》，宋明理學家也都注意到宇宙的動；因此動靜的觀念在宋明理學裡佔的份量很重；但是也沒有一人像王夫之那樣激底主張『動』。……因此，講王夫之的哲學思想須要把『實』和『動』兩個觀念，便可以貫通他的全部思想了。」（1990：119～120）但他們似乎未注意到「渾天」的宇宙圖像之於船山哲學思想之強調「實」與「動」裡的關聯性。此外，船山之重「實有」，並不代表他是唯物論者（侯外廬，1982：1），而其「明有，以反空無」，亦有別於「有無之辨」的思路，這在第三節將進一步討論。

名言是對象化思維活動的產物，而悟是一種不能名言的「直覺之知」，是一種「體驗」。〔註16〕直覺體驗不是抽象的思維活動，而是一種「身體／主體」的參與和感通，所以，在思維活動中事物被對象化，「知」是「疏」而「顯」的，相對而言，在直覺體驗中事物與「身體／主體」相即交融，「悟」是「親」而「隱」的。因此，就作者個體生命與其所體驗的世界之間，必然存在著一種部分與整體的詮釋循環，而形諸於作品之中的，相對於作者整體的生命體驗來說，必然是有所未盡的。然則，對於作者「不能名言」、「親」而「隱」的直覺體驗，詮釋者如何透過作品加以理解乃至詮釋呢？

在船山，其所論述的「觸心警悟」雖然是個別的、私密的心理活動過程，但是並不意味著直覺體驗可以完全收攝到主體的意識向度，成為一種不可理解的神祕經驗或個人夢囈；「觸心警悟」涵有一「心」與「物」的意向性結構，心之所觸的世界事物真實地存在著，而警悟之心必須從事物本身出發，並非由主體任意認取。因此，如果作者之悟是從事物出發的，那麼詮釋者從事物出發，亦可「度之於吾心」而判斷所言是否合理，推求是否有言外之意。船山關於「學」與「思」的論述可視為對此一問題的深化：

> 致知之途有二：曰學，曰思。學則不恃己之聰明而一惟先覺之是效，思則不徇古人之陳跡而任吾警悟之靈，乃二者不可偏廢而息相資以為功。學於古而法則具在乃度之於吾心，其理果未盡於言中乎？抑有未盡而可深求者也？則思不容不審者也。……盡吾心以測度其理，乃印之於古人，其道果可據為典常乎？抑未可據而俟裁成者也？則學不容不博矣。（《全書》：7／301～302）

船山對於學思相資的闡述，恰恰指向了經典文本與詮釋者互為主體性的關係：一方面，經典所提供的意義世界必須經由詮釋者的理解而得以開顯，此即是詮釋主體「任吾警悟之靈」的「思」在理解過程中的重要功能，因此，即使莊子得之於「渾天」的自悟是一種直覺體驗，即使莊子未將此一體悟加以反思而表述出來，而船山乃以「度之於吾心」的追體驗方式接近它，去「深

〔註16〕 羅光對這段文字的分析簡要而精切，他說：「知為『隨見別白』即是遇事知道分別，佛家稱為『了別知』。遇事知道分別，便能用名指出所知的物與事。覺為『觸心警悟』，即是直覺，『如痛癢之自省也』，痛癢為親身的感覺，對於別的事物，人也能直覺。直覺必親，『覺則必親』，而且隱蔽，不可名言，凡是直覺之，乃是體會和體驗，沒有言詞可以表達出來，『不能名言，而己自了矣。』自己了然於心，然不能名言。」（1990：123）。

「求」未說出者，甚至說出此未說出者；另一方面，詮釋主體盡心思所悟得的意義必須與古人互相印證，歷史傳統所提供的整體脈絡乃是意義生成的來源，換言之，詮釋主體通過經典而籌畫歷史傳統的整體視域，理解與詮釋，既是個別經典文本的意義世界之開顯，也是個體經由視域融合而參與整全存在的過程。船山對於《莊子》的「因以通君子之道」，即是這樣的一種涵著存有論意義的詮釋活動。

三、存在層次的詮釋循環

船山對於《莊子》的理解與詮釋，乃以自身的生命體驗與《莊子》展開關乎整體存在場域的對話，理解與詮釋作爲此在的事件，展開了存有論的向度。船山於此是自覺的，對於理解的「先在結構」以及詮釋的「有如結構」〔註17〕之間的張力與辯證，在《莊子通·自敘》裡明白揭示：

> 然而予固非莊生之徒也，有所不可、「兩行」，不容不出乎此，因而通之，可以與心理不背：顏淵、遽伯玉、葉公之行，叔山無趾、哀駘它之貌，凡以通吾心也。心苟爲求仁之心，又奚不可？

> 凡莊生之說，皆可因以通君子之道，類如此。故不問莊生之能及此與否，而可以成其一說。

船山顯然意識到自己之於《莊子》的他在性，他有意識地揭露這種緊張的關係，把自己的理解視域與《莊子》的意義視域區分開來，船山不但不擺脫理解視域中的先在結構，而去追求一種完美的正確詮釋，反而承認先在結構在詮釋過程的積極作用：通過把自身置入經典文本的意義視域之中，經典文本

〔註17〕 存在層次的詮釋循環，指的是理解的「先在結構」和詮釋的「有如結構」之間的循環：理解是我們對存有的領會，乃此在對自己的意欲何爲和整全意義的解蔽與自覺；而詮釋則爲理解之開展，進一步將所領會的整全意義，顯題化爲「某物有如某物」。換言之，在理解中由於「先行所有」、「先行所見」、「先行掌握」所把握的整全意義，透過詮釋而顯題化爲「某物有如某物」。（洪漢鼎，1993：ⅩⅡ）「先在結構」、「有如結構」是海德格詮釋學的重要概念，海德格強調「領會（按：即「理解」）的這種循環不是一個由任意的認識方式活動於其間的圓圈，這個詞表達的乃是此在本身的生存論上的『先』結構。……解釋領會（理解）到它的首要的，經常的和最終的任務始終是不讓向來就有的先行具有、先行看見和先行把握以偶發奇想和流俗之見的方式出現，它的任務是從事情本身出發來整理先有、先見和先把握，從而確保課題的科學性。」（馬丁·海德格 Martin Heidegger，陳嘉映、王慶節譯，2002：212）

的質性才能被意識到，而在理解他者的同時，也理解到自己 —— 此在對自己的意欲何爲和整全意義的揭蔽與自覺 —— 船山就在這樣的理解之中，確認求仁之心作爲存在內核的意義，並將它提昇到更高的普遍性 —— 君子之道，進行「因而通之」的視域融合，將自己的理解視域與經典文本的意義視域疊加爲統一體，此一視域融合的過程並不以詮釋者個人的理解視域爲優位，也不以經典文本的意義視域爲優位，「君子之道」提出了一個問題視域，使經典文本和詮釋者進入對話結構，經典文本的意義不再凝固於過去之中，也超越了它的作者，而向著問題視域提出它的應答，詮釋主體則一方面聽取經典文本的應答，一方面通過理解、詮釋、應用的統一過程，將自己的視域擴展延伸於歷史文化的整體界域。

　　對於船山而言，理解過程是一種創造性行爲，不僅創造了經典文本的當代意義，而且創造了詮釋者的存在方式。船山之於《莊子》的理解和詮釋涵有加達默爾所謂「問答結構」，〔註18〕而問題視域的形構來自船山對於在世存有的痛切感受以及對於傳統思想的深銳反思，這使得他具有明顯的批判和重建的目的意識，而其詮釋實踐則「穿透語言、文字的遮蔽，上通於道」，道的理解，道的體悟，道的開顯，這是船山的「造乎其道」的詮釋學（林安梧，2002：163～172）。因此，不僅對《莊子》的詮釋如此，船山淹貫經史，博通傳注，詳愼搜閱，參駁古今，他自成體系的學術思想，表現了一種嚴肅的批判精神，「他以後半生四十年的全部精力寫出近四百卷的著作，其中占大部分的哲學著作，可說是一部傳統哲學批判的全書。」（蕭萐父，1993：5）就此而言，船山作爲詮釋者與整個傳統之間也形成詮釋循環，正如林安梧所說的：作爲一個儒者，他所意謂的批判必須根生於傳統，而傳統的資源依儒者看來是與時俱進，日新又新的；重要的是去掘發它，去體現它，而掘發它體現它

────────────

〔註18〕加達默爾強調「某個流傳下來的文本成解釋的對象，這已經意味著該文對解釋者提出了一個問題。所以，解釋經常包含著提給我們問題的本質關聯。理解一個文本，就是理解這個問題。但是正如我們所指出的，這是要靠我們取得詮釋學視域才能實現。我們現在把這種視域看作是文本意義方向得以規定的問題視域。誰想尋求理解，誰就必須反過來追問所說的話背後的東西。他必須從一個問題出發把所說的話理解爲一種回答，即對這個問題的回答。所以，當我們返回到所說的話背後，我們就必然已經超出所說的話進行追問。我們只有通過取得問題視域才能理解文本的意義。而這種問題視域本身必然包含其他一些可能的回答。就此而言，命題的意義必然超出命題本身所說的東西。」（洪漢鼎譯，1993：479）

的辦法則莫優於詮釋及批判。換言之，儒者是透過一種「對傳統的詮釋」來「批判傳統」的，並以此而形成「批判當代」的根柢。從詮釋而批判，由批判而再回到詮釋這個循環不息的過程，構成了一種「重建」。（1991：11）「六經責我開生面」，在詮釋、批判、重建的循環過程中，船山之學也匯入傳統之流，伏潛蓄蘊豐沛的能量，在兩百年後產生巨大的影響。

第三節　船山逍遙義的核心觀念

「寓形於兩間，遊而已矣」，作為天地之間的有形存在，生命如何可能是一趟「其行也無所圖，無反也無所息」的無待之遊呢？船山在〈逍遙遊〉的篇解中指出：

> 小大一致，休于天均，則無不逍遙矣。逍者，嚮於消也，過而忘也。
> 遙者，引而遠也，不局於心知之靈也。（《解》：1／1）

船山分釋「逍」、「遙」二字，「逍」，有其徵向而能夠消解，有所經歷而能夠遺忘，「遙」，超越心知的局限，讓心靈境域擴延到浩瀚的遠方。生命具有能動性，一活動必有其徵向，但是如果執著於其徵向，便會受限於相對的因緣條件，就像大鵬一樣只能「遊于大」，「遙」而「未能逍」（《解》：1／1）；對於人之在世存有來說，意義框架的設定使人免於無重量感的意義危機，而意義框架的設定有賴於心知之靈，但是如果局限於心知的作用，便會形成固定的有限界域，就像蜩與鸒鳩一樣只能「遊于小」，「逍」而「未能遙」（《解》：1／3）。從解文來看，船山對於大鵬、蜩與鸒鳩的理解似乎受到郭〈注〉的影響，其實有著根本的分歧。二者都從物理現象說明大鵬之「大」有其條件限制，並且取消了原文世界的隱喻和反諷等等意指功能，而轉換到自己的理論框架：「大鵬／蜩與鸒鳩」相當「大／小」的對比，而船山之異於郭〈注〉者，乃將之引申對應於「遙／逍」的區分，此一區分關連著「遊」的諦境之開顯：形成對比張力的「逍」與「遙」經由「休于天均」的辯證綜合而達致「無不逍遙」的精神自由境界，此中有生命的自我轉化，亦有存在真理的開顯。因此，船山所言「大小一致」迥異於郭象的「小大雖殊」「逍遙一也」：「逍遙一也」在郭〈注〉的理論脈絡裡乃奠基於「自然」的適性自足，而在船山的思想脈絡裡，「小大一致，休于天均，則無不逍遙」的命題，所開展的乃是從渾天一體的宇宙論脈絡下貫於凝神知化的實踐智慧。

一、「天均」與「渾天」

在《莊子》書中，「天均（「均」或作「鈞」）」分別出現於〈齊物論〉、〈庚桑楚〉及〈寓言〉：

> I　可乎可，不可乎不可。道行之而成，物謂之而然。惡乎然？然於然。惡乎不然？不然於不然。物固有所然，物固有所可。無物不然，無物不可。故爲是舉莛與楹，厲與西施，恢詭憰怪，道通爲一。其分也，成也；其成也，毀也。凡物無成與毀，復通爲一。唯達者知通爲一，爲是不用而寓諸庸；……是以聖人和之以是非而休乎天鈞，是之謂兩行。（《校詮》，2／61）

> II　宇泰定者，發乎天光。發乎天光者，人見其人。……知止乎其所不能知，至矣；若有不即是者，天鈞敗之。（《校詮》，23／885）

> III　萬物皆種也，以不同形相禪，始卒若環，莫得其倫，是謂天均。天均者天倪也。（（《校詮》，27／1090）

「均」是「陶均」，陶工製器時所用的旋轉盤；「倪」是「研」，[註19] 石磑、石磨、石臼、轆轤臺，它們共同的特色是：圓的造型，以旋轉的方式產生力量、製作器物。「天均」、「天倪」，比物取象，以喻天地之生成變化（III），由天地意象傳移到對「道」的描述（I），再轉化爲人的存在智慧（I、II）。其喻義約而言之有三：（1）具有一不變的核心，而核心落於中央，這個中心定點用以定住其自體，而同時又帶動生成變化；（2）沒有起點，沒有終點，超越相對，而又成全相對，一切對立都只是旋轉中刹那的模態，等時移勢轉，一切對立可能就解消，也可能再重構；（3）渾全自在，而又能與物俱化，流動而日新。（楊儒賓，1992：136）「天均」一詞成爲船山詮釋《莊子》的核心觀念，從下列解文來看，基本意涵並沒有改變：

> 均者，自然不息之運也。均如其恆而不枉，則物自成。（《解》：23／203）

> 道之大圜，流通以成化……故曰「天均」。（《解》：25／230）

> 且夫天均之一也，周遍咸而不出乎其宗，圜運而皆能至。（《解》：33／279）

〔註19〕天倪，班固曰：天研。盧文弨曰：倪音近研，故計倪亦作計研。（郭慶藩集釋，1961：109）

「天均」彰顯了道之如如自在，圓運流動以化成萬物等特色。然則，船山更一步把「天均」一詞的意涵加以擴延，開展了宇宙論和存有論兩個向度的言說脈絡。

在宇宙論的向度上，船山以「天均」鏈結了「渾天」之說，描述「渾然一環」的宇宙圖像：

> 渾天之體：天，半出地上，半入地下，地與萬物在於其中，隨天化之至而成。天無上無下，無晨中、昏中之定；東出非出，西沒非沒，人之測之有高下出沒之異耳。天之體，渾然一環而已。春非始，冬非終，相禪相承者至密而無畛域。其渾然一氣流動充滿，則自黍米之小，放乎七曜天以上、宗動天之無窮，上不測之高，下不測之深，皆一而已。上者非清，下者非濁，物化其中，自日月、星晨、風霆、雨露，與土石、山陵、原隰、江河、草木、人獸，隨運而成，有者非實，無者非虛。（《解》：25／229～230）

「渾天說」是古代探討天體運行的三大學派之一。〔註20〕船山於「渾天」之說，著意發揮其「渾然一氣流動充滿」的特徵，所有「上／下」「晨／昏」「東／西」「出／沒」等時間、空間的相對分別都是人爲度量，這些人爲度量無法測度「渾天」的整全存在，整全存在就是一渾渾然之「流行的存在」、「存在的流行」。〔註21〕基於如此的渾天觀，船山強調「有者非實，無者非虛」，萬

〔註20〕「渾天」的思想，在戰國時代就產生了，慎到曾經提過：「天體如彈丸，其勢斜倚。」而《楚辭·天問》亦有「圜則九重」的說法，其理論的經典式表述如《渾天儀注》所說：「渾天如雞子，天體圓如彈丸。地如雞中黃，孤居於天內。天大而地小。天表裡有水，天之包地，猶殼之裹黃。天地各乘氣而立，載水而浮。周天三百六十五度又四分度之一，又中分之，則半一百八十二度八分度之五覆地上，半繞地下，故二十宿半見半隱。其兩端謂之南北極。北極乃天之中也，在正北，出地上三十六度。然則北極上規徑七十二度，常見不隱。南極天地之中也，在正南，入地三十度。南規七十二度常伏不見。兩極相去一百八十二度強半。天轉如車轂之運也。周旋無端，其形渾渾，故曰渾天。」《渾天儀注》約成書於公元三百年前後，並非出於一人之手，是一部較成熟地闡述渾天說的著作，論述全面而且科學性較強。同探討宇宙結構的「蓋天說」和「宣夜說」相比，「渾天說」有渾天儀等天文儀器的實測爲依據，能近似地說明日月的運行，闡明一些重要的天文現象，對修訂曆法又有實用意義，因此成爲中國古代天文學的主流。（張岱年主編，1991：1239）

〔註21〕當代學者對於船山的氣論，或視爲唯物主義，如嵇文甫（1962）、侯外廬（1982）等；或認爲氣只是現實層面上事，無當於形而上者，亦無預於德性，如牟宗三（1989）、勞思光（1980）等；筆者認爲唐君毅的看法較有相應的理解，唐

有以「一氣流動」而聚散變化,「聚而明得施,人遂謂之有;散而明不可施,人遂謂之無。不知聚者暫聚,客也,非必常存之主;散返於虛也,非無固有之實;人以見不見言之,是以滯爾」(《全書》:12／29)船山指出:「有／無」是「謂之」的話語,〔註22〕通過主體的知能而給出的界定,並非存在的「固然」,換言之,「有／無」應該是解釋性範疇,而不是描述性範疇,人如果以見之為有,不見為無,而認定存在之有或無,就偏執滯泥於存在的片面現象,而遺忘了存在的渾然一體。

　　船山一方面點出「有／無」話語的範疇錯置,批判以「有／無」語彙描述存在的本然狀態的謬誤,一方面則以「顯／隱」、「明／幽」等語彙重新聯

氏在其《中國哲學原論》之《導論篇》、《原性篇》、《原教篇》等都有相關的闡述。從下面這段綜論式的文字,可見唐氏對於船山由一氣之流行而開展的哲學思考及文化關懷作出了整體的理解和詮釋:「船山則真知氣之重者也。此氣,吾嘗以流行的存在,存在的流行釋之。非只物質生命之氣是氣,精神上之氣亦是氣。唯精神之氣能兼運用物質與生命之氣,故言氣必以精神上之氣為主。……一重氣而崇敬宇宙之宗教意識,在船山哲學中有安立處矣。一重氣而禮之分量重,船山獨善言禮儀威儀矣。一重氣而表現于情之詩樂,在文化中之地位為船山所確定……一重氣而政治經濟之重要性益顯矣。一重氣而論歷史不止于褒貶,而可論一事之社會價值、文化價值、歷史價值、及世運之升降,而有真正之歷史哲學矣。一重氣而吾國之歷史文化,吾民族創之,則吾民族當自保其民族、復自保其歷史文化,二義不可分。」(1990:628～629)

〔註22〕船山對於「謂之」與「之謂」作出了嚴格的區分,船山詮釋〈中庸〉第二十一章「自誠明謂之生,自明誠謂之教。誠則明矣,明則誠矣」時說:「曰『性』、曰『道』、曰『教』,有質而成章者也。曰『天命』、曰『率性』、曰『修道』,則事致於虛而未有其名實者也。溯其有質成章者於致虛之際,以知其所自來,故曰『之謂』。曰『自明誠』,有其實理矣;曰『自誠明』,有其實事矣。『性』為功於天者也;『為功為人者也』。因其實而知其所以為功,故曰『謂之』。天命大而性小,率性虛而道實,修道方為而教已然。命外無性,性外無道,道外無教,故曰『之謂』,彼固然而我授之名也。誠明皆性,亦皆教也。得之自然者曰性,復其自然者亦性,而教亦無非自然之理。明之所生者性,明之所麗者亦性,而教亦本乎天明之所生。特其相因之際,有繼、有存、有通、有復,則且于彼固然無分之地而可為之分,故曰『謂之』,我為之名而辨以著。」(6／536～537)「之謂」是一種對於「固然」的描述,通過主體的命名而使對象「是其所是」地呈顯其樣貌;而「謂之」是一種解釋,是通過主體的知能去界定,而將對象「可為之分」加以突出。「之謂」提供「以知其所從來」的認識;「謂之」則關涉的是「如何」、「怎樣」等實踐的語境。船山對於「之謂」與「謂之」,陳贇作了詳細而精到的分析與闡發,另外對於船山之嚴別「有／無」與「顯／隱」的本體論視野,筆者頗受其啟發,其相關論述請參考2001:38～43、2004:157～191。

結整全存在與主體的關係：

> 明有所以爲明，幽有所以爲幽。其在幽者，耳目見聞之力窮，而非
> 理氣之本無也。……幽以爲蘊，明以爲表也，……夫無所謂無，而
> 人見爲無者，皆有也。屈伸者，非理氣之生滅也。自明而之幽者爲
> 屈，自幽而之明者爲伸。運于兩間者，恆伸；而成乎形色者，有屈，
> 彼以無名天地之始，滅盡爲眞空之藏，猶瞽者不見有物，而謂之無
> 物，其愚不可瘳已。（《全書》：12／272～273）

> 言幽明而不言有無，至矣。（《全書》：12／410）

> 自天地一隱一現之文理，則謂之幽明；自萬物之受其隱見以聚散者，
> 則謂之生死……天地之道，彌綸兩間者，此而已矣。（《全書》：1／
> 521）

被人們誤爲「無」的，其實是存在的隱匿樣態，隱匿不是存在永遠的樣態，
整全的存在恆在於理氣隱匿與彰顯交互作用的歷程之中。人們受限於耳目見
聞而以知覺設定的意識優先於存在，於是將「顯／隱」、「明／幽」等存在之
顯現方式，加以抽象規定爲「有／無」的本體論話語，這組本體論話語視存
在爲靜態的、構造性的，以形上、形下爲存在區域的固有劃分，而假設了一
個出離世界而獨立的終極形上實體，作爲爲一切存在者的「原因」或「依據」，
其謬誤明顯有二：（1）通過「有／無」話語所認識的是人爲化約的抽象概念，
這樣的存在概念所展示的是虛假的存在而非眞實的存在；（2）「有／無」話語
所導出的存在概念，以其完滿充分成爲存在者的參照，通過它，展示出來的
乃是存在者的不充分性、不完滿性，具體的生活世界遂淪爲抽象的終極實體
之展示工具，其自身的存在價值因此被取消。對船山來說，是「渾天」之說，
而不是「有／無」之論足以描述存在的「固然」：整全存在是恆動的、非現成
的，是或隱或顯、或聚或散地不斷交互作用著的渾天一體，基於這樣對存在
的「固然」之體認，船山揚棄「有／無」話語而關注著「幽／明」、「隱／顯」
等語彙所展示的存在之顯現方式，這是問題視域的轉換：「存在是什麼」的提
問和表述不再是關注的中心，「存在如何向主體顯現」才是。換言之，「隱／
顯」這組語彙所表述的是在世存有的主體顯現存在的方式，是一種根基於生
活世界的存在概念。

　　從渾天一體的宇宙論脈絡開展出奠基於生活世界的存在概念，船山進而
闡發「知天」的存在智慧：

運行於環中，無不爲也而無爲，無不作也而無作，人與之名曰天，而天無定體。故師天者不得師天，天無一成之法則，而何師焉？有所擬議以求合，合者一而睽者萬矣。故無人也，人即天也；無物也，物即天也。得之乎環之中，則天皆可師，人皆可傅。盡人盡傅，皆門尹登恆也，皆仲尼也。以人知人，以物知物，以知人知物知天，以知天知人知物，無不可隨之以成，無不可求贏於兩見，己不化物，物自與我以偕化。故仁義無跡，政教無實，而奚其囿之！（《解》：25／229）

從天均而視之，參萬歲而合於一宙，周遍咸乎六寓而合於一宇，則今之有我於此者，斯須而已。斯須者，可循而不可持者也。循之，則屢移而自不失其恆；持之，則所不容者多，而陰陽皆賊矣。知其爲天均而道固通於一。（《解》：23／205）

渾天圓轉，「天無定體」，而「師天」者卻將「天」對象化視爲某種現成的實體，「有所擬議以求合」，以獨斷的人爲設定、思辨構造和虛假承諾來求合於天道；船山揚棄了這種獨斷的思辨傾向，在他的渾天觀裡，沒有靜態的、凝固的、對列的對象化框架，只有動態的、流動的、圓運的渾然一體，「故無人也，人即天也；無物也，物即天也」，人、物、天涵攝爲一，這樣的「一」不是一個至高無上的絕對他者，而是一種差異並存的、能動辯證的同一性。在此「人──物──天」互相依存涵攝的關係中所開顯的存在智慧，才能成就一個豐富和諧而生機不盡的生活世界，所謂「以人知人，以物知物，以知人知物知天，以知天知人知物」，這樣的「知」不是對象化的認知活動，而是開顯存在的實踐智慧：泯除人爲設定的各種界域，直觀事物的本質，肯定其自在的樣態，此即順隨「天均」自然不息的圓運流動，則「無不可隨之以成，無不可求贏於兩見」，人、物、天皆能互相涵攝感通，而且各自開顯在整體存在場域中的意義與價值。經由這種存在智慧而參與於生活世界，即使人的在世存有相對於浩瀚無限的宇宙來看，不過「斯須而已」，也能循著「天均」自然不息之圓運而移轉，又不失去內在的恆定，而道通於一，與物偕化。在此，我們看到船山既承認世界總有其幽玄隱匿的一面，也承認人自身存在的有限性，然而船山肯認人可以善用有限的生命，契合天均運轉的節奏，以不斷更新的生命來體現造化之功以及道通爲一的存在諦境。

船山以「天均」爲關鍵詞所開展的存有論脈絡，不僅闡述「知天」的意

涵，更進而發顯「相天」的積極意義，其〈庚桑楚解〉釋「有生，黬也」一段曰：

> 論至此而盡抉其藏，以警相求而不得者，使從大夢而得寤，盡化其賢能善利之心，而休之於天均，以不虧其形精而相天也。此巨才之化，天光之發，而莊子之學盡於此矣。（《解》，23／207）

「不虧其形精而相天」本於《莊子・達生》篇中「形精不虧，是謂能移；精而又精，反以相天」（《校詮》：19／667），「能移」，能應化，隨造化更生，「相天」，助成天道。〔註23〕《莊子》之言「能移」、「相天」不外全精保神、不違自然的道家之旨，而船山則將「相天之道」發展爲融鑄莊子氣化宇宙論、儒家道德存有論的實踐智慧，且看其〈達生解〉對於「形精不虧，是謂能移；精而又精，反以相天」的詮釋：

> 人之生也，天合之而成乎人之體，天未嘗去乎形之中也。其散也，形返于氣之實，精返于氣之虛，與未生而肇造夫生者合同一致，仍可以聽大造之合而更爲始，此所謂幽明始終無二理也。惟其於生也，欲養其形而資外物以養之，勞形以求養形，形不可終養，而適以勞其形，則形既虧矣；遺棄其精于不恤，而疲役之以役於形而求養，則精之虧又久矣。若兩者能無喪焉，則天地清醇之氣，緣我而摶合。迨其散而成始也，清醇妙合于虛，而上以益三光之明，下以滋百昌之榮，流風盪于兩間，生理集善氣以復合，形體雖移，清醇不改，必且爲吉祥之所翕聚，而大益天下之生；則其以贊天之化，而垂於萬古，施於六寓，殽於萬象，益莫大焉。……論至于此，而後逍遙者，非苟求適也。（《解》：19／156）

依船山「渾然一氣流動充滿」的宇宙觀，這渾然一氣是流行的存在，存在的流行，幽明、始終、生死，都是氣之聚散變化的歷程，死亡不是「非存在」，只是改變存在的狀態。這樣的氣化宇宙觀與《莊子・知北遊》所說的「人之生，氣之聚也，聚則爲生，散則爲死。……神奇化爲臭腐，臭腐復化爲神奇，通天下一氣耳。」（《校詮》：22／809）似無二致，然而在《莊子》原有的脈

〔註23〕 「能移」，郭《注》曰：「與化俱也。」成《疏》曰：「移者，遷轉之謂也。夫不勞於形，不虧其精者，故能隨變任化而與物俱遷也。」「相天」，郭《注》曰：「還輔其自然。」成《疏》曰：「相，助也。夫遣之又遣，乃曰精之又精，是以反本還元，輔於自然之道也。」（《集釋》：19／633）

絡裡，基於此一氣化宇宙觀所導出的「相天」——輔助自然之道，「自然」實不涵有人文道德的內容，而船山則在強調生命本身的能動性及認取生活世界爲存在場域的前提下，賦予「相天」以自我轉化與參贊天地的道德存有論意涵：生與死是一循環變化的歷程，活著的時候，以此在的生命摶合天地清醇之氣，死後清醇之氣復歸於天地之間，上益三光之明，下滋百昌之榮，善氣復合，吉祥翕聚，則更能參贊天地化育，有益天下之生，流風垂于萬古。對於「斯須而已」的在世存有來說，眞實的存在就在歷程中、在路道中得以開顯，換言之，存在的眞實性乃通過對生活世界的參與行動而加以確認，唯有通過每一當下的具體實踐，當生命浸潤了時間內涵，在歷史文化中走出了印跡，時間的有限性才能眞正被轉化，個體生命的存在融入整全存在之流，體現永恆無限的超越性，而整體的生活世界也因此成爲一不斷更新、開顯的整全存在。

這是船山詮釋《莊子》的一個重要轉折：在《莊子》的智慧觀景裡，生活世界裡各種人爲制作乃是非自身的此在緣構，總是對眞實而整全的存有形成遮蔽，因此存有的開顯乃經由減損、遺忘、揭蔽的工夫而進入詩意瞬間，返回精神家園；船山則認爲此在的這一個世界即是存在的家園，船山以「休于天均」爲核心觀念所開展的存在智慧，所關懷的是生活世界的守護與保存，是人對於此一世界的承擔與參與，這樣的智慧形態涵有一種與人間深度遭遇的意識強度，一種從知行的實踐向度開顯此在即眞實存在的生命視野。順此脈絡，對於船山來說，「逍遙者，非苟求適也」，必須通過「兼知」和「凝神」的工夫而以摶合天地清醇之氣的我開顯和合動幾的生活世界，才是無不逍遙的「遊」。

二、「兼知」與「凝神」

船山在〈逍遙遊通〉提出了「兼知」的工夫進路，此一工夫進路既涉及「兩端而一致」的思維模式，亦涵有「破執顯眞」的行動向度。

所謂的「兩端而一致」乃是一種對比辯證的思維模式，〔註24〕在「兼知」

〔註24〕此用林安梧之說，林安梧指出「兩端而一致」的思維模式貫通船山所有的著作，並加以闡析：「兩端點並不是截然劃分的，它們可以通過一種不休止的歷程將之關連起來，而之所以能通過歷程將之關連起來，則是因爲任何一個端點都隱含了趨向於另一端點的發展能力；單就此兩端點獨它們形成一種『對比的張力』（Contrast tension）（『兩端』），而深入此兩端點的任一端，吾人發

的相關論述中，我們可以看到這種思維模式的展現：

> 多寡、長短、輕重、大小，皆非耦也。兼乎寡則多，兼乎短則長，兼
> 乎輕則重，兼乎小則大，故非耦也。大既有小矣，小既可大矣，而畫
> 一小大之區，吾不知其所從生也。然則大何不可使小，而困於大？小
> 何不可使大，而困於小？無區可畫，困亦奚生！（《通》：1／1）

前文曾提過，在船山的「天均」所鏈結的渾天觀裡，整個宇宙、整個世界是
動態的、流動的、圜運的「渾然一氣充滿流動」，在船山的唯氣論架構裡，
所謂的「一」不是指一個至高無上的絕對他者，而是指存在之流行，流行之
存在的整全狀態中差異並存的、能動辯證的同一性。奠基於此，船山強調「多
寡、長短、輕重、大小」等皆不是互相對立，作為相異的兩端可以辯證地相
涵相攝。就現象界來看，事物之所積成乎勢，「大也居然小也固然」（《通》：
1／1），事物之所積成乎勢本來是客觀的事理，然則人何以受困於「小大之
區」？「勢者，矜而已矣。矜者，目奪於成形而已矣。」（《通》：1／1）人
的認識活動往往受限於感知能力，尤其容易困於視象的傲慢：按視覺圖像來
處理我們所認識的世界，事物的存在被化約為被動物質的空間屬性，不再是
實際遭遇的事態，事物所在的背景、情境、脈絡都變得多餘，被視為額外附
加的東西。船山勘破這種認識方式的虛妄性，揭示「小大之區」其實是人為
設定、思辨構造的一種獨斷，人受困於由有限的感知能力而框設的抽象概念
世界，而遠離了真實的存在。因此，船山強調「兼知」，把真實的存在從獨
斷與虛妄之中拯救出來，回到各種相對事物持續交互作用、能動辯證的歷程
之中。

　　這樣的「兼知」不只是在思維上撤除抽象概念的框限，更是「破執顯真」
的知行實踐過程──破除對象化的執定，開顯真實的存在：

> 雖然，其孰能之哉？知兼乎寡，而後多不諱寡也。知兼乎短，而後
> 長不辭短也。知兼乎輕，而後重不略輕也。知兼乎小，而後大忘不
> 小也。不忘小，乃可以忘小；忘小忘大，而「有不忘者存」，陶鑄焉，
> 斯為堯舜矣。（《通》：1／2）

以同體參與取代概念分判，「忘小忘大」忘的是人為分別，回歸那渾然一體的
整全存在狀態，「有不忘者存」，存的是生命的真誠相遇，破除「對象化」的

　　現彼此都具有互含的動力，由此互含的動力，而達到一種『辯證的綜合』
　　（Dialectical synthesis）（『一致』）。」（1991：94）

執定，接納容受萬有的差異，於是「兼知」所開展的是一個向著他者開放的生命視野，承認無論多寡、長短、輕重、大小，都有其存在的價值，進而保存之，實現之而成全一個和合發展、人文化成的生活世界。

　　真實存在的回歸、生活世界的成全，除了「兼知」之外，更需要「凝神」的工夫，「神」是船山天人之學的關鍵詞，船山以「神」指稱宇宙中存在流行變化的條理，如「太和之中，有氣有神。神者非他，二氣清通之理。」（《全書》：12／16）也以「神」與「道」並舉，「道爲神所著之跡，神乃道之妙也。」（12／376）指存在之流變化過程中向主體顯現者爲「道」，「道」之妙化則爲無法預測的、不可見的「神」，「神化，形而上者，跡不顯。」（12／79）而人作爲一種有形的存在，稟受天地的清通之氣，內在於靈臺者亦稱爲「神」，船山說：「心之神居形之間，惟存養其清通而不爲物欲所塞。」「神，故不行而至；清而通，神之效也。蓋耳目止於聞見，唯心之神徹於六合，周於百世。」（《全書》：12／31）此即人得以與天地交通的憑藉，所以說「休乎天均」即「休乎神之常運者也」（《解》：32／276）。「凝神」乃是人自身靈臺的清通之氣搏合凝聚的狀態，這種高度凝聚之神，超越耳目聞見的認識功能，而顯現爲一種超越時空限制的明覺，內可以緣督懷獨而自葆天光，外可以出入險阻而不害逍遙。此一「凝神」的工夫，亦即是「相天」的關鍵：〔註25〕

　　　持志凝神，以守純氣，精而又精之妙合自然也。天之造物，何嘗以
　　　心稽哉？而規之窮于圓者圓之，矩之窮于方者方之，飛潛動植，官
　　　骸枝葉，靈妙而各適其體用，無他，神凝於虛，一而不桎，則無不
　　　盡其巧矣。故不待移而無不可移也，更生而仍如其生也。靈臺者，
　　　天之在人中者也。無所桎而與天同其化，熟而又熟，則精而又精，
　　　化物者無所不適，於以相天，實有其無功之功矣。（《解》：19／164）

前文已提及，船山賦予「相天」以自我轉化與參贊天地的存有論意涵，而這段文字更清楚地點出：「相天」即是通過「持志凝神，以守純氣，精之又精」的工夫進路，「神凝於虛」，清通之氣集中凝聚，「神」有如天均之中心定點，虛而靈妙，人因此與天均圓運的節奏同步，隨順造化移轉更新生命，靈臺發

〔註25〕嚴壽澂認爲船山的相天之道具有宗教向度，故有取於道教煉神養氣的内丹術
　　　　作爲修爲工夫（1999）。筆者以爲此說有待商榷，至少，在船山通解《莊子》
　　　　的詮釋脈絡裡，此說無法成立，主要理由有二：其一、船山嚴別玄家之言非
　　　　莊子之旨，此於〈達生解〉清楚表述（《解》，19／159）；其二、細繹船山關
　　　　於「凝神」、「相天」的闡述，道德存有論意涵的開顯才是其旨趣所在。

其天光；以這樣的精神妙合自然，參贊天地萬物的化育，與造化同功而不顯其爲功。

　　依此詮釋脈絡，船山雖然強調「凝神」爲「此莊生之學所循入之徑也。」（《解》：32／276）王敔《增註》亦曰：「其神凝，三字一部《南華》大旨」（《解》：1／6）。但是，不同於《莊子》從遊於方外、不肯「以物爲事」的「神人」而言「其神凝」，在〈逍遙遊解〉裡，船山關於「凝神」的詮釋，開展出參與治化的人文意涵：

> 物之災祥，穀之豐凶，非人之所能爲也，天也。胼胝黧黑，疲役其身，以天下爲事，於是乎有所利，必有受其疵者矣；有所貸，必有受其饑者矣。井田之流爲耕戰，月令之濫爲刑名，張小而大之，以己所見之天德王道，彊愚賤而使遵；過大而小之，以萬物不一之情，徇一意以爲法，於是激物之不平而違天之則，致天下之怒如烈火，而導天下以狂馳如洪流，既以傷人，還以自傷。夫豈知神人之遊四海，任自然以逍遙乎？神人之神，凝而已爾。凝則遊乎至小而大存焉，遊乎至大而小不遺焉。物之小大，各如其分，則己固無事，而人我兩無所傷。視堯舜之治跡，一堯舜之塵垢秕糠也，非堯舜之神所存也，所存者神之凝而已矣。（《解》：1／6～7）

這段文字的前半段，列舉古人的政教施爲而加以批判論證，一方面反映了船山批判傳統以重建傳統的學術性格，一方面作爲對比，將「神人」帶入生活世界的實踐場域。後半段強調神人之凝神，乃可以成全一個自然逍遙的生活世界。神人之凝神，何以能夠成全一個自然逍遙的生活世界呢？所謂「任自然」，除了肯定萬物自然性分的存在價值之外，更強調自然萬物的眞實存在之向主體顯現必須經由「凝神」的中介，「凝則遊乎至小而大存焉，遊乎至大而小不遺焉。物之小大，各如其分，則己固無事，而人我兩無所傷」，通過「神之凝」，不僅穿透了小大物我的界域設定，而且以直觀能力把握萬有的本質而進行感通整合。依此，對於堯舜聖王向我們所開顯的意義與價值，船山所肯定所闡揚的，不是其治化事跡，而正是相天而化的「神」之靈妙效用。

　　「凝神」的整合感通在船山的詮釋絡脈絡裡，體現於生活世界的知行實踐過程之中，「神凝者」與萬物相遇時，能「物至而即物以物物」：

> 五石之瓠，人見爲大者，不龜手之藥，人見爲小者，困於無所用，則皆不逍遙也。因其所可用，則皆逍遙也。其神凝者，不驚大，不

鄙小，物至而即物以物物。天地爲我乘，六氣爲我御，何小大之殊，
而使心困于蓬蒿間耶？（《解》：1／8）

就像「天均」一樣，有一中心定點，而流動圜運不息，神凝者，心神內斂凝
定，不驚不鄙，既不隨氣機鼓盪，且能消解意識狀態對於小大物我的既有設
定，而「即物以物物」，直觀事物自身的樣態，從事物本身出發，使其發揮本
身的最大可能，事事物物都以其最大可能而實現其意義和價值，那麼，「天地
爲我乘，六氣爲我」，整體的生活世界便向主體顯現爲具有多樣性而遼闊豐富
的存在場域，在此一存在場域之中，「遊」是一種飽滿著意義的豐富之旅。但
是，在船山的詮釋脈絡裡，這還不是無不逍遙之「遊」，船山於「大樗」一段
解曰：

前猶用其所無用，此則以無用用無用矣。無用用無用，無不可用，
無不可遊矣。凡遊而用者，皆神不凝，而欲資用於物，窮於所不可
用，則困。神凝者，窅然喪物，而物各自效其用，奚能困己哉？此
其理昭然易見，而局於小大者不知。唯知其所知，是以不知。知以
己用物，而不以物用物，至于無用而必窮，窮斯困矣。一知之所知，
則物各還物，無用其所無用，奚困苦哉？（《解》：1／8）

所謂「用其所無用」，「無用」者並非眞的無所可用，只是人們受限於成見而
困於既定模式之中，看不到事物本具的其他可能。如果「即物以物物」，「遊」
可以是一趟飽滿著意義的豐富之旅。然則，意義的框架裡總有「爲了……的
目的」，而人總是以自己爲尺度去設定目的，把事事物物對象化，依所設定的
目的作出分判。在這一段解文裡，船山指出「凡遊而用者，皆神不凝」，「用」
伴隨著目的意識的設定，以及對象化思維的分別，心神向外行馳，發散磨損，
如何能體現「無不逍遙的遊」呢？「知以己用物，而不以物用物，至于無用
而必窮，窮斯困矣」，在「用」的對象化思維裡，我們從一己所需的立場出發，
將事物視爲供我利用的經驗物、對象物，那些對我沒有用的事物便成爲與我
疏離、隔閡卻又堅實存在的他者，生活世界裡於是存在著「我」無法感通、
無法穿透、無法整合的異己。相反地，當我們擱置「用」的目的性意識及對
象化思維，進入「無用」的生命視野，「神凝者，窅然喪物」，心神凝聚而虛
靈，以此觀照整體的生活世界，「物各還物，無用其所無用」，事事物物於「我」
既無目的性亦非對象化，而還原各自的眞實存在，不再以堅實的他者之姿，
成爲「我」無法穿透的異在，「我」與事事物物都得以從意義框架中釋放，事

事物物於「我」，不再是任一他物，而是可以親和、可以偕行、可以同在的「你」，「我」與「你」是在浩瀚無限的時空中同行的旅者，生活世界於是顯現爲和諧而無盡的存在場域，「無不逍遙的遊」於焉體現。

綜觀《莊子解》的文本脈絡，可見「凝神」乃與「存神」互文參照，船山之解〈在宥〉，就直接使用了「存神」一詞：

> 神者，天氣之醇者也。存神以存萬物之天，從容不迫，而物之不待
> 治而治者十之七；聊以八德治之，過而去之，而天下遽治十之二；
> 其終不可治者一而已，逮及久而自消矣。（《解》：11／93）

「神」是人受之於天的清醇之氣，「存神」即是摶合天地清醇之氣，以此清醇之氣感通萬物，讓萬物受之於天者得以開顯，由此成就「從容不迫」的治化之功，此與「凝神」以「相天而成化」的論述是一致的。從「凝神」而「存神」，我們清楚地看到莊子的神人與儒家的聖人在船山的思想脈絡裡互文參照而融會爲一：

> 其在於人，太虛者，心涵神也……聖人和氣之聚散無恆，而神通於
> 一。故存神以盡性，復健順之本體，同於太虛，知周萬物，而仁覆
> 天下矣。（《全書》：12／31）

這段文字融鑄了氣化宇宙論意義的「神通於一」與道德存有論意義的「仁覆天下」，曾昭旭有一段論析船山學特色的見解，恰恰可以作爲這段話的最佳註腳：「由本（按：指「亦超越亦內在之本體」）貫末（按：指「變動無恆之現象」），則即體致用而全體在用，以重致用之故，其用乃化而猶存，其所存之神乃不只是神體之如如恆在，亦是神用之畜積日富，則一切現象於變化日新之餘，更有道德事業，歷史文化之凝成而具積極意義。」（1996：293）船山的「存神」觀念的確如曾氏所言，強調「即體致用，而全體在用」，所以船山說：「貫通萬理而曲盡其過化之用，過化之用即用存神之體，而存神之體即所以善過化，非存神，未有能過化者也。」（《全書》：12／43）此亦即船山的「知化之學」：「知化之學，非索之於空虛變換之中，即此形形色色庶物人倫之理，無一義之不精，無一物之不體，則極盡乎氣之良能而化即在是，此至誠之所以無息。」（《全書》：12／361）極盡乎氣之良能而化，開顯一個和合動幾的人文世界，這是儒家知化之學發展的極致，也是船山莊子學的詮釋終點。

結　語

　　總結前文的論析，船山以「盡人道之極致」爲詮釋起點，以開顯和合動幾的生活世界爲詮釋終點，船山的逍遙義展現了鮮明的人文關懷，這樣的詮釋不僅「會通」莊子之道於儒學，同時也是對儒學的轉化。就前者而言，船山以「渾天」的鏈結「天均」，以「存神」的接合「凝神」，同時在世界觀以及工夫論兩方面，將〈逍遙遊〉的超越精神消融於人文關懷，〈逍遙遊〉之「遊」以超越現實的方式來實現揭蔽的旨趣，在揭蔽裡體驗存在的自由；而船山逍遙義之「遊」則以參與現實的方式來實現建構的旨趣，在建構裡體驗生命的可能。就後者而言，船山爲此在的世界以及文明的連續性安立了形上學的基礎，此在的文明世界本身就是萬古日新、無內無外、流動不盡的存在場域，存在的眞實性就在此一場域的實踐行動裡開顯，而不是由出離於生活世界的理本體，或收攝於個人主體的心本體所提供。因此，所謂「會通」莊子之道於儒學，「儒學」並不是一個現成的參照系統，對於船山而言，學術思想傳統不是靜態的、凝固的、封閉的系統，莊子之學可以經由詮釋而加以闡發開展，儒學亦然。作爲一個以存續文化慧命自許的思想家，對於眞實存在的詮釋，即是一種開顯眞實存在的方式，船山以「人」、「學」一致的境界應答了屬於他的當代性。

結　論

　　本論文致力於兩個面向的工作：一是〈逍遙遊〉及其詮釋文本的「遊」意識之重建，力求對各個思想文本所折射的存在追問及其應答作出相應的理解與詮釋；一是具體的詮釋經驗和方式之分析，深入掘發「遊」意識通過理解和詮釋而變異創新的脈絡和機制。茲將所得總結述要如下：

一、四種智慧觀景

　　變世情境中，「遊」如何可能？莊周、阮籍、郭象、王夫之等四位思想家開展了四種「智慧觀景」：〔註1〕

　　（一）莊周的「逍遙遊」之旅，是一場與無蔽之「道」的自由深戲。莊周通過各種互文辯證的言語遊戲，消融了語言的牢籠、歷史的化石、存有的遮蔽，使凝固在文化傳統之中的意義恢復流動，對於世智以權力及欲望為目的而編織得密密麻麻的意義之網，勘破其為歷史偶然的真相，讓意義圈圍不了的事態本身顯露，並以詩意意象，賦活語言的生命，讓「無意義」的詩意瞬間浮現。在詩意迴盪的召喚中，更新存在的方式，返回自家生命的真實，走向大化流行的道，一扇存有的旋轉門於是靈活圓轉起來。莊周「逍遙遊」的智慧形態，立足於浩瀚無限的宇宙軸心，肯認生命具有轉化、昇華的無限

〔註1〕 「智慧觀景」參考唐君毅《道德自我之建立》附錄〈智慧之意義及其性質〉：
　　　　「吾人先超越其素習之看事物之觀點，而自另一所知之遙遠之事物，或一可能之理，取為立腳之觀點，以綜觀當前事物，而形成一智慧之觀景。故人愈能以遙遠之事物，或玄遠之理，為立腳之觀點，以觀最平常之事物與其中之理者，人之智慧亦即愈高，常言即具一愈高之眼光。」（1990：20～21）

可能，開顯「無意義」詩意瞬間的存有深度，以超越格局世界的方式，體現無蔽的自由爲旨趣。

（二）阮籍的「逍遙遊」之旅，作爲一種對於社會權力本質的反諷與抵制，其構作理論的終極語彙「自然」乃成爲「名教」的反話語，而「大人」的理想人格境界以營造內在的神貴空間爲起點，以神遊於太初世界爲終點，成爲個人極度私密的精神體驗。阮籍「逍遙遊」的智慧形態，立足於出離名教社會的域外空間，突出個體主體意識的覺醒，否認文明的連續性以及社群共同體權力操控的合理性，以出離現實世界的方式，實現個體的精神解放爲旨趣。

（三）郭象的「逍遙遊」之旅，作爲一種重建政治秩序的理論依據，萬物的適性自得以及聖人的玄冥之境，成爲奠基於自然義的兩大理論焦區，作爲理論起點的自然義轉換了形而上實體的本體論範式，指向事事物物自爾獨化的現象過程，確證個體適性逍遙的必然性與合理性，進而形構跡冥圓融的聖人論，其所謂的「玄冥之境」，並不具有冥契於道的形上意味，而是充滿人間性和合理性，所謂「無心」也不具有開顯道心的作用，而是一種合理性的自我節制與體化合變的政治智慧。郭象「逍遙遊」的智慧形態，奠基於對「自然」——由個體的多樣性及其自動調節機轉所形構維持——的信任，尊重與強調個體的存在價值，要求一種干涉最少的政治自由，以成全個體在現實世界的適性發展爲旨趣。

（四）船山的「逍遙遊」之旅，作爲一種充滿人文關懷的關係存有學之開展，以「天均」爲核心觀念，首先描述「渾然一環」的宇宙觀，以確證環中的生活世界即是無盡的存在場域，進而闡述人雖是渾然一環中的須臾存在，卻可以通過凝神的實踐工夫，參贊天地化育，與天均的自然圜運同步，心神內歛凝定，不驚不鄙不隨氣機鼓盪，又能向著他者開放，與萬物互相感通，合幽明、貫死生，成全一個和合動幾的生活世界。船山「逍遙遊」的智慧形態，立足於人文世界的形上基礎，確證文化傳統正是生命意義形成與流衍的活生生歷程，以參與生活世界的方式，體現生命的人文價值爲旨趣。

以上四種智慧觀景都應答了人如何體現無限自由的「遊」之追問，他們的應答有著以下的共同點：彰顯了「逍遙遊」是在世存有充滿動能的非常之旅，一趟超越生命自身的有限，體現整全存有的生命旅程。「遊」的哲思關乎著人之如何覺察自身存有的意識，如何觀看此在的世界，如何實踐存有的整

全真實。在他們的哲思裡，「逍遙遊」所體現的自由境界是一種從所有既定意義界域解放出來的，自身存有意識的覺醒，一種內在真實的凝視，這樣的覺醒與凝視乃是在宇宙中與每個人、每件事物的關係中體現的。這也就是說，「逍遙遊」的境界不是一個現成的事物等著再現，「逍遙遊」的智慧觀景之形成並不是一種康德式的主體反思，而是一種自我與世界互相預設、互相辯證，乃至互相擄獲，而開顯、發展、建構的主體化過程。

　　四種智慧觀景的差異，乃在於各自選擇了不同的主體化位置而勾勒出不同的世界圖式及關係模式：莊周作為戰國變世情境裡的邊緣思索者，突破禮樂傳統的文化語境，超越「士志於道」的現實關懷，逸出「天下」意識的範圍，其所觀照的世界是大化流行的宇宙整體，其理想人格是「無己」、「無功」、「無名」的至人、神人、聖人，通過「無」的工夫，擱置意識裡一切既有的設定狀態，回到最純粹的可能，在全然清晰的狀態中，凝視內在的真實，而存有意識不斷深化與擴張，從生命最深廣的內在無邊無際地滋長，活力綿延地流向浩瀚的宇宙，生命因此得以更新、轉化，並產生批判與創造的能量。常人總是以「己」、「功」、「名」等建構起人間俗世的認同、歸屬與意義，而至人不沾滯於此，讓意識如其所是地穿透，任其成為滋養的力量而不是牢籠。覺察自身存有意識的至人與世界締結相遇的關係，其「逍遙遊」乃是以生命細微和穿透之流順合萬物之化，不斷前行、遭逢、越界、轉化，在不斷的內外辯證而調適上遂於道的迴旋之圓裡，體現整全的真實存有。

　　阮籍在魏晉的變世裡親歷極限情境的衝擊，而與莊周相遇於域外之思，然而在阮籍二元斷裂的世界圖式裡，太古世界恆在域外，名教天下恆在方內，能夠以神貴之道打通方內域外的大人先生，乃是遺世獨立的智慧老人。「至人無己，神人無功，聖人無名」，是以自然性分為基礎才能抵達的境界，並不具有人人皆可以為大人先生的普遍性；大人先生之通於自然，固然通過「專氣一志」的工夫，卻強調心神完全向內收攝，取消了意識的意向性活動，而不是以意識的深化和擴張，趨近於「道」的工夫進路。大人先生選擇了出離現實世界，現實世界於大人先生而言，不是牢籠不是工具，什麼也不是——非存在。就這個角度來說，阮籍與莊周相遇於域外之思，卻終究錯身而過，走向分歧的道路；〈大人先生傳〉雖是「紹莊」之作，思想取向的個人色彩則是分明而具有其當代性的。

　　郭象的世界圖式既不是阮籍式的二元斷裂，也不是莊周式的迴旋之圓，

他取消了形上向度的思考，以現象世界的事物自身爲體用一如的存有眞實。現象事物自身所顯現的意義即是存在的眞理，除此之外，別無具有構造、支配、主宰等功能的絕對實體，事事物物只要依自然機轉的運行，便足以維持世界動態的和諧，就客觀現象而言是如此，因而價值取向上，積極主張「適性逍遙」，提出「無主」的思維——個體的適性發展應得到充分的尊重和肯定，任何人對於其他個體生命的主宰都不具有正當性和合法性，因此，社會機制的運行必須依循自然法則，君主應該是順物自然、跡冥圓融的聖人。「至人無己，神人無功，聖人無名」，在適性逍遙義的詮釋脈絡，以「無心順物」爲核心意涵，「無心順物」是明王合理性的政治智慧，是「神器獨化於玄冥之境」，成全的是萬物自爾獨化的現象世界。這是郭象聚焦於天下秩序的「內聖外王之道」，與莊周超越天下視域的宇宙意識，及其通過內外辯證而調適上遂於形上之道的工夫進路，大異其趣。郭象之注《莊》實爲充滿詮釋暴力的「罔莊」，然則就思想史的演變脈絡來看，郭象的確創造了理論新高點，而其政治思維的內涵及價值亦不容抹煞。

從「存心——存明」到「存心——存天下」，王夫之超越保守帝王之統的遺民視域，以存道於天下的儒者自許，其世界圖式開展爲「渾天一環」，天下，此在的生活世界，既是渾天一環中的唯一存在家園，亦即是萬古日新、無內無外、流動不盡的存在場域，人與世界的關係乃是參與的、履踐的，在行動向度裡開顯「道」。基於這樣的世界圖式和關係模式，「至人無己，神人無功，聖人無名」，「己」、「功」、「名」都在實踐歷程中顯現，也都在歷程中流轉，至人、神人、聖人通過「兼知」、「凝神」的工夫進路，達到「小大一致，休乎天均」的境界，與天均的節奏同步，隨順造化移轉，所謂「能移」、「相天」，於是「己不立」、「功不居」、「名不顯」，而「物無不可用」，「道無不可安」，「實固無所喪」，成全一個和合動幾的生活世界。在王夫之的詮釋脈絡裡，「相天而化」，乃極盡乎氣之良能而化，開展出自我轉化和參贊天地的道德存有論的意涵，這正是「因以通君子之道」的關鍵，王夫之「通莊」而別開生面：莊子的「至人」與「神通於一」，「存神知化」，「知周萬物」，「仁覆天下」的儒家聖人融會爲一。

二、創造性的詮釋

〈逍遙遊〉在變世情境中的詮釋景觀所迸發的思想能量，在中國經典詮

釋傳統中是非常突出的。在變世情境之中，原本支撐、提供個體以生命意義
視野的文化傳統出現裂縫，自我與他者之間充滿張力，對於存在自由的思索
和追尋，必然以變異的非常力量迴向思想家的身心，激發出鮮明的批判意識
和豐沛的創造能量，他們的思想與言說乃是生命在語言中的經過，其創造性
的詮釋成為一種開顯存在智慧的實踐活動。相對於以天下意識為核心的文化
語境，〈逍遙遊〉是莊周對於無蔽之「道」的創造性詮釋，而相對於〈逍遙遊〉
的原文世界，阮籍、郭象和王夫之的詮釋也展現了創造性轉化。這些創造性
詮釋都體現了「越界」的意義，「越界」並不是絕對意義上的「超越」，此一
意義的「超越」乃朝著已知而敞明的向度，仰望著唯一的絕對者，經歷單向
線性的行旅；在此「越界」所指的則朝著未知而陰闇的向度，察覺原先意識
所照明的區域界限，跨過界限在陰影裡點燈，敞亮原先未被看見的，說出未
曾被說出的，顯露被隱藏的。詮釋作為越界行動，不是朝向唯一絕對者的單
向線性行旅，因為徹底的理解就像永遠無法企及的地平線，而且，越界包含
著探索、察覺、張望、抉擇等過程，越界者偏離原來的觀看位置，與先前的
意義視域形成永恆的裂縫，自我的理解與經典的意義則在不斷折返交錯的過
程中更新重建。因此，創造性詮釋不只是意義的擴展和重新體認，更是「挪
為己用」的過程：詮釋者透過經典來達成自我理解，而經典在詮釋者的世界
裡實現其潛能，展現為多層面、多向度的意義世界。

　　莊周，在諸子捨器言道以「直陳」的陳述佔有真理權力的當口，卻廣泛
地使用意象和隱喻，極其跌宕多變之姿，來開顯「逍遙遊」的存在智慧，我
們看到〈逍遙遊〉構成了一個詩意道說的世界，意象和隱喻構成新認知，造
成新語意與意境的創新，引領讀者的想像意識進行自由變異，直觀存在的整
體界域，而成為一種存在之揭蔽與開顯的方式。無論是相對於「古之道術」，
還是諸子的方家之言，莊周都以原創性的言說方式，實踐了思想越界的行動。
然則，〈逍遙遊〉這個由意象和隱喻所構作的文本結構，有意地突出現實與虛
構的距離，形成一個多重意義映射的言語空間，一個充滿理解張力和召喚性
的「場」。〈逍遙遊〉的文本結構充滿陳隙罅，隙罅裡有轟然作鳴的靜默，有極
其豐富的停頓，有蘊涵生機的空白，〈逍遙遊〉於是展現為「花園風景」
（landscape），詮釋不是一種時間上的延續，不是以經典內容的邏輯開展為目
的，詮釋者所追求的不是統一的、基本的理解；經典被轉換為一種自由開放
的詮釋空間，詮釋者在其中各取所需。換言之，〈逍遙遊〉的文本結構本身召

喚著新的越界者，於是，我們看到阮籍、郭象、王夫之這些詮釋者一一展開越界的行動，阮籍模擬人物，郭象隨文解義，船山通解並用，他們採取了不同的詮釋體例，進行各自的創造性詮釋。

綜觀三個詮釋文本所具現的詮釋經驗和方式，其越界行動明顯地體現於以下兩個方面：

（一）「揚棄」〈逍遙遊〉的意象和隱喻。所謂的「揚棄」，依黑格爾的說法，便是昇揚有意義的部分，將之提昇到精神的層面，而拋棄當初不當的意義。意象和隱喻被挪用、磨損、褪色，遠離當初意涵和感性基礎，而成為不具色彩的抽象理念，就是一種揚棄的過程。例如，〈逍遙遊〉的神人意象雖然繼續被挪用，其想像意識的作用則沈淪不彰，無論是阮籍神通自然的大人、郭象跡冥圓融的聖人，還是船山存神知化的聖人，其意義的指涉雖然各不相同，卻都成為第一序的普通論述；又例如鯤鵬的意象，被理念化為關於小大等相對概念的理性思辨，其詩意意涵完全被磨損掉。這樣的揚棄過程，反映出意象和隱喻在經典詮釋傳統中褪色而沒落的歷史，詮釋，總是要求確定清晰的意義框架，因此，原文的意象和隱喻在不斷的詮釋之中磨損乃至消逝。由於意象和隱喻的歧義性，隨著詮釋者給定不同的意義框架，便發展出不同的理論脈絡；也由於意象和隱喻的歧義性，〈逍遙遊〉成為一個永遠無法窮盡其意蘊的經典文本，繼續向著未來開放。

（二）創設私人語彙以發展新的理論意涵。例如，阮籍以「神貴之道」、郭象以「玄冥之境」、王夫之以「渾天一體」等等，每一個私人語彙都展開了一個思想。深諳語言偶然性的莊周，本來就拒絕以單一觀點來涵蓋生命的一切面向，「逍遙遊」是莊周構作的私人語彙，但目的不在於製造真理，而是一種第二序的指涉，彰顯出存在的追問與思索，〈逍遙遊〉的文本世界裡沒有一個後設語彙，以總括一切可能的語彙、一切可能的判斷和感覺的方式，它甚至背棄了理論，轉向敘述。阮、郭、王等思想旅者進入這個文本世界，不必向某種非人的權力負責，而得以形構屬己的問題視域，鑄造私人語彙與〈逍遙遊〉進行對話，每一個詮釋文本都端出一個新世界，一個關於存在追問的可能答案。在〈逍遙遊〉及其詮釋景觀所展衍的思想軌跡上，我們看到的不是與一個現成的絕對的「真理」趨於一致的過程，而是一個不斷變異、開展的過程，思想的活力於焉日新又新，綿延不盡。思想創新的重要關鍵在此顯露無遺：問題在詮釋學上的優先性，以及思想差異分化的必要性。詮釋史作

爲思想史不可或缺的一部分，其重大的意義亦在於此。

　　總而言之，〈逍遙遊〉作爲「遊」意識的經典，提供的不是永恆的價值規範，而是不斷地對此在緣構的意義世界發揮其烏托邦功能。它的「詩意道說」以恆動而無限的意象，觸發浩瀚而私密的宇宙意識，使人們更新觀看世界的眼光，激活生命轉化的想像力，揭露意識形態的匿名性。從〈逍遙遊〉的詮釋傳統來看，它通過歷史洪流，進入不同的問題境遇，啓動了詮釋者反身觀照的思想力量，使他們得以尋得新的制高點，批判自己所在的意義世界，解消宰制性的操控思維，進而追問存在的眞實及其體現的各種可能，並且重構理想的國度。這樣的經典及經典詮釋所構成的也是特殊意義的「傳統」，這個傳統的存在和延續證明了自由是永無止境的烏托邦，而人作爲一個悖論，立足於有限而企向著無限，使得如此的烏托邦有了深刻的存有論意義。〈逍遙遊〉是這樣一種「哲學」文本：它不講構成邏輯命題的觀念，不提供任何永恆眞理，它以「能動的辯證」引領人們自己看見人生各種可能的向度，進而開顯眞實靈動的存在眞理。它背棄了理論，轉向敘述，它說著故事，展演著動態的、開放的思想歷程，故事一片片流出，有情節，有意味，就是沒有結局，它敞開一大片空白，等待著一個時代又一個時代有悟性的讀者或詮釋者，加入思想的深戲，形成獨特的理解，把故事說下去。我們這個時代需要「遊」的哲理和行動，以啓示我們邁向內在超越之道，解消宰制性的操控思維，回歸人與自然的和諧關係，讓個己和他己都有自由的空間，激發生命的活力。詮釋，是涵養精神的活動，是思想取向的抉擇，〈逍遙遊〉從來不是一個結束了的故事，要如何把〈逍遙遊〉的故事說下去呢？思想的深戲，還在繼續……

引用文獻

（依標題分類，再依作者姓氏筆劃排序）

一、古籍原典

1. 《史記》，《二十五史》，上海：上海古籍出版社，1986 年。
2. 《左傳》，《十三經注疏》，台北：藝文印書館，1981 年。
3. 《周易》，《十三經注疏》，台北：藝文印書館，1981 年。
4. 《孟子》，《十三經注疏》，台北：藝文印書館，1981 年。
5. 《尚書》，《十三經注疏》，台北：藝文印書館，1981 年。
6. 《後漢書》，《二十五史》，上海：上海古籍出版社，1986 年。
7. 《晉書》，《二十五史》，上海：上海古籍出版社，1986 年。
8. 《荀子》，《諸子集成》，台北：世界書局，1955 年。
9. 《詩經》，《十三經注疏》，台北：藝文印書館，1981 年。
10. 《漢書》，《二十五史》，上海：上海古籍出版社，1986 年。
11. 《論語》，《十三經注疏》，台北：藝文印書館，1981 年。
12. 《墨子》，《諸子集成》，台北：世界書局，1955 年。
13. 《韓非子》，《諸子集成》，台北：世界書局，1955 年。
14. 《禮記》，《十三經注疏》，台北：藝文印書館，1981 年。
15. 王充：《論衡》，《諸子集成》，台北：世界書局，1955 年。
16. 王夫之：《船山全書》，長沙：嶽麓書社，1988 年～1996 年。
17. 王夫之：《莊子通・莊子解》，台北：里仁書局，1984 年。
18. 王叔岷：《莊子校詮》，台北：中央研究院歷史語言研究所，1994 年。

19. 朱情牽：《老子校釋》，台北：里仁書局，1984 年。

20. 吳則虞點校、陳立撰：《白虎通疏證》，北京：中華書局，1994 年。

21. 俞修良編：《文史通義新編》，上海：上海古籍出版社，1993 年。

22. 林雲銘：《莊子因》，台北：廣文書局，1967 年。

23. 宣穎：《南華經解·莊解小言》，台北：廣文書局，1978 年。

24. 康和聲輯印：《王船山先生墨寶四種》，1942 年。

25. 張安治主編：《中國美術全集·繪畫編 1》，台北：錦繡出版社，1989 年。

26. 郭慶藩：《莊子集釋》，北京：中華書局，1961 年。

27. 陳伯君校注：《阮籍集校注》，北京：中華書局，1987 年。

28. 焦竑，李劍雄點校：《澹園集》上冊，北京：中華書局，1999 年。

29. 黃汝成：《日知錄集釋》，台北：中華書局，1966 年。

30. 劉義慶，余嘉錫箋疏：《世說新語》，台北：華正書局，1989 年。

31. 劉熙載：《藝概·文概》，台北：久博圖書公司，1986 年。

32. 慧皎：《高僧傳》，台北：廣文書局，1976 年。

33. 樓宇烈：《王弼集校釋》，北京：中華書局，1980 年。

34. 韓格平：《竹林七賢詩文全集譯注》，長春：吉林文史出版社，1997 年。

二、當代論著

（一）專　書

甲、中國哲學、哲學史、思想史

1. 王爾敏：《中國近代思想史論》，台北：台灣商務印書館，1995 年。

2. 任繼愈主編：《中國哲學發展史》（魏晉南北朝），北京：人民出版社，1988 年。

3. 牟宗三：《中國哲學十九講》，台北：台灣學生書局，1983 年。

4. 牟宗三：《中國哲學的特質》，台北：台灣學生書局，1982 年。

5. 牟宗三：《心體與性體》，台北：台灣學生書局，1989 年。

6. 吳銳：《中國思想的起源》，濟南：山東教育出版社，2002 年。

7. 李澤厚、劉綱紀：《中國美學史》（第二卷上），台北：谷風出版社，1987 年。

8. 胡適：《中國哲學史》，北京：中華書局，1991 年。

9. 唐君毅：《中國哲學原論·原教篇》，台北：台灣學生書局，1990 年。

10. 唐君毅：《中國哲學原論·導論篇》，台北：台灣學生書局，1984 年。

11. 唐君毅：《道德自我之建立》，台北：台灣學生書局，1985 年。
12. 徐復觀：《中國人性論史‧先秦篇》，台北：台灣商務印書館，1984 年。
13. 徐復觀：《中國藝術精神》，台北：台灣學生書局，1984 年。
14. 梁啟超：《先秦政治思想史》，北京：中華書局，1986 年。
15. 陳少鋒：《宋明理學與道家哲學》，上海：上海文化出版社，2001 年。
16. 傅偉勳：《從西方哲學到禪佛教》，台北：東大圖書公司，1991 年。
17. 勞思光：《中國哲學史》，香港：友聯出版社，1980 年。
18. 馮友蘭：《中國哲學史新編》，台北：藍燈文化公司，1991 年。
19. 葛兆光：《中國思想史》，上海：復旦大學出版社，2001 年。
20. 羅光：《中國哲學思想史》，台北：台灣學生書局，1990 年。

乙、史學、文化、社會

1. 王國維：《觀堂集林》，北京：中華書局，1959 年。
2. 白川靜：《中國古代文化》，台北：文津出版社，1983 年。
3. 余英時：〈意識形態與中國近代思想史〉，《近代中國的變遷與發展》，台北：時報文化出版公司，2002 年。
4. 余英時：《中國知識階層史論‧古代篇》，台北：聯經出版事業公司，1980 年。
5. 杜正勝：《周代城邦》，台北：聯經出版事業公司，1981 年。
6. 邢義田：〈天下一家——中國人的天下觀〉，《永恆的巨流》，台北：聯經出版事業公司，1981 年。
7. 唐長孺：《魏晉南北朝史論叢》，北京：新華書局，1955 年。
8. 秦彥士：《諸子學與先秦社會》，石家莊市，河北人民出版社，2003 年。
9. 許倬雲：《西周史》，台北：聯經出版事業公司，1984 年。
10. 許倬雲：《求古編》，台北：聯經出版事業公司，1982 年。
11. 陳寅恪：《陳寅恪史學論文選集》，上海：上海古籍出版社，1992 年。
12. 傅斯年：《傅斯年選集》，台北：文星書店，1967 年。
13. 費孝通：《鄉土中國》，香港：三聯書店，1991 年。
14. 葉啟政：〈理論和實踐的搓揉——關於「知識份子」的社會理論雛形〉，《近代中國的變遷與發展》，台北：時報文化出版公司，2002 年。
15. 董作賓：《甲骨學六十年》，台北：藝文印書館，1965 年。
16. 劉汝霖：《漢晉學術編年》，台北：長安出版社，1979 年。

丙、莊　子

1. 王煜：《老莊思想論集》，台北：聯經出版社，1979 年。

2. 王叔岷：《莊學管窺》，台北：藝文印書館，1978 年。

3. 池田知久，黃華珍譯：《《莊子》——「道」的思想及其演變》，台北：國立編譯館，2001 年。

4. 牟宗三講述，陶國璋整構：《莊子齊物論義理演析》，台北：書林出版公司，1999 年。

5. 吳光明：〈莊子的身體思維〉，收於楊儒賓主編《中國古代思想中的氣論及身體觀》，台北：巨流圖書公司，1993 年。

6. 吳光明：《莊子》，台北：東大圖書公司，1992 年。

7. 李錦全、曹智頻：《莊子與中國文化》，貴陽：貴州人民出版社，2000 年。

8. 沈清松：〈莊子的語言哲學初考〉，《國際中國哲學研討會論文集》，台北：台灣大學哲學系，1986 年。

9. 郎擎霄：《莊子學案》，上海：商務印書館，1934 年。

10. 高柏園：《莊子內七篇思想研究》，台北：文津出版社，1992 年。

11. 崔大華：《莊學研究》，北京：人民出版社，1995 年。

12. 陳少明：《《齊物論》及其影響》，北京：北京大學出版社，2004 年。

13. 陳鼓應：《老莊新論》，台北：五南圖書公司，1993 年。

14. 黃錦鋐：《莊子及其文學》，台北：東大圖書公司，1984 年。

15. 楊柳橋：《莊子譯詁》，上海：上海古籍出版社，1991 年。

16. 楊儒賓：《莊周風貌》，台北：黎明文化事業公司，1991 年。

17. 葉海煙：《莊子的生命哲學》，台北：東大圖書公司，1990 年。

18. 葉舒憲：《莊子的文化探源》，武漢：湖北人民出版社，1997 年。

19. 劉笑敢：《莊子哲學及其演變》，北京：中國社會科學出版社，1993 年。

20. 錢穆：《莊子纂箋》，台北：東大圖書公司，1993 年。

21. 錢穆：《莊老通辨》，台北：東大圖書公司，1991 年。

22. 顏世安：《莊子評傳》，南京：南京大學出版社，1999 年。

丁、魏晉玄學

1. 尤雅姿：《魏晉士人之思想與文化研究》，台北：文史哲出版社，2002 年。

2. 王葆玹：《玄學通論》，台北：五南圖書公司，1996 年。

3. 甘懷真：《皇權、禮儀與經典詮釋：中國古代政治史研究》，台北：喜瑪拉雅研究發展基金會，2003 年。

4. 牟宗三：《才性與玄理》，台北：台灣學生書局，1985 年。

5. 何啓民：《魏晉思想與談風》，台北：台灣學生書局，1990 年。

6. 余敦康：《魏晉玄學史》，北京：北京大學出版社，2004 年。

7. 呂凱：〈阮籍與《大人先生傳》研究〉，收於《魏晉南北朝文學與思想學術研討會論文集》第三輯，台北：文津出版社，1997 年。

8. 李玲珠：《魏晉新文化運動 —— 自然思潮》，台北：文津出版社，2004 年。

9. 周大興：〈阮籍的名教空間與大人先生的神貴空間〉，收於李豐楙、劉苑如主編：《空間、地域與文化 —— 中國文化空間的書寫與闡釋》（上冊），台北：中央研究院中國文哲研究所，2002 年。

10. 尚永亮：《莊騷傳播接受史綜論》，北京：文化藝術出版社，2000 年。

11. 馬小虎：《魏晉以前個體「自我」的演變》，北京：中國人民大學出版社，2004 年。

12. 高晨陽：《阮籍評傳》，南京：南京大學，1994 年。

13. 康中乾：《有無之辨 —— 魏晉玄學本體思想再解讀》，北京：人民出版社，2003 年。

14. 張蓓蓓：〈「名教」一詞的產生及其相關問題〉，收於《文史論文集》（上），台北：台灣商務印書館，1985 年。

15. 莊耀郎：《郭象玄學》，台北：里仁書局，1998 年。

16. 許抗生等：《魏晉玄學史》，西安：陝西師範大學出版社，1989 年。

17. 湯一介：《郭象》，台北：東大圖書公司，1999 年。

18. 湯一介：《郭象與魏晉玄學》，台北：谷風出版社，1987 年。

19. 湯用彤：《理學・佛學・玄學》，台北：淑馨出版社，1992 年。

20. 湯用彤：《魏晉玄學論稿》，收於《魏晉思想・甲編五種》，台北：里仁書局，1984 年。

21. 馮芝生、容肇祖等編：《中國歷代哲學文選・兩漢 —— 隋唐編》，台北：九思出版社，1978 年。

22. 戴璉璋：《玄智、玄理與文化發展》，台北：中央研究院中國文哲研究所，2002 年。

23. 謝大寧：《歷史的嵇康與玄學的嵇康》，台北：文史哲出版社，1997 年。

24. 蘇新鋆：《郭象莊學平議》，台北：台灣學生書局，1980 年。

戊、船山學

1. 林安梧：《王船山人性史哲學之研究》，台北：東大圖書公司，1991 年。

2. 侯外廬：《船山學案》，長沙：嶽麓書社，1982 年。

3. 胡發貴：《王夫之與中國文化》，貴陽：貴州人民出版社，2000 年。

4. 張立文：《船山哲學》，台北縣：七略出版社，2000 年。

5. 嵇文甫：《王船山學術論叢》，北京：三聯書店，1962 年。

6. 曾昭旭：《王船山哲學》，台北：遠景出版公司，1996 年。

7. 蕭萐父、許蘇民：《王夫之評傳》，南京：南京大學出版社，2002 年。

8. 蕭萐父：《船山哲學引論》，南昌：江西人民出版社，1993 年。

己、中國詮釋學

1. 王中江：〈經典的條件：以早期儒家經典的形成爲例〉，劉小楓、陳少明主編：《經典與解釋的張力》，上海：三聯書店，2003 年。

2. 王建元：《現象詮釋學與中西雄渾觀》，台北：東大圖書公司，1992 年。

3. 王晴佳：〈後現代主義與經典詮釋〉，黃俊傑編：《中國經典詮釋傳統（一）：通論篇》，台北：喜瑪拉雅基金會，2001 年。

4. 王曉波：〈「崇本舉末」與「崇本息末」：王弼對老子哲學的詮釋〉，楊儒賓編：《中國經典詮釋傳統（三）：文學與道家經典篇》，台北：喜瑪拉雅基金會，2001 年。

5. 成中英編：《本體詮釋學》（第二輯），北京：北京大學出版社，2002 年。

6. 成中英編：《本體與詮釋》，北京：生活·讀書·新知三聯書店，2000 年。

7. 成中英編：《本體與詮釋》第三輯，上海：上海社會科學院出版社，2003 年。

8. 李清良：《中國闡釋學》，長沙：湖南師範大學出版社，2001 年。

9. 杜維明：〈軸心文明與多元現代性〉，劉述先主編：《中國思潮與外來文化》，台北：中央研究院中國文哲研究所，2002 年。

10. 沈清松：《詮釋與創造——傳統中華文化及其未來發展》，台北：聯經出版事業，1995 年。

11. 沈清松主編：《跨世紀的中國哲學》，台北：五南圖書公司，2001 年。

12. 周光慶：《中國古典解釋學導論》，北京：中華書局，2002 年。

13. 周裕鍇：《中國古代闡釋學研究》，上海：上海人民出版社，2003 年。

14. 林安梧：《人文學方法論：存有的詮釋學探源》，台北縣新店市：讀冊文化事業公司，2002 年。

15. 林毓生：《中國傳統的創造性轉化》，北京：三聯書店，1996 年。

16. 姜廣輝主編：《經學今詮》（初、續、三編），瀋陽：遼寧教育出版社，2000 年～2002 年。

17. 洪漢鼎編：《中國詮釋學》第一輯，濟南：山東人民出版社，2003 年。

18. 袁保新：《老子哲學之詮釋與重建》，台北：文津出版社，1991 年。

19. 陳少明：〈《齊物論》注疏傳統中的解釋學問題〉，劉小楓、陳少明主編：《經典與解釋的張力》，上海：三聯書店，2003 年。

20. 陳少明編：《經典與解釋》，廣州：廣東人民出版社，1999 年。

21. 傅偉勳：《從創造的詮釋學到大乘佛學》，台北：東大圖書公司，1990 年。

22. 湯一介：《和而不同》，瀋陽：遼寧人民出版社，2001 年。

23. 黃俊傑編：《中國經典詮釋傳統》，台北：喜瑪拉雅基金會，2001 年。

24. 葉維廉：《飲之太和》，台北：時報出版社，1980 年。

25. 葉維廉：《歷史·傳釋與美學》，台北：東大圖書公司，1988 年。

26. 董洪利：《古籍的闡釋》，遼寧教育出版社，1993 年。

27. 蔡振豐：〈嚴遵、河上公、王弼三家《老子》注的詮釋方法及其對道的理解〉，楊儒賓編：《中國經典詮釋傳統（三）：文學與道家經典篇》，台北：喜瑪拉雅基金會，2001 年。

庚、其 他

1. 安延明：《狄爾泰的歷史解釋理論》，台北：遠流出版公司，1999 年。

2. 余德慧：《生死學十四講》，台北：心靈工坊文化公司，2003 年。

3. 呂紹綱主編：《周易辭典》，長春：吉林大學出版社，1992 年。

4. 汪裕雄：《意象探源》，合肥：安徽教育出版社，1996 年。

5. 祝平次：〈從禮的觀點論先秦儒、道身體／主體觀念的差異〉，收於楊儒賓主編：《中國古代思想中的氣論及身體觀》，台北：巨流圖書公司，1993 年。

6. 張岱年主編：《中國思想大辭典》，長春：吉林人民出版社，1991 年。

7. 楊義：《中國敘事學》，北京：人民出版社，2004 年。

8. 楊儒賓、黃俊傑編：《中國古代思維方式探索》，台北：正中書局，1996 年。

9. 葉維廉：《中國詩學》，北京：生活·讀書·新知三聯書店，1992 年。

10. 廖炳惠：《關鍵詞 200——文學與批評研究的通用辭彙編》，台北：麥田出版公司，2003 年。

11. 熊十力：《讀經示要》，台北：明文書局，1984 年。

12. 趙園：《明清之際士大夫研究》，北京：北京大學出版社，1999 年。

13. 劉笑敢：《老子》，台北：東大圖書公司，1997 年。

14. 滕守堯：《對話理論》，台北：揚智文化公司，1997 年。

15. 鄭明萱：《多向文本》，台北：揚智文化公司，1997 年。

16. 錢鍾書：《管錐篇》，北京：中華書局，1979 年。

17. 應奇：《後自由主義》，台北：揚智文化公司，2000 年。

18. 羅婷：《克里斯多娃》，台北：生智文化公司，2002 年。

19. 龔鵬程：《游的精神文化史論》，石家莊：河北教育出版社，2001 年。

辛、西方譯著

1. 葛瑞漢（A. C. Graham），張海晏譯：《論道者》，北京：中國社會科學出版社，2003 年。

2. 卡爾・榮格（Carl G. Jung）主編，龔卓軍譯：《人及其象徵》，台北：立緒文化事業公司，1999 年。

3. 克勞德・李維斯陀（Claude Lévi-Strauss），楊德睿譯：《神話與意義》，台北：麥田出版，2001 年。

4. 恩斯特・卡西勒（Ernst Cassirer），于曉等譯：《語言與神話》，台北：桂冠圖書公司，1990 年。

5. 加斯東・巴舍拉（Gaston Bachelard），龔卓軍、王靜慧譯：《空間詩學》，台北：張老師文化公司，2003 年。

6. 米德（George Herbert Mead），胡榮、王小章譯：《心靈、自我與社會》，台北：桂冠圖書公司，1995 年。

7. 郝大維（Hall, D. L.）、安樂哲（Ames, R. T.），施忠連譯：《漢哲學思維的文化探源》，南京：江蘇人民出版社，1999 年。

8. 漢斯——格奧爾格・伽達默爾（Hans-Georg Gadamer），洪漢鼎譯：《真理與方法》第一卷，台北：時報文化公司，1993 年。

9. 休斯頓・史密士（Huston Smith），劉安雲譯：《人的宗教》，台北：立緒文化公司，1997 年。

10. 伊曼努爾・康德（Immanuel Kant），牟宗三譯：《判斷力之批判》，台北：台灣學生書局，1992 年。

11. 以撒・柏林（Isaiah Berlin），陳曉林譯：《自由四論》，台北：聯經出版公司，1986 年。

12. 以撒・柏林（Isaiah Berlin）、雷敏・亞罕拜格魯（Ramin Jahanbegloo），楊孝明譯：《以撒・柏林對話錄》，台北：正中書局，1994 年。

13. 弗雷澤（J. G. Frazer），徐育新等譯：《金枝》，中國民間文學出版社，1995 年。

14. 馬丁・布伯（Martin Buber），陳維剛譯：《我與你》卷一，台北：桂冠圖書公司，1991 年。

15. 馬丁・海德格（Martin Heidegger），陳嘉映、王慶節譯：《存在與時間》，台北：桂冠圖書公司，2002 年。

16. 博藍尼、浦洛施（Michael Polanyi、Harry Prosch），彭淮棟譯：《意義》，台北：聯經出版公司，1992 年。

17. 杜夫潤（Mikel Dufrenne），岑溢成譯註：〈文學批評與現象學〉，收於《現象學與文學批評》，台北：東大圖書公司，1984 年。

18. 默西亞・埃里亞德（Mircea Eliade），廖素霞、陳淑娟譯：《世界宗教理念史》卷二，台北：商周出版社，2001 年。

19. 彼德・柏克（Peter Burke），賈士衡譯：《知識社會學——從古騰堡到狄德羅》，台北：麥田出版公司，2003 年。

20. 理查・邏逖（Richard Rorty），徐文瑞譯：《偶然・反諷與團結》，台北：麥田出版公司，1998 年。

21. 勒范恩（Robert Levine），馮克芸、黃芳田、陳玲瓏等譯：《時間地圖》，台北：台灣商務印書館，1997 年。

22. 羅洛・梅（Rollo May），龔卓軍、石世明譯：《自由與命運》，台北：立緒文化公司，2001 年。

（二）期刊論文

1. 王建元：〈《莊子》中的詮釋觀〉，《當代》第七十一期，1992 年 3 月。

2. 王德威：〈後遺民寫作〉，《印刻文學生活誌》，第壹卷第壹期，2004 年 9 月。

3. 王鍾陵：〈《莊子》中的大木形象與意象思維〉，《中國文哲研究集刊》十三期，台北：中央研究院中國文哲所，1998 年。

4. 李美燕：〈郭象注莊子逍遙遊的詭辭辯證〉，《屏東師院學報》第八期，1995 年 6 月。

5. 杜維明：〈身體與體知〉，《當代》第三十五期，1989 年 3 月 1 日。

6. 林文彬：〈王船山援莊入儒論〉，《興大人文學報》第三十四期，2004 年 6 月。

7. 林俊宏：〈玄學與政治的對話：郭象《莊子注》的三個關懷〉，《台灣大學政治科學論叢》第十六期，2002 年 6 月。

8. 徐聖心：〈「莊子尊孔論」系譜綜述——莊學史上的另類理解與閱讀〉，《台大中文學報》第十七期，2002 年 12 月。

9. 張灝：〈從世界文化史目樞軸時代〉，《二十一世紀》第五十八期，2000 年 4 月。

10. 陳贇：〈形而上與形而下：以顯隱為中的理解——王夫之道器之辨的哲學闡釋〉，《清華學報》新三十一卷第一、二期合刊，2001 年 3 月（實際出版日期為 2002 年 4 月）。

11. 陳贇：〈從有無到隱顯：王船山與儒學範式的轉換〉，《孔孟學報》第八十一期，2004 年 9 月。

12. 陳昌明：〈莊子的語言哲學與文學的思考〉，《古典文學》第十集，1988 年 12 月。

13. 陳鼓應：〈「理」範疇理論模式的道家詮釋〉，《台大文史哲學報》第六十期，2004 年 5 月。

14. 楊自平：〈《莊子》「逍遙」概念義涵的探討〉，《哲學與文化》第廿六卷第

九期，1999 年 9 月。

15. 楊儒賓：〈卮言論：莊子論如何使用語言表達思想〉，《漢學研究》第 10 卷第 2 期，1992 年 12 月。

16. 劉光：〈莊子言與不言〉，《道家文化研究》第八輯，上海：上海古籍出版社，1995 年。

17. 蔡幸娟：〈從〈小雅・北山〉談《詩經》雅頌篇章中的「大一統」天下觀的呈現〉，《東華中國文學研究》，2003 年 6 月。

18. 嚴壽澂：〈莊子、重玄與相天──王船山宗教信仰述論〉，《中國文哲研究集刊》十五期，台北：中央研究院中國文哲所，1999 年 9 月。

（三）學位論文

1. 林文彬：《王船山莊子解研究》，台北：國立台灣師範大學國文研究所碩士論文，1985 年。

2. 林朝成：《魏晉玄學的自然觀與自然美學研究》，台北：國立台灣大學哲學研究所博士論文，1992 年。

3. 徐聖心：《莊子的三言》，台北：國立台灣大學中文研究所博士論文，1997 年。

4. 陳黎君：《郭象哲學體系中「自然」概念之探義》，台北：輔仁大學哲學研究所碩士論文，1997 年。

5. 龔卓軍：《身體與想像的辯證》，台北：國立台灣大學哲學研究所博士論文，1998 年。